目　次

前 言

本规范由教育部中外语言交流合作中心、教育部语言文字信息管理司提出。

本规范由国家语言文字工作委员会语言文字规范标准审定委员会审定。

本规范起草单位：教育部中外语言交流合作中心。

本规范起草人：刘英林、马箭飞、赵国成、傅永和、胡自远、李佩泽、李亚男、梁彦民、郭锐、侯精一、李行健、王理嘉、张厚粲、杨寄洲、赵杨、吴勇毅、王学松、张新玲、刘立新、张洁、于天昱、应晨锦、金海月、王鸿滨、关蕾、白冰冰等。

国际中文教育中文水平等级标准

1 范围

本规范规定了中文作为第二语言的学习者在生活、学习、工作等领域运用中文完成交际的语言水平等级。

本规范适用于国际中文教育的学习、教学、测试与评估，并为其提供参考。

2 术语和定义

下列术语和定义适用于本规范。

2.1

国际中文教育 International Chinese Language Education

面向中文作为第二语言的学习者的教育。

2.2

中文水平 Chinese proficiency

学习者运用中文完成某项语言交际任务时所表现出的语言水平。

2.3

三等九级 Three levels and nine bands

学习者的中文水平从低到高分为三等，即初等、中等和高等，在每一等内部，根据水平差异各分为三级，共“三等九级”。

2.4

四维基准 Four-dimension benchmarks

以音节、汉字、词汇、语法四种语言基本要素为衡量中文水平的基准。

2.5

言语交际能力 Verbal communication abilities

学习者综合运用听、说、读、写、译五项语言技能，在不同情境下，就不同话题，用中文进行交际的能力。

2.6

话题任务内容 Topics and tasks

学习者在生活、学习、工作中运用中文时所涉及的常用话题内容，及在交际过程中综合运用多项语言技能完成的典型语言交际任务。

2.7

语言量化指标 Quantitative criteria

学习者达到每一级中文水平应掌握的音节、汉字、词汇、语法的内容和数量。（见下表）

《国际中文教育中文水平等级标准》语言量化指标总表

等次	级别	音节	汉字	词汇	语法
初等	一级	269	300	500	48
	二级	199/468	300/600	772/1272	81/129
	三级	140/608	300/900	973/2245	81/210

《国际中文教育中文水平等级标准》语言量化指标总表（续）

等次	级别	音节	汉字	词汇	语法
中等	四级	116/724	300/1200	1000/3245	76/286
	五级	98/822	300/1500	1071/4316	71/357
	六级	86/908	300/1800	1140/5456	67/424
高等	七—九级	202/1110	1200/3000	5636/11092	148/572
总计		1110	3000	11092	572

注：表格中“/”前后两个数字，前面的数字表示本级新增的语言要素数量，后面的数字表示截至本级累积的语言要素数量。高等语言量化指标不再按级细分。

3 等级描述

3.1 初等

能够基本理解简单的语言材料，进行有效的社会交际。能够完成日常生活、学习、工作、社会交往等有限的话题表达，用常用句型组织简短的语段，完成简单的交际任务。能够运用简单的交际策略辅助日常表达。初步了解中国文化知识，具备初步的跨文化交际能力。完成初等阶段的学习，应掌握音节 608 个、汉字 900 个、词语 2245 个、语法点 210 个，能够书写汉字 300 个。

3.1.1 一级标准

- 言语交际能力　具备初步的听、说、读、写能力。能够就最熟悉的话题进行简短或被动的交流，完成最基本的社会交际。
- 话题任务内容　话题涉及个人信息、日常起居、饮食、交通、兴趣爱好等。能够完成与之相关的交际任务，例如：能够对不同交际对象使用最简单的礼貌用语；能够辨识公共环境中的某些简单信息并询问确认。
- 语言量化指标　音节 269 个，汉字 300 个，词语 500 个，语法点 48 个。

1） 听

能够听懂涉及一级话题任务内容、以词语或单句为主的简短对话（80 字以内），对话发音标准、语音清晰、语速缓慢（不低于 100 字 / 分钟）。能够通过图片、实物等辅助手段理解基本信息。

2） 说

能够掌握一级语言量化指标的音节，发音基本正确。能够使用本级所涉及的词汇和语法，完成相关的话题表达和交际任务。具备初步的口头表达能力，能够用词语及常用单句进行简单问答。

3） 读

能够准确认读一级语言量化指标涉及的音节、汉字和词汇。能够借助图片、拼音等，读懂涉及本级话题任务内容的、语法不超出本级范围的语言材料（100 字以内），阅读速度不低于 80 字 / 分钟。能够识别日常生活中最常见的标识，从简单的便条、表格、地图中获取最基本的信息。

4） 写

能够掌握初等手写汉字表中的汉字 100 个。基本了解汉字笔画和笔顺的书写规则以及最常见的标点符号的用法。能够基本正确地抄写汉字，速度不低于 10 字 / 分钟。具备最基本的书面表达能力，能够使用简单的词语和常用单句，填写最基本的个人信息，书写便条。

3.1.2 二级标准

- 言语交际能力　具备基本的听、说、读、写能力。能够就较熟悉的话题进行简短的交流，完成简单的社会交际。

- 话题任务内容　话题涉及基本社交、家庭生活、学习安排、购物、用餐、个人感受等。能够完成与之相关的交际任务，例如：能够和朋友在中餐馆点餐并交流喜好；能够辨识、填写入学表格中的信息。
- 语言量化指标　音节 468 个（新增 199），汉字 600 个（新增 300），词语 1272 个（新增 772），语法点 129 个（新增 81）。

1）听

能够听懂涉及二级话题任务内容、以单句为主或包含少量简单复句的对话或一般性讲话（150 字以内），对话或讲话发音标准、语音清晰、语速较慢（不低于 140 字 / 分钟）。能够通过手势、表情等辅助手段理解基本信息。

2）说

能够掌握二级语言量化指标的音节，发音基本正确。能够使用本级所涉及的词汇和语法，完成相关的话题表达和交际任务。具备基本的口头表达能力，能够以简单句进行简短的问答、陈述以及社交性谈话。

3）读

能够准确认读二级语言量化指标涉及的音节、汉字和词汇。能够借助拼音、插图、学习词典等，读懂涉及本级话题任务内容的、语法不超出本级范围的简短语言材料（200 字以内），阅读速度不低于 100 字 / 分钟。能够从介绍性、叙述性等语言材料中获取具体的目标信息，基本读懂一般的通知、电子消息等。

4）写

能够掌握初等手写汉字表中的汉字 200 个。能够较好地掌握汉字笔画和笔顺的书写规则以及常见标点符号的用法。能够较为正确地抄写汉字，速度不低于 15 字 / 分钟。具备初步的书面表达能力，能够使用简单的句子，在规定时间内，介绍与个人生活或学习等密切相关的基本信息，字数不低于 100 字。

3.1.3　三级标准

- 言语交际能力　具备一般的听、说、读、写能力。能够就基本的日常生活、学习和工作话题进行简短的交流，完成日常的社会交际。
- 话题任务内容　话题涉及出行经历、课程情况、文体活动、节日习俗、教育、职业等。能够完成与之相关的交际任务，例如：能够与人交流有关春节等传统节日的出行安排及节日习俗；能够发出比较正式的口头或书面邀请，回应别人的邀请。
- 语言量化指标　音节 608 个（新增 140），汉字 900 个（新增 300），词语 2245 个（新增 973），语法点 210 个（新增 81）。

1）听

能够听懂涉及三级话题任务内容、以较长单句和简单复句为主的对话或一般性讲话（300 字以内），对话或讲话发音基本标准、语音清晰、语速接近正常（不低于 180 字 / 分钟）。能够通过语音、语调、语速的变化等辅助手段理解和获取主要信息。

2）说

能够掌握三级语言量化指标的音节，发音基本正确。能够使用本级所涉及的词汇和语法，完成相关的话题表达和交际任务。具备一般的口头表达能力，能够使用少量较为复杂的句式进行简单交流或讨论。

3） **读**

能够准确认读三级语言量化指标涉及的音节、汉字和词汇。能够读懂涉及本级话题任务内容的、语法基本不超出本级范围的语言材料（300字以内），阅读速度不低于120字／分钟。能够理解简单复句，读懂叙述性、说明性等语言材料，理解文章大意和细节信息。能够利用字典、词典等，理解生词意义。初步具备略读、跳读等阅读技能。

4） **写**

能够掌握初等手写汉字表中的汉字300个。能够较为熟练地掌握汉字笔画和笔顺的书写规则以及各类标点符号的用法。能够正确地抄写汉字，速度不低于20字／分钟。具备一般的书面表达能力，能够进行简单的书面交流，在规定时间内，书写邮件、通知及叙述性的短文等，字数不低于200字。语句基本通顺，表达基本清楚。

3.2 中等

能够理解多种主题的一般语言材料，较为流畅地进行社会交际。能够就日常生活、工作、职业、社会文化等领域的较为复杂的话题进行基本的成段表达。能够运用常见的交际策略。基本了解中国文化知识，具备基本的跨文化交际能力。完成中等阶段的学习，应掌握音节908个（新增300）、汉字1800个（新增900）、词语5456个（新增3211）、语法点424个（新增214），能够书写汉字700个（新增400）。

3.2.1 四级标准

- 言语交际能力　具备一定的听、说、读、写能力和初步的翻译能力。能够就较复杂的日常生活、学习、工作等话题进行基本完整、连贯、有效的社会交际。
- 话题任务内容　话题涉及社区生活、健康状况、校园生活、日常办公、动物、植物等。能够完成与之相关的交际任务，例如：能够在就医时简单说明病情，与医生沟通；能够编写简单的兼职广告，回复对方的问询。
- 语言量化指标　音节724个（新增116），汉字1200个（新增300），词语3245个（新增1000），语法点286个（新增76）。

1） **听**

能够听懂涉及四级话题任务内容的非正式对话或讲话（400字以内），对话或讲话发音自然、略有方音、语速正常（180—200字／分钟）。能够规避其中不必要的重复、停顿等因素的影响，准确获取主要信息。能够听出言外之意，意识到对话或讲话中涉及的文化因素。

2） **说**

能够掌握四级语言量化指标的音节，发音基本准确，语调比较自然。能够使用本级所涉及的词汇和语法，完成相关的话题表达和交际任务。具备初步的成段表达能力，能够使用一些比较复杂的句式叙述事件发展、描述较为复杂的情景、简要陈述观点和表达感情，进行一般性交谈，表达比较流利，用词比较准确。

3） **读**

能够准确认读四级语言量化指标涉及的音节、汉字和词汇。能够读懂涉及本级话题任务内容的、语法基本不超出本级范围的语言材料（500字以内），阅读速度不低于140字／分钟。能够理解一般复句，读懂叙述性、说明性等语言材料及简单的议论文，理解主要内容，把握关键信息，并做出适当推断，基本了解所涉及的文化因素。初步掌握快速阅读、猜测联想、跳跃障碍等阅读技能。

4） **写**

能够掌握中等手写汉字表中的汉字100个。能够基本掌握汉字的结构特点。能够使用简单的句式进行语段表达，在规定时间内，完成简单的叙述性、说明性等语言材料的写作，字数不低于300字。用词基本正确，句式有一定的变化，内容基本完整，表达比较清楚。能够完成常见的应用文体写作，格式基本正确。

5） **译**

具备初步的翻译能力，能够就本级话题任务内容进行翻译，内容基本完整，能够意识到翻译中涉及的文化因素。能够完成非正式场合的接待和简单陪同口译任务，表达基本流利。能够翻译简单的叙述性和说明性等书面语言材料，译文大体准确。

3.2.2 五级标准

- 言语交际能力　具备一定的听、说、读、写能力和基本的翻译能力。能够就复杂的生活、学习、工作等话题进行较为完整、顺畅、有效的社会交际。
- 话题任务内容　话题涉及人际关系、生活方式、学习方法、自然环境、社会现象等。能够完成与之相关的交际任务，例如：能够就生活中常见的社会现象进行交流或沟通看法；能够回复邮件，介绍自己的学习方法及建议。
- 语言量化指标　音节822个（新增98），汉字1500个（新增300），词语4316个（新增1071），语法点357个（新增71）。

1） **听**

能够听懂涉及五级话题任务内容的非正式和较为正式的对话或讲话（500字以内），对话或讲话发音自然、略有方音、语速正常（200—220字/分钟）。能够规避嘈杂的环境、不必要的重复和停顿等因素的影响，准确获取主要信息及部分细节内容。能够基本理解对话或讲话中涉及的文化因素。

2） **说**

能够掌握五级语言量化指标的音节，发音基本准确，语调比较自然。能够使用本级所涉及的词汇和语法，完成相关的话题表达和交际任务。具备基本的成段表达能力，能够使用比较复杂的句式进行交谈，较为详细地描述事件，完整地发表个人意见，连贯表达较为复杂的思想感情，用词恰当，具有一定的逻辑性。

3） **读**

能够准确认读五级语言量化指标涉及的音节、汉字和词汇。能够读懂涉及本级话题任务内容的、语法基本不超出本级范围的语言材料（700字以内），阅读速度不低于160字/分钟。能够理解复杂的复句，读懂叙述性、说明性、议论性等语言材料，理解、概括语言材料的中心意思或论点论据，并进行逻辑推断，较好理解所涉及的文化因素。较好地掌握速读、跳读、查找信息等阅读技能。

4） **写**

能够掌握中等手写汉字表中的汉字250个。能够分析常见汉字的结构。能够使用较为复杂的句式进行语段表达，在规定时间内，完成一般的叙述性、说明性及简单的议论性等语言材料的写作，字数不低于450字。用词较为恰当，句式基本正确，内容比较完整，表达较为通顺。能够完成一般的应用文体写作，格式正确，表达基本规范。

5） **译**

具备基本的翻译能力，能够就本级话题任务内容进行翻译，内容完整，能够对翻译中涉及的文化因素进行基本处理。能够完成非正式场合的简单交替传译任务，表达比较流利。能够翻译一般的叙述性、说明性或简单的议论性等书面语言材料，译文比较准确。

3.2.3 六级标准

- 言语交际能力 具备一定的听、说、读、写能力和一般的翻译能力。能够就一些专业领域的学习和工作话题进行较为丰富、流畅、得体的社会交际。
- 话题任务内容 话题涉及社会交往、公司事务、矛盾纷争、社会新闻、中外比较等。能够完成与之相关的交际任务，例如：能够在非正式场合谈论历史、文化等方面的中外差异；能够大致读懂社会新闻，做出评论。
- 语言量化指标 音节 908 个（新增 86），汉字 1800 个（新增 300），词语 5456 个（新增 1140），语法点 424 个（新增 67）。

1）听

能够听懂涉及六级话题任务内容的对话或讲话（600 字以内），对话或讲话发音自然、略有方音、语速正常或稍快（220—240 字 / 分钟）。能够规避话语中的语病、修正等因素的影响，较为准确地理解说话者的真实意图。能够基本理解对话或讲话中涉及的文化内容。

2）说

能够掌握六级语言量化指标的音节，发音基本准确，语调比较自然。能够使用本级所涉及的词汇和语法，完成相关的话题表达和交际任务。具备一般的成段表达能力，能够准确使用复杂的句式详细描述事件和场景，进行较为流利的讨论和简单的协商，较充分地表达个人见解和思想感情，表达顺畅，用词丰富，基本得体，逻辑性较强。

3）读

能够准确认读六级语言量化指标涉及的音节、汉字和词汇。能够读懂涉及本级话题任务内容的、语法基本不超出本级范围的语言材料（900 字以内），阅读速度不低于 180 字 / 分钟。能够厘清语言材料的结构层次，准确理解内容，撷取主要论点和信息；能够通过上下文猜测词义、推断隐含信息，基本理解所涉及的文化内容。具有较强的跳读、查找信息、概括要点等阅读技能。

4）写

能够掌握中等手写汉字表中的汉字 400 个。能够较为熟练地分析汉字的结构。能够使用较长和较为复杂的句式进行语段表达，在规定时间内，完成常见的叙述性、说明性、议论性等语言材料的写作，字数不低于 600 字。用词恰当，句式正确，内容完整，表达通顺、连贯。能够运用常见的修辞方法。能够完成多种应用文体写作，格式正确，表达规范。

5）译

具备一般的翻译能力，能够就本级话题任务内容进行翻译，内容完整，符合中文表达习惯，能够对翻译中涉及的文化内容进行处理。能够完成非正式场合的口译任务，表达顺畅，能够及时纠正或重译。能够翻译常见的叙述性、说明性、议论性等书面语言材料，译文准确。

3.3 高等

能够理解多种主题和体裁的复杂语言材料，进行深入的交流和讨论。能够就社会生活、学术研究等领域的复杂话题进行规范得体的社会交际，逻辑清晰，结构严谨，篇章组织连贯合理。能够灵活运用各种交际策略。深入了解中国文化知识，具备国际视野和跨文化交际能力。完成高等阶段的学习，应掌握音节 1110 个（新增 202）、汉字 3000 个（新增 1200）、词语 11092 个（新增 5636）、语法点 572 个（新增 148），能够书写汉字 1200 个（新增 500）。

高等（七—九级）语言量化指标不再按级别细分。

3.3.1 七级标准

- 言语交际能力 具备良好的听、说、读、写能力和初步的专业翻译能力。能够就较为广泛和较高层次的话题进行基本规范、流利、得体的社会交际。

- 话题任务内容 话题涉及社交礼仪、科学技术、文艺、体育、心理情感、专业课程等。能够完成与之相关的交际任务，例如：能够在比较正式的会议上，与参会者进行交流；能够基本读懂专业课程的学习资料，完成课程作业。

1）听

能够听懂涉及七级话题任务内容、语速正常或较快的一般性讲座和社会新闻（800字左右）。能够基本不受环境等因素的干扰，较为准确地把握主要事实和观点，理解其中的逻辑结构。能够基本理解所涉及的社会文化内涵。

2）说

能够运用高等语言量化指标的音节、词汇和语法，完成本级所涉及的话题表达和交际任务。具备初步的语篇表达能力，能够灵活使用复杂的句式表达个人见解，进行讨论或辩论，内容较为充实，表达流畅，语句连贯，逻辑性强。发音准确，语调自然。能够根据交际场景调整表达方式，语言表达得体。能够使用修辞手段增强口头表达效果，体现一定的跨文化交际意识。

3）读

能够准确认读高等语言量化指标涉及的音节、汉字和词汇。能够读懂涉及本级话题任务内容的各类体裁的文章，阅读速度不低于200字/分钟。对中文的思维与表达习惯有一定理解与掌握，能够准确把握语篇的结构关系，对语篇内容进行分析、判断与逻辑推理，能够理解所涉及的文化内容。掌握各种阅读技能，基本能够独立地检索、查找所需信息。

4）写

能够手写高等语言量化指标要求书写的汉字。能够撰写一定篇幅的应用文、说明文、议论文和专业论文。观点基本明确，层次基本清晰，语句通顺，格式正确，表达得体，符合逻辑。能够正确运用多种修辞方法。

5）译

具备初步的专业翻译能力，能够就本级话题任务内容进行翻译，内容完整准确。能够完成正式场合的交替传译和陪同口译任务，表达流畅。能够翻译一定篇幅的应用文、说明文、议论文等，译文基本忠实原文，格式正确。

3.3.2 八级标准

- 言语交际能力 具备良好的听、说、读、写能力和基本的专业翻译能力。能够就各类高层次或专业话题进行较为规范、流利、得体的社会交际。
- 话题任务内容 话题涉及语言文字、政治经济、法律事务、哲学、历史等。能够完成与之相关的交际任务，例如：能够就哲学、宗教、时事等话题进行比较有深度的讨论和交流；能够在遇到纠纷时表达观点，提出质疑，申诉理由。

1）听

能够听懂涉及八级话题任务内容、语速正常或较快的专业性讲座和专题新闻（800字左右）。能够不受环境等因素的干扰，跳跃障碍，总结概括要点，准确把握细节，理解逻辑结构。能够较好地理解所涉及的社会文化内涵。

2）说

能够运用高等语言量化指标的音节、词汇和语法，完成本级所涉及的话题表达和交际任务。具备较好的语篇表达能力和灵活运用语言的能力。能够进行演讲、即兴发言或答辩，充分而得体地表达自己的见解和思想，发音准确，语调自然，表达流畅，逻辑性强。能够恰当运用修辞手段增强口头表达效果，体现一定的跨文化交际能力。

3）**读**

能够准确认读高等语言量化指标涉及的音节、汉字和词汇。能够读懂涉及本级话题任务内容的各类体裁的文章，阅读速度不低于220字/分钟。基本掌握中文的思维与表达习惯，熟练掌握各种阅读技能，准确理解文章的思想与社会文化内涵，能够发现文章的语言问题、逻辑缺陷等。

4）**写**

能够手写高等语言量化指标要求书写的汉字。能够撰写篇幅较长的应用文、说明文、议论文和专业论文。观点明确，层次清晰，语句流畅，格式正确，表达得体，逻辑清楚。能够正确运用比较丰富的成语、习用语和多种修辞方法。

5）**译**

具备基本的专业翻译能力，能够就本级话题任务内容进行翻译，内容完整准确。能够完成正式场合专业内容的交替传译，表达流畅，符合中文表达习惯。能够翻译篇幅较长的应用文、说明文、议论文等，译文准确，修辞手段和语言风格忠实原文。

3.3.3 九级标准

- 言语交际能力　具备良好的听、说、读、写能力和专业翻译能力。能够综合运用各种技能，在各种情境下，就各类话题进行规范、流利、得体的社会交际。
- 话题任务内容　话题涉及学术研究、政策法规、商业贸易、国际事务等。能够完成与之相关的交际任务，例如：能够参与正式场合的商业谈判，与对方交流辩论；能够读懂政策法规、研究报告等正式语体的文件，充分得体地发表评论。

1）**听**

能够听懂涉及九级话题任务内容、语速正常或较快的各类语言材料（800字左右）。能够分析、推断所需信息，准确理解所涉及的社会文化内涵。

2）**说**

能够运用高等语言量化指标的音节、词汇和语法，完成本级所涉及的话题表达和交际任务。具备良好的语篇表达能力和灵活运用语言的能力。能够完整准确、流畅得体地表达思想和见解，内容充实，逻辑严密。发音准确，语调自然。能够灵活运用修辞手段增强口头表达效果，体现较强的跨文化交际能力。

3）**读**

能够准确认读高等语言量化指标涉及的音节、汉字和词汇。能够读懂各类题材、体裁的文章，阅读速度不低于240字/分钟。能够熟练掌握中文的思维与表达习惯，综合运用各种阅读技能，深刻理解文章的思想与社会文化内涵。

4）**写**

能够手写高等语言量化指标要求书写的汉字。能够完成学位论文及多种文体的写作。观点明确，语篇连贯，格式正确，表达得体，逻辑性强。能够正确使用各种复杂句式、综合运用多种修辞方法，言之有物，富有文采。

5）**译**

具备专业翻译能力，能够熟练地就本级话题任务内容进行翻译，内容完整准确。能够完成正式场合专业内容的同声传译任务，表达流畅。能够翻译各种文体的文章，译文通顺，格式正确，语篇连贯，修辞手段和语言风格忠实原文。

4 音节表

4.1 一级音节表

1	ài	38	dào	75	guǒ	112	kàn	149	nǎo
2	bā	39	dé	76	guò	113	kǎo	150	ne
3	bà	40	de	77	hái	114	kě	151	néng
4	ba	41	děng	78	hàn	115	kè	152	nǐ
5	bái	42	dì	79	hǎo	116	kǒu	153	nián
6	bǎi	43	diǎn	80	hào	117	kuài	154	nín
7	bān	44	diàn	81	hē	118	lái	155	niú
8	bàn	45	dōng	82	hé	119	lǎo	156	nǚ
9	bāng	46	dòng	83	hěn	120	le	157	páng
10	bāo	47	dōu	84	hòu	121	lèi	158	pǎo
11	bēi	48	dú	85	huā	122	lěng	159	péng
12	běi	49	duì	86	huà	123	lǐ	160	piào
13	bèi	50	duō	87	huài	124	liǎng	161	qī
14	běn	51	è	88	huān	125	líng	162	qǐ
15	bǐ	52	ér	89	huán	126	liù	163	qì
16	biān	53	èr	90	huí	127	lóu	164	qián
17	bié	54	fàn	91	huì	128	lù	165	qǐng
18	bìng	55	fāng	92	huǒ	129	mā	166	qiú
19	bù	56	fáng	93	jī	130	mǎ	167	qù
20	cài	57	fàng	94	jǐ	131	ma	168	rè
21	chá	58	fēi	95	jì	132	mǎi	169	rén
22	chà	59	fēn	96	jiā	133	màn	170	rèn
23	cháng	60	fēng	97	jià	134	máng	171	rì
24	chǎng	61	fú	98	jiān	135	máo	172	ròu
25	chàng	62	gān	99	jiàn	136	me	173	sān
26	chē	63	gàn	100	jiāo	137	méi	174	shān
27	chī	64	gāo	101	jiào	138	mèi	175	shāng
28	chū	65	gào	102	jiě	139	mén	176	shàng
29	chuān	66	gē	103	jiè	140	men	177	shǎo
30	chuáng	67	gè	104	jīn	141	mǐ	178	shào
31	cì	68	gěi	105	jìn	142	miàn	179	shéi
32	cóng	69	gēn	106	jīng	143	míng	180	shēn
33	cuò	70	gōng	107	jìng	144	ná	181	shén
34	dá	71	guān	108	jiǔ	145	nǎ	182	shēng
35	dǎ	72	guǎn	109	jiù	146	nà	183	shī
36	dà	73	guì	110	jué	147	nǎi	184	shí
37	dàn	74	guó	111	kāi	148	nán	185	shì

186	shǒu	203	tóng	220	xiàn	237	yè	254	zhe
187	shū	204	tú	221	xiǎng	238	yī	255	zhēn
188	shù	205	wài	222	xiǎo	239	yǐng	256	zhèng
189	shuí	206	wán	223	xiào	240	yòng	257	zhī
190	shuǐ	207	wǎn	224	xiē	241	yǒu	258	zhōng
191	shuì	208	wǎng	225	xiě	242	yòu	259	zhòng
192	shuō	209	wàng	226	xiè	243	yǔ	260	zhù
193	sì	210	wén	227	xīn	244	yuán	261	zhǔn
194	sòng	211	wèn	228	xīng	245	yuǎn	262	zhuō
195	sù	212	wǒ	229	xíng	246	yuàn	263	zǐ
196	suì	213	wǔ	230	xìng	247	yuè	264	zì
197	tā	214	xī	231	xiū	248	zài	265	zǒu
198	tài	215	xí	232	xué	249	zǎo	266	zuì
199	tǐ	216	xǐ	233	yàng	250	zěn	267	zuó
200	tiān	217	xì	234	yào	251	zhàn	268	zuǒ
201	tiáo	218	xià	235	yé	252	zhǎo	269	zuò
202	tīng	219	xiān	236	yě	253	zhè		

4.2 二级音节表

1	a	22	chūn	43	gǎi	64	huó	85	lí
2	ān	23	cí	44	gǎn	65	huò	86	lì
3	bǎn	24	dā	45	gāng	66	jí	87	liǎn
4	bǎo	25	dài	46	gèng	67	jiǎ	88	liàn
5	bào	26	dān	47	gòng	68	jiǎn	89	liáng
6	bì	27	dāng	48	gǒu	69	jiǎng	90	liàng
7	biàn	28	dǎo	49	gòu	70	jiǎo	91	liú
8	biǎo	29	dēng	50	gù	71	jiē	92	lǚ
9	cái	30	dī	51	guàn	72	jié	93	lǜ
10	cān	31	diào	52	guǎng	73	jǔ	94	lùn
11	cǎo	32	dìng	53	guo	74	jù	95	mài
12	céng	33	dǒng	54	hǎi	75	kǎ	96	mǎn
13	chāo	34	dù	55	hǎn	76	kāng	97	māo
14	chén	35	duǎn	56	háng	77	kào	98	mò
15	chēng	36	duàn	57	hēi	78	kē	99	mù
16	chéng	37	fā	58	hóng	79	kōng	100	niǎo
17	chóng	38	fǎ	59	hū	80	kòng	101	nòng
18	chǔ	39	fà	60	hú	81	kū	102	nǚ
19	chù	40	fèn	61	hù	82	lā	103	pá
20	chuán	41	fù	62	huàn	83	lán	104	pà
21	chuī	42	gāi	63	huáng	84	lè	105	pái

106	pèng	125	rù	144	téng	163	xū	182	yóu
107	piān	126	sè	145	tí	164	xǔ	183	yú
108	pián	127	shěng	146	tiě	165	xuǎn	184	yù
109	piàn	128	shǐ	147	tíng	166	xuě	185	yún
110	píng	129	shōu	148	tǐng	167	yán	186	yùn
111	pǔ	130	shóu	149	tōng	168	yǎn	187	zán
112	qí	131	shòu	150	tóu	169	yáng	188	zāng
113	qiān	132	shú	151	tuī	170	yǎng	189	zhǎng
114	qiáng	133	shǔ	152	tuǐ	171	yāo	190	zhào
115	qiě	134	shùn	153	wàn	172	yí	191	zhě
116	qīng	135	sī	154	wáng	173	yǐ	192	zhí
117	qíng	136	suàn	155	wéi	174	yì	193	zhǐ
118	qiū	137	suī	156	wèi	175	yīn	194	zhōu
119	qǔ	138	suí	157	wēn	176	yín	195	zhǔ
120	quán	139	suǒ	158	wù	177	yìn	196	zhuāng
121	què	140	táng	159	xiāng	178	yīng	197	zū
122	rán	141	tǎo	160	xiàng	179	yíng	198	zǔ
123	ràng	142	tào	161	xié	180	yìng	199	zuǐ
124	rú	143	tè	162	xìn	181	yǒng		

4.3 三级音节表

1	àn	20	dū	39	hūn	58	má	77	pí
2	bǎ	21	dùn	40	jiāng	59	mào	78	pǐn
3	biāo	22	fán	41	jǐn	60	měi	79	pò
4	bō	23	fǎn	42	jǐng	61	mí	80	qiáo
5	bǔ	24	fǎng	43	kā	62	mín	81	qiǎo
6	cǎi	25	fèi	44	kǒng	63	mìng	82	qiè
7	chǎn	26	fǒu	45	kǔ	64	mǒu	83	qīn
8	cháo	27	fū	46	kù	65	mǔ	84	qìng
9	chǎo	28	gài	47	kuàng	66	nèi	85	qū
10	chèn	29	gé	48	kùn	67	niàn	86	quē
11	chí	30	gū	49	làng	68	niáng	87	qún
12	chōng	31	gǔ	50	lián	69	nóng	88	réng
13	chú	32	guà	51	liǎo	70	nuǎn	89	róng
14	chuàng	33	guài	52	liè	71	pāi	90	sài
15	cǐ	34	guāng	53	lǐng	72	pài	91	sàn
16	cūn	35	guī	54	lìng	73	pàn	92	shā
17	cún	36	hā	55	lóng	74	pàng	93	shàn
18	dāo	37	hài	56	luàn	75	pèi	94	shè
19	dǐ	38	huá	57	luò	76	pī	95	shèng

96	shuāng	105	tǔ	114	xù	123	zào	132	zhū
97	sǐ	106	tuán	115	xuān	124	zé	133	zhuā
98	tái	107	tuì	116	xùn	125	zēng	134	zhuān
99	tán	108	wēi	117	yā	126	zhǎn	135	zhuǎn
100	tāng	109	wěi	118	yān	127	zhāng	136	zhuàng
101	tián	110	wò	119	yàn	128	zhēng	137	zhuī
102	tiào	111	wū	120	yōu	129	zhěng	138	zī
103	tòng	112	xiǎn	121	yuē	130	zhì	139	zǒng
104	tū	113	xiāo	122	zá	131	zhǒng	140	zú

4.4 四级音节表

1	ā	25	fān	49	liáo	73	shài	97	wú
2	ǎi	26	féi	50	liào	74	shǎn	98	xián
3	bài	27	fǔ	51	lín	75	shǎng	99	xǐng
4	báo	28	guā	52	lún	76	shāo	100	xiōng
5	bèn	29	guàng	53	mèng	77	shèn	101	xiù
6	bīng	30	hán	54	mì	78	shuā	102	xún
7	cā	31	háo	55	miǎn	79	shuài	103	yá
8	cāo	32	huái	56	miáo	80	sōng	104	yà
9	cè	33	huǎn	57	mō	81	sú	105	ya
10	chè	34	huī	58	mó	82	suān	106	yáo
11	chǐ	35	jiàng	59	na	83	sūn	107	yǐn
12	chōu	36	jiū	60	nào	84	suō	108	zǎi
13	chuāng	37	jū	61	níng	85	tǎng	109	zàn
14	chún	38	jú	62	pán	86	tī	110	zhàng
15	cū	39	juǎn	63	péi	87	tì	111	zhāo
16	cù	40	juàn	64	pó	88	tiāo	112	zháo
17	cùn	41	jūn	65	qiǎn	89	tiǎo	113	zhé
18	děi	42	kuān	66	qiē	90	tiē	114	zhèn
19	dí	43	kuò	67	qióng	91	tǒng	115	zhú
20	dǐng	44	là	68	quān	92	tòu	116	zōng
21	dòu	45	láng	69	ruò	93	tuō		
22	dǔ	46	léi	70	sǎn	94	wà		
23	ě	47	lěi	71	sǎo	95	wān		
24	ěr	48	liǎ	72	sēn	96	wěn		

4.5 五级音节表

1	bá	3	bí	5	bǐng	7	cāi	9	chāi
2	bàng	4	bīn	6	bó	8	chā	10	chái

11	chóu	29	gǔn	47	luó	65	qiǎng	83	sǔn
12	chǒu	30	guō	48	mà	66	qiāo	84	tǎn
13	chòu	31	hè	49	mián	67	qín	85	táo
14	chuǎng	32	hèn	50	miǎo	68	quàn	86	tōu
15	cōng	33	hóu	51	mǐn	69	rǎn	87	tù
16	cuì	34	hǔ	52	mú	70	rǎo	88	xiáng
17	dāi	35	huāng	53	nài	71	rào	89	xióng
18	dǎn	36	huǐ	54	nàn	72	rěn	90	yāng
19	dǎng	37	ké	55	ǒu	73	rēng	91	yǎo
20	diū	38	kěn	56	pēn	74	ruǎn	92	yōng
21	duī	39	kuǎn	57	pén	75	rùn	93	zāi
22	dūn	40	kuáng	58	pǐ	76	sǎ	94	zāo
23	duǒ	41	kuī	59	pīn	77	shǎ	95	zèng
24	fá	42	lǎn	60	pín	78	shé	96	zhāi
25	gǎo	43	làn	61	pō	79	shě	97	zhěn
26	gēng	44	lǎng	62	pú	80	shuāi	98	zūn
27	gōu	45	láo	63	qiàn	81	shuò		
28	guǐ	46	lòu	64	qiāng	82	sōu		

4.6 六级音节表

1	āi	19	duó	37	lú	55	qià	73	wa
2	ái	20	é	38	lüè	56	qié	74	xuán
3	ào	21	ēn	39	mái	57	qú	75	xuè
4	bǎng	22	fěn	40	mán	58	rǔ	76	yūn
5	bēn	23	fèng	41	mēng	59	sāi	77	yǔn
6	bī	24	fó	42	méng	60	sàng	78	zàng
7	biǎn	25	gǎng	43	měng	61	sháo	79	zhā
8	cán	26	gǒng	44	miào	62	shěn	80	zhà
9	cǎn	27	guǎi	45	miè	63	shuǎng	81	zhái
10	cāng	28	héng	46	móu	64	sū	82	zhài
11	cáng	29	hùn	47	ní	65	tǎ	83	zhuàn
12	chāng	30	juān	48	niǔ	66	tà	84	zòng
13	chǒng	31	kān	49	nù	67	tàn	85	zòu
14	chòng	32	kàng	50	nuò	68	tàng	86	zuān
15	chuàn	33	kòu	51	pào	69	tāo		
16	dàng	34	kuà	52	pìn	70	tūn		
17	diē	35	la	53	pū	71	wā		
18	duān	36	lài	54	pù	72	wá		

4.7 七—九级音节表

1	áng	42	fén	83	lēi	124	pēi	165	tiǎn
2	āo	43	féng	84	léng	125	pēng	166	tuí
3	áo	44	fěng	85	lèng	126	pěng	167	tún
4	bāi	45	gà	86	liē	127	pì	168	tuó
5	bēng	46	gàng	87	liě	128	piāo	169	tuǒ
6	bèng	47	gěng	88	līn	129	piě	170	tuò
7	biē	48	guǎ	89	lìn	130	pīng	171	wǎ
8	biè	49	guāi	90	liū	131	pōu	172	wāi
9	bo	50	gùn	91	liǔ	132	qiā	173	wāng
10	càn	51	hān	92	lǒng	133	qiǎ	174	wēng
11	cáo	52	hén	93	lǒu	134	qiàng	175	wō
12	cèng	53	hēng	94	lǚ	135	qiào	176	xiā
13	chān	54	hèng	95	luán	136	qǐn	177	xiá
14	chán	55	hōng	96	luǎn	137	quǎn	178	xiáo
15	chàn	56	hǒng	97	lūn	138	rǎng	179	xiǔ
16	chě	57	hòng	98	luǒ	139	ráo	180	xú
17	chěng	58	hǒu	99	mǎng	140	rě	181	xuàn
18	chèng	59	huǎng	100	mēn	141	rǒng	182	xuē
19	chì	60	huàng	101	mèn	142	róu	183	xūn
20	chuāi	61	hún	102	miù	143	ruì	184	yǎ
21	chuǎi	62	huō	103	mǒ	144	sā	185	yē
22	chuài	63	jiá	104	náng	145	sà	186	yuān
23	chuǎn	64	jiáo	105	náo	146	sāng	187	zā
24	chuí	65	jiǒng	106	něi	147	sǎng	188	zǎn
25	chǔn	66	juè	107	nèn	148	sāo	189	záo
26	chuō	67	jùn	108	nì	149	sào	190	zéi
27	chuò	68	kǎi	109	niàng	150	sēng	191	zhá
28	còu	69	kǎn	110	niào	151	shà	192	zhǎ
29	cuàn	70	káng	111	niē	152	shāi	193	zhǎi
30	cuī	71	kēng	112	nǐng	153	shē	194	zhān
31	cuō	72	kōu	113	nìng	154	shéng	195	zhē
32	dǎi	73	kuā	114	nú	155	shi	196	zhóu
33	dèng	74	kuǎ	115	nüè	156	shuǎ	197	zhòu
34	diān	75	kuāng	116	nuó	157	shuǎi	198	zhuǎ
35	diāo	76	kuí	117	ò	158	shuān	199	zhuài
36	dié	77	kuì	118	ōu	159	shuàn	200	zhuì
37	dīng	78	kūn	119	pā	160	sǒng	201	zhuó
38	dǒu	79	kǔn	120	pān	161	sòu	202	zuàn
39	dǔn	80	lǎ	121	pāng	162	suǐ		
40	duò	81	lāo	122	pāo	163	tāi		
41	fěi	82	lào	123	páo	164	tān		

5 汉字表

5.1 一级汉字表

1	爱	39	道	77	馆	115	净	153	明
2	八	40	得	78	贵	116	九	154	拿
3	爸	41	地	79	国	117	就	155	哪
4	吧	42	的	80	果	118	开	156	那
5	白	43	等	81	过	119	看	157	奶
6	百	44	弟	82	还	120	考	158	男
7	班	45	第	83	孩	121	渴	159	南
8	半	46	点	84	汉	122	客	160	难
9	帮	47	电	85	好	123	课	161	脑
10	包	48	店	86	号	124	口	162	呢
11	杯	49	东	87	喝	125	块	163	能
12	北	50	动	88	和	126	快	164	你
13	备	51	都	89	很	127	来	165	年
14	本	52	读	90	后	128	老	166	您
15	比	53	对	91	候	129	了	167	牛
16	边	54	多	92	花	130	累	168	女
17	别	55	饿	93	话	131	冷	169	旁
18	病	56	儿	94	坏	132	里	170	跑
19	不	57	二	95	欢	133	两	171	朋
20	菜	58	饭	96	回	134	零	172	票
21	茶	59	方	97	会	135	六	173	七
22	差	60	房	98	火	136	楼	174	期
23	常	61	放	99	机	137	路	175	起
24	场	62	飞	100	鸡	138	妈	176	气
25	唱	63	非	101	几	139	马	177	汽
26	车	64	分	102	记	140	吗	178	前
27	吃	65	风	103	家	141	买	179	钱
28	出	66	服	104	假	142	慢	180	请
29	穿	67	干	105	间	143	忙	181	球
30	床	68	高	106	见	144	毛	182	去
31	次	69	告	107	教	145	么	183	热
32	从	70	哥	108	叫	146	没	184	人
33	错	71	歌	109	觉	147	妹	185	认
34	答	72	个	110	姐	148	门	186	日
35	打	73	给	111	介	149	们	187	肉
36	大	74	跟	112	今	150	米	188	三
37	蛋	75	工	113	进	151	面	189	山
38	到	76	关	114	京	152	名	190	商

191	上	213	送	235	西	257	样	279	怎
192	少	214	诉	236	息	258	要	280	站
193	绍	215	岁	237	习	259	爷	281	找
194	身	216	他	238	洗	260	也	282	这
195	什	217	她	239	喜	261	页	283	着
196	生	218	太	240	系	262	一	284	真
197	师	219	体	241	下	263	衣	285	正
198	十	220	天	242	先	264	医	286	知
199	时	221	条	243	现	265	影	287	中
200	识	222	听	244	想	266	用	288	重
201	事	223	同	245	小	267	友	289	住
202	试	224	图	246	校	268	有	290	准
203	视	225	外	247	笑	269	右	291	桌
204	是	226	玩	248	些	270	雨	292	子
205	手	227	晚	249	写	271	语	293	字
206	书	228	网	250	谢	272	元	294	走
207	树	229	忘	251	新	273	远	295	最
208	谁	230	文	252	星	274	院	296	昨
209	水	231	问	253	行	275	月	297	左
210	睡	232	我	254	兴	276	再	298	作
211	说	233	五	255	休	277	在	299	坐
212	四	234	午	256	学	278	早	300	做

5.2 二级汉字表

1	啊	17	参	33	带	49	而	65	顾
2	安	18	餐	34	单	50	发	66	观
3	般	19	草	35	但	51	法	67	惯
4	板	20	层	36	当	52	份	68	广
5	办	21	查	37	倒	53	封	69	海
6	饱	22	长	38	灯	54	复	70	喊
7	报	23	超	39	低	55	该	71	合
8	背	24	晨	40	典	56	改	72	河
9	笔	25	称	41	掉	57	感	73	黑
10	必	26	成	42	定	58	刚	74	红
11	变	27	楚	43	冬	59	更	75	忽
12	便	28	处	44	懂	60	公	76	湖
13	遍	29	船	45	度	61	共	77	护
14	表	30	吹	46	短	62	狗	78	划
15	部	31	春	47	段	63	够	79	画
16	才	32	词	48	队	64	故	80	换

81 黄
82 活
83 或
84 级
85 急
86 己
87 计
88 际
89 绩
90 加
91 检
92 件
93 健
94 讲
95 交
96 角
97 饺
98 脚
99 接
100 街
101 节
102 结
103 借
104 斤
105 近
106 经
107 睛
108 静
109 久
110 酒
111 举
112 句
113 卡
114 康
115 靠
116 科
117 可
118 克
119 刻
120 空
121 哭
122 筷
123 拉
124 蓝
125 篮
126 乐
127 离
128 礼
129 理
130 力
131 利
132 例
133 脸
134 练
135 凉
136 亮
137 辆
138 量
139 留
140 流
141 旅
142 绿
143 论
144 卖
145 满
146 猫
147 末
148 目
149 鸟
150 弄
151 努
152 爬
153 怕
154 排
155 碰
156 篇
157 片
158 漂
159 平
160 瓶
161 普
162 其
163 骑
164 千
165 墙
166 且
167 青
168 轻
169 清
170 情
171 晴
172 秋
173 求
174 取
175 全
176 确
177 然
178 让
179 如
180 入
181 色
182 声
183 省
184 实
185 食
186 使
187 示
188 市
189 适
190 室
191 收
192 受
193 舒
194 熟
195 数
196 顺
197 司
198 思
199 算
200 虽
201 随
202 所
203 它
204 态
205 堂
206 讨
207 套
208 特
209 疼
210 提
211 题
212 铁
213 庭
214 停
215 挺
216 通
217 头
218 推
219 腿
220 完
221 碗
222 万
223 王
224 往
225 为
226 位
227 味
228 喂
229 温
230 闻
231 务
232 物
233 夏
234 相
235 响
236 向
237 像
238 鞋
239 心
240 信
241 姓
242 须
243 许
244 选
245 雪
246 言
247 颜
248 眼
249 阳
250 养
251 药
252 业
253 夜
254 宜
255 已
256 以
257 椅
258 亿
259 意
260 因
261 阴
262 音
263 银
264 印
265 应
266 英
267 迎
268 永
269 由
270 油
271 游
272 又
273 于
274 鱼
275 育
276 园
277 原
278 愿
279 越
280 云
281 运
282 咱
283 脏
284 澡
285 占

286	照	289	只	292	周	295	装	298	组
287	者	290	纸	293	主	296	自	299	嘴
288	直	291	钟	294	助	297	租	300	座

5.3　三级汉字表

1	按	36	代	71	管	106	景	141	美
2	把	37	待	72	光	107	警	142	迷
3	搬	38	刀	73	规	108	境	143	民
4	保	39	导	74	哈	109	旧	144	命
5	被	40	底	75	害	110	救	145	某
6	币	41	调	76	何	111	具	146	母
7	标	42	订	77	互	112	剧	147	木
8	并	43	断	78	华	113	据	148	内
9	播	44	顿	79	化	114	决	149	念
10	补	45	烦	80	环	115	绝	150	娘
11	布	46	反	81	婚	116	咖	151	农
12	步	47	范	82	积	117	恐	152	暖
13	材	48	防	83	基	118	苦	153	拍
14	采	49	访	84	及	119	裤	154	牌
15	彩	50	啡	85	极	120	况	155	派
16	曾	51	费	86	集	121	困	156	判
17	察	52	丰	87	纪	122	浪	157	胖
18	产	53	否	88	技	123	类	158	配
19	厂	54	夫	89	济	124	李	159	批
20	朝	55	福	90	继	125	历	160	皮
21	吵	56	父	91	价	126	立	161	啤
22	衬	57	付	92	架	127	丽	162	品
23	城	58	负	93	坚	128	连	163	评
24	程	59	富	94	简	129	联	164	苹
25	持	60	概	95	建	130	烈	165	破
26	充	61	赶	96	将	131	领	166	齐
27	初	62	敢	97	蕉	132	另	167	奇
28	除	63	格	98	较	133	龙	168	器
29	础	64	各	99	解	134	录	169	强
30	传	65	根	100	界	135	乱	170	桥
31	创	66	功	101	金	136	落	171	巧
32	此	67	姑	102	仅	137	麻	172	切
33	村	68	古	103	尽	138	冒	173	亲
34	存	69	挂	104	紧	139	媒	174	庆
35	达	70	怪	105	精	140	每	175	区

176	缺	201	输	226	屋	251	烟	276	证
177	裙	202	属	227	武	252	演	277	支
178	群	203	术	228	舞	253	验	278	汁
179	任	204	束	229	误	254	羊	279	值
180	仍	205	双	230	希	255	义	280	职
181	容	206	死	231	戏	256	艺	281	止
182	赛	207	似	232	显	257	议	282	指
183	散	208	速	233	险	258	易	283	至
184	沙	209	台	234	线	259	营	284	志
185	衫	210	谈	235	乡	260	赢	285	制
186	善	211	汤	236	香	261	泳	286	终
187	伤	212	糖	237	箱	262	优	287	种
188	设	213	甜	238	象	263	邮	288	众
189	社	214	跳	239	消	264	预	289	猪
190	深	215	痛	240	效	265	员	290	注
191	神	216	突	241	血	266	约	291	祝
192	升	217	土	242	形	267	杂	292	抓
193	胜	218	团	243	幸	268	造	293	专
194	失	219	退	244	性	269	责	294	转
195	石	220	望	245	修	270	增	295	状
196	始	221	危	246	需	271	展	296	追
197	世	222	围	247	续	272	张	297	资
198	式	223	伟	248	宣	273	章	298	总
199	势	224	卫	249	训	274	争	299	足
200	首	225	握	250	压	275	整	300	族

5.4 四级汉字表

1	阿	14	笨	27	潮	40	粗	53	豆
2	矮	15	毕	28	彻	41	促	54	独
3	案	16	闭	29	沉	42	寸	55	堵
4	暗	17	避	30	诚	43	措	56	肚
5	巴	18	编	31	承	44	袋	57	锻
6	摆	19	辩	32	迟	45	戴	58	恶
7	败	20	冰	33	尺	46	担	59	耳
8	伴	21	兵	34	冲	47	淡	60	翻
9	薄	22	擦	35	虫	48	登	61	肥
10	宝	23	财	36	抽	49	敌	62	纷
11	抱	24	操	37	窗	50	递	63	奋
12	贝	25	测	38	纯	51	顶	64	符
13	倍	26	抄	39	刺	52	斗	65	府

66	腐	107	阶	148	络	189	施	230	吸
67	妇	108	巾	149	码	190	湿	231	席
68	附	109	劲	150	帽	191	史	232	细
69	盖	110	禁	151	梦	192	士	233	鲜
70	隔	111	惊	152	秘	193	释	234	咸
71	供	112	竟	153	密	194	守	235	县
72	构	113	镜	154	免	195	授	236	限
73	购	114	究	155	描	196	售	237	项
74	骨	115	居	156	摸	197	叔	238	销
75	固	116	局	157	模	198	殊	239	型
76	瓜	117	巨	158	默	199	暑	240	醒
77	官	118	距	159	闹	200	述	241	兄
78	逛	119	聚	160	宁	201	刷	242	胸
79	归	120	卷	161	浓	202	帅	243	秀
80	裹	121	均	162	盘	203	松	244	序
81	含	122	棵	163	培	204	俗	245	寻
82	寒	123	宽	164	婆	205	塑	246	迅
83	航	124	矿	165	迫	206	酸	247	牙
84	毫	125	扩	166	妻	207	孙	248	亚
85	厚	126	括	167	企	208	缩	249	呀
86	乎	127	垃	168	浅	209	躺	250	延
87	呼	128	辣	169	穷	210	梯	251	严
88	户	129	郎	170	趋	211	替	252	研
89	怀	130	雷	171	趣	212	填	253	盐
90	缓	131	泪	172	圈	213	挑	254	扬
91	挥	132	厘	173	权	214	贴	255	腰
92	汇	133	俩	174	泉	215	童	256	摇
93	伙	134	炼	175	却	216	统	257	叶
94	货	135	良	176	燃	217	投	258	依
95	获	136	粮	177	弱	218	透	259	姨
96	圾	137	疗	178	伞	219	途	260	移
97	激	138	聊	179	扫	220	脱	261	遗
98	即	139	料	180	森	221	袜	262	疑
99	季	140	列	181	晒	222	弯	263	译
100	既	141	林	182	闪	223	微	264	益
101	寄	142	临	183	赏	224	维	265	引
102	减	143	陆	184	尚	225	尾	266	映
103	渐	144	律	185	烧	226	未	267	勇
104	江	145	虑	186	申	227	谓	268	幼
105	奖	146	率	187	甚	228	稳	269	余
106	降	147	轮	188	诗	229	无	270	与

271	玉	277	赞	283	召	289	之	295	智
272	遇	278	则	284	折	290	植	296	置
273	圆	279	择	285	针	291	址	297	逐
274	源	280	战	286	阵	292	质	298	著
275	阅	281	丈	287	征	293	治	299	综
276	载	282	招	288	政	294	致	300	阻

5.5 五级汉字表

1	碍	33	厨	65	幅	97	击	129	朗
2	岸	34	触	66	辅	98	肌	130	劳
3	拔	35	闯	67	傅	99	辑	131	梨
4	拜	36	辞	68	纲	100	籍	132	璃
5	版	37	聪	69	钢	101	挤	133	厉
6	扮	38	脆	70	糕	102	夹	134	励
7	棒	39	呆	71	搞	103	甲	135	怜
8	悲	40	贷	72	革	104	驾	136	帘
9	辈	41	胆	73	沟	105	肩	137	恋
10	鼻	42	旦	74	估	106	艰	138	邻
11	彼	43	弹	75	鼓	107	剪	139	铃
12	壁	44	挡	76	冠	108	键	140	龄
13	宾	45	德	77	鬼	109	郊	141	令
14	饼	46	丢	78	柜	110	胶	142	漏
15	玻	47	冻	79	滚	111	戒	143	逻
16	博	48	洞	80	锅	112	届	144	骂
17	猜	49	毒	81	汗	113	竞	145	漫
18	裁	50	堆	82	豪	114	敬	146	矛
19	册	51	吨	83	核	115	拒	147	贸
20	叉	52	盾	84	盒	116	俱	148	貌
21	插	53	朵	85	贺	117	军	149	煤
22	拆	54	躲	86	恨	118	烤	150	眠
23	柴	55	尔	87	猴	119	颗	151	秒
24	肠	56	乏	88	胡	120	咳	152	敏
25	尝	57	罚	89	糊	121	肯	153	摩
26	偿	58	繁	90	虎	122	控	154	漠
27	倡	59	返	91	滑	123	库	155	幕
28	乘	60	泛	92	慌	124	款	156	奈
29	池	61	仿	93	灰	125	狂	157	耐
30	愁	62	疯	94	恢	126	亏	158	偶
31	丑	63	肤	95	悔	127	览	159	陪
32	臭	64	扶	96	惠	128	烂	160	赔

161	喷	189	扔	217	肃	245	闲	273	犹
162	盆	190	荣	218	宿	246	献	274	羽
163	披	191	绒	219	碎	247	详	275	域
164	脾	192	软	220	损	248	享	276	豫
165	匹	193	润	221	索	249	歇	277	怨
166	骗	194	洒	222	锁	250	协	278	灾
167	拼	195	杀	223	抬	251	斜	279	仔
168	频	196	傻	224	坦	252	辛	280	暂
169	凭	197	扇	225	逃	253	欣	281	糟
170	泼	198	稍	226	桃	254	雄	282	赠
171	葡	199	蛇	227	萄	255	熊	283	摘
172	启	200	舍	228	厅	256	虚	284	涨
173	弃	201	射	229	偷	257	询	285	掌
174	签	202	摄	230	吐	258	押	286	珍
175	欠	203	伸	231	兔	259	鸭	287	诊
176	枪	204	剩	232	托	260	厌	288	振
177	抢	205	拾	233	违	261	艳	289	震
178	悄	206	驶	234	唯	262	央	290	挣
179	敲	207	饰	235	委	263	邀	291	织
180	瞧	208	柿	236	胃	264	咬	292	执
181	琴	209	寿	237	慰	265	乙	293	珠
182	勤	210	瘦	238	卧	266	忆	294	竹
183	曲	211	蔬	239	污	267	谊	295	筑
184	劝	212	鼠	240	夕	268	饮	296	撞
185	染	213	摔	241	析	269	硬	297	紫
186	扰	214	硕	242	悉	270	拥	298	醉
187	绕	215	私	243	惜	271	幽	299	尊
188	忍	216	搜	244	吓	272	尤	300	遵

5.6 六级汉字表

1	挨	11	扁	21	侧	31	串	41	抵
2	傲	12	拨	22	策	32	醋	42	帝
3	罢	13	波	23	昌	33	搭	43	吊
4	榜	14	捕	24	畅	34	诞	44	跌
5	傍	15	踩	25	炒	35	党	45	督
6	胞	16	残	26	撤	36	档	46	赌
7	暴	17	惨	27	撑	37	岛	47	渡
8	爆	18	仓	28	崇	38	蹈	48	端
9	奔	19	藏	29	宠	39	盗	49	蹲
10	逼	20	厕	30	储	40	滴	50	夺

51	额	92	幻	133	栏	174	铺	215	田
52	恩	93	患	134	懒	175	欺	216	铜
53	番	94	皇	135	牢	176	旗	217	徒
54	凡	95	辉	136	梁	177	恰	218	吞
55	犯	96	毁	137	谅	178	迁	219	拖
56	肺	97	绘	138	裂	179	牵	220	挖
57	废	98	慧	139	灵	180	铅	221	娃
58	氛	99	昏	140	炉	181	谦	222	哇
59	粉	100	混	141	露	182	潜	223	湾
60	愤	101	吉	142	略	183	歉	224	顽
61	峰	102	疾	143	嘛	184	茄	225	亡
62	锋	103	佳	144	埋	185	侵	226	旺
63	奉	104	嘉	145	麦	186	倾	227	威
64	佛	105	尖	146	馒	187	渠	228	乌
65	浮	106	监	147	盲	188	券	229	伍
66	副	107	捡	148	梅	189	融	230	悟
67	肝	108	剑	149	蒙	190	乳	231	牺
68	杆	109	舰	150	盟	191	若	232	嫌
69	岗	110	践	151	猛	192	塞	233	陷
70	港	111	鉴	152	棉	193	丧	234	祥
71	稿	112	箭	153	妙	194	勺	235	晓
72	攻	113	酱	154	灭	195	舌	236	胁
73	宫	114	骄	155	膜	196	涉	237	谐
74	巩	115	焦	156	磨	197	审	238	械
75	贡	116	揭	157	墨	198	牲	239	薪
76	孤	117	杰	158	谋	199	圣	240	凶
77	谷	118	洁	159	墓	200	盛	241	袖
78	股	119	截	160	纳	201	薯	242	绪
79	刮	120	井	161	泥	202	爽	243	悬
80	拐	121	径	162	扭	203	税	244	旋
81	贯	122	纠	163	怒	204	寺	245	循
82	轨	123	捐	164	诺	205	苏	246	讯
83	跪	124	菌	165	盼	206	素	247	炎
84	憾	125	刊	166	泡	207	塔	248	沿
85	耗	126	抗	167	炮	208	踏	249	宴
86	狠	127	扣	168	偏	209	叹	250	洋
87	横	128	酷	169	贫	210	探	251	仰
88	衡	129	跨	170	聘	211	趟	252	氧
89	宏	130	阔	171	屏	212	掏	253	耀
90	洪	131	啦	172	坡	213	踢	254	野
91	壶	132	赖	173	扑	214	添	255	液

256	仪	265	誉	274	宅	283	忠	292	壮
257	异	266	援	275	债	284	肿	293	捉
258	隐	267	缘	276	账	285	粥	294	咨
259	忧	268	跃	277	障	286	诸	295	宗
260	娱	269	晕	278	哲	287	煮	296	纵
261	愉	270	允	279	镇	288	驻	297	奏
262	予	271	遭	280	症	289	柱	298	祖
263	宇	272	扎	281	枝	290	赚	299	钻
264	欲	273	炸	282	殖	291	庄	300	罪

5.7 七—九级汉字表

1	哎	30	磅	59	丙	88	搀	117	侈
2	哀	31	镑	60	秉	89	馋	118	耻
3	癌	32	煲	61	柄	90	禅	119	斥
4	蔼	33	堡	62	剥	91	缠	120	赤
5	艾	34	豹	63	伯	92	铲	121	翅
6	唉	35	曝	64	驳	93	阐	122	仇
7	隘	36	卑	65	泊	94	颤	123	绸
8	昂	37	碑	66	勃	95	猖	124	畴
9	凹	38	狈	67	舶	96	嫦	125	酬
10	熬	39	惫	68	脖	97	敞	126	稠
11	奥	40	崩	69	搏	98	钞	127	筹
12	澳	41	绷	70	膊	99	巢	128	瞅
13	扒	42	蹦	71	卜	100	嘲	129	橱
14	叭	43	鄙	72	哺	101	扯	130	畜
15	芭	44	毙	73	怖	102	臣	131	揣
16	靶	45	痹	74	睬	103	尘	132	踹
17	坝	46	碧	75	惭	104	辰	133	川
18	霸	47	蔽	76	灿	105	陈	134	喘
19	掰	48	弊	77	苍	106	趁	135	炊
20	柏	49	臂	78	沧	107	呈	136	垂
21	扳	50	鞭	79	舱	108	惩	137	捶
22	颁	51	贬	80	糙	109	澄	138	锤
23	斑	52	辨	81	曹	110	橙	139	唇
24	拌	53	辫	82	槽	111	逞	140	醇
25	瓣	54	飙	83	蹭	112	秤	141	蠢
26	邦	55	憋	84	岔	113	痴	142	戳
27	绑	56	彬	85	刹	114	弛	143	绰
28	膀	57	滨	86	诧	115	驰	144	瓷
29	谤	58	缤	87	掺	116	齿	145	慈

146	磁	187	淀	228	鳄	269	丐	310	骇
147	赐	188	惦	229	饵	270	钙	311	酣
148	匆	189	奠	230	伐	271	溉	312	函
149	囱	190	殿	231	阀	272	甘	313	涵
150	葱	191	刁	232	帆	273	竿	314	韩
151	丛	192	叼	233	贩	274	尴	315	罕
152	凑	193	雕	234	芳	275	冈	316	旱
153	簇	194	钓	235	妨	276	缸	317	捍
154	窜	195	爹	236	肪	277	杠	318	焊
155	催	196	迭	237	纺	278	膏	319	撼
156	摧	197	谍	238	绯	279	戈	320	杭
157	粹	198	叠	239	匪	280	胳	321	浩
158	翠	199	碟	240	诽	281	鸽	322	呵
159	搓	200	丁	241	沸	282	搁	323	禾
160	磋	201	叮	242	芬	283	割	324	阂
161	挫	202	盯	243	吩	284	阁	325	荷
162	歹	203	鼎	244	坟	285	耕	326	赫
163	逮	204	钉	245	焚	286	耿	327	鹤
164	怠	205	董	246	粪	287	弓	328	嘿
165	丹	206	栋	247	蜂	288	恭	329	痕
166	耽	207	兜	248	冯	289	躬	330	哼
167	荡	208	抖	249	逢	290	拱	331	恒
168	叨	209	陡	250	缝	291	勾	332	轰
169	捣	210	逗	251	讽	292	钩	333	哄
170	祷	211	睹	252	凤	293	沽	334	烘
171	悼	212	杜	253	孵	294	菇	335	弘
172	稻	213	妒	254	敷	295	辜	336	虹
173	蹬	214	兑	255	伏	296	贾	337	喉
174	邓	215	敦	256	俘	297	雇	338	吼
175	凳	216	盹	257	袱	298	寡	339	弧
176	瞪	217	炖	258	辐	299	卦	340	唬
177	堤	218	哆	259	抚	300	乖	341	沪
178	迪	219	舵	260	斧	301	棺	342	哗
179	涤	220	堕	261	俯	302	灌	343	猾
180	笛	221	惰	262	咐	303	罐	344	徊
181	蒂	222	讹	263	赴	304	龟	345	淮
182	缔	223	俄	264	赋	305	闺	346	槐
183	颠	224	娥	265	腹	306	瑰	347	唤
184	巅	225	鹅	266	缚	307	桂	348	焕
185	甸	226	厄	267	覆	308	棍	349	痪
186	垫	227	遏	268	尬	309	郭	350	荒

351	凰	392	溅	433	拘	474	枯	515	粒
352	煌	393	姜	434	鞠	475	窟	516	莲
353	恍	394	浆	435	菊	476	夸	517	廉
354	晃	395	僵	436	橘	477	垮	518	敛
355	谎	396	疆	437	沮	478	挎	519	链
356	徽	397	桨	438	矩	479	筐	520	辽
357	卉	398	匠	439	炬	480	旷	521	僚
358	讳	399	浇	440	惧	481	框	522	寥
359	贿	400	娇	441	锯	482	窥	523	潦
360	秽	401	椒	442	倦	483	魁	524	咧
361	浑	402	跤	443	诀	484	馈	525	劣
362	魂	403	礁	444	掘	485	溃	526	猎
363	豁	404	嚼	445	崛	486	愧	527	拎
364	祸	405	狡	446	爵	487	昆	528	淋
365	惑	406	绞	447	倔	488	捆	529	赁
366	霍	407	矫	448	君	489	廓	530	凌
367	讥	408	搅	449	钧	490	喇	531	陵
368	饥	409	缴	450	俊	491	腊	532	岭
369	缉	410	轿	451	峻	492	蜡	533	溜
370	畸	411	酵	452	骏	493	兰	534	刘
371	稽	412	皆	453	竣	494	拦	535	浏
372	棘	413	劫	454	凯	495	婪	536	瘤
373	嫉	414	捷	455	慨	496	澜	537	柳
374	脊	415	竭	456	楷	497	揽	538	遛
375	忌	416	诫	457	勘	498	缆	539	咙
376	剂	417	津	458	堪	499	滥	540	胧
377	迹	418	筋	459	侃	500	狼	541	聋
378	祭	419	锦	460	砍	501	廊	542	笼
379	寂	420	谨	461	槛	502	捞	543	隆
380	颊	421	晋	462	慷	503	唠	544	窿
381	嫁	422	浸	463	扛	504	姥	545	拢
382	稼	423	茎	464	苛	505	涝	546	垄
383	奸	424	荆	465	磕	506	勒	547	搂
384	歼	425	晶	466	壳	507	垒	548	陋
385	兼	426	兢	467	垦	508	磊	549	芦
386	煎	427	阱	468	恳	509	蕾	550	卤
387	拣	428	颈	469	啃	510	棱	551	虏
388	柬	429	窘	470	坑	511	愣	552	鲁
389	俭	430	揪	471	吭	512	黎	553	赂
390	荐	431	灸	472	孔	513	吏	554	鹿
391	贱	432	舅	473	抠	514	隶	555	碌

556	吕	597	觅	638	匿	679	辟	720	乔
557	侣	598	泌	639	腻	680	媲	721	侨
558	铝	599	蜜	640	黏	681	僻	722	俏
559	屡	600	绵	641	酿	682	譬	723	窍
560	缕	601	勉	642	尿	683	飘	724	翘
561	履	602	缅	643	捏	684	撇	725	撬
562	滤	603	苗	644	拧	685	乒	726	怯
563	李	604	瞄	645	凝	686	坪	727	窃
564	卵	605	渺	646	纽	687	萍	728	钦
565	掠	606	庙	647	奴	688	颇	729	秦
566	抡	607	蔑	648	虐	689	魄	730	禽
567	伦	608	鸣	649	挪	690	剖	731	寝
568	罗	609	铭	650	哦	691	仆	732	擎
569	萝	610	谬	651	欧	692	菩	733	顷
570	螺	611	蘑	652	殴	693	朴	734	丘
571	裸	612	魔	653	呕	694	浦	735	囚
572	迈	613	抹	654	趴	695	谱	736	驱
573	脉	614	沫	655	帕	696	瀑	737	屈
574	蛮	615	陌	656	徘	697	沏	738	躯
575	瞒	616	莫	657	潘	698	栖	739	娶
576	蔓	617	寞	658	攀	699	凄	740	拳
577	芒	618	牡	659	叛	700	戚	741	犬
578	氓	619	亩	660	畔	701	漆	742	雀
579	茫	620	姆	661	乓	702	歧	743	壤
580	莽	621	沐	662	庞	703	祈	744	攘
581	茅	622	牧	663	抛	704	棋	745	嚷
582	髦	623	募	664	刨	705	乞	746	饶
583	茂	624	睦	665	袍	706	岂	747	惹
584	玫	625	慕	666	胚	707	迄	748	仁
585	枚	626	暮	667	沛	708	泣	749	韧
586	眉	627	穆	668	佩	709	契	750	溶
587	霉	628	呐	669	抨	710	砌	751	冗
588	昧	629	乃	670	烹	711	掐	752	柔
589	媚	630	囊	671	棚	712	洽	753	揉
590	魅	631	挠	672	蓬	713	虔	754	儒
591	闷	632	恼	673	鹏	714	钳	755	辱
592	萌	633	馁	674	篷	715	遣	756	锐
593	朦	634	嫩	675	膨	716	谴	757	瑞
594	孟	635	尼	676	捧	717	嵌	758	撒
595	弥	636	拟	677	劈	718	呛	759	萨
596	谜	637	逆	678	疲	719	腔	760	桑

761	嗓	802	署	843	摊	884	妥	925	熙
762	骚	803	蜀	844	滩	885	拓	926	熄
763	嫂	804	曙	845	瘫	886	唾	927	膝
764	臊	805	竖	846	坛	887	蛙	928	嬉
765	僧	806	恕	847	痰	888	瓦	929	袭
766	纱	807	墅	848	潭	889	歪	930	媳
767	砂	808	耍	849	毯	890	丸	931	隙
768	鲨	809	衰	850	炭	891	挽	932	虾
769	厦	810	甩	851	碳	892	惋	933	瞎
770	筛	811	拴	852	唐	893	婉	934	侠
771	删	812	栓	853	塘	894	腕	935	峡
772	煽	813	涮	854	膛	895	汪	936	狭
773	擅	814	霜	855	倘	896	枉	937	辖
774	膳	815	瞬	856	淌	897	妄	938	霞
775	赡	816	烁	857	烫	898	伪	939	仙
776	捎	817	丝	858	涛	899	纬	940	纤
777	梢	818	斯	859	滔	900	萎	941	掀
778	哨	819	撕	860	陶	901	畏	942	贤
779	奢	820	伺	861	淘	902	魏	943	弦
780	慑	821	祀	862	腾	903	瘟	944	衔
781	绅	822	饲	863	藤	904	纹	945	宪
782	肾	823	肆	864	剔	905	蚊	946	馅
783	渗	824	耸	865	屉	906	吻	947	羡
784	慎	825	讼	866	剃	907	紊	948	腺
785	绳	826	宋	867	涕	908	翁	949	厢
786	尸	827	诵	868	惕	909	涡	950	镶
787	狮	828	颂	869	舔	910	窝	951	翔
788	蚀	829	艘	870	帖	911	沃	952	巷
789	矢	830	嗽	871	廷	912	巫	953	橡
790	氏	831	酥	872	亭	913	呜	954	削
791	侍	832	溯	873	艇	914	吴	955	宵
792	逝	833	蒜	874	捅	915	侮	956	萧
793	嗜	834	髓	875	桶	916	捂	957	潇
794	誓	835	遂	876	筒	917	勿	958	淆
795	匙	836	隧	877	凸	918	晤	959	孝
796	兽	837	嗦	878	秃	919	雾	960	肖
797	抒	838	塌	879	涂	920	昔	961	啸
798	枢	839	胎	880	屠	921	晰	962	邪
799	梳	840	汰	881	颓	922	稀	963	挟
800	疏	841	泰	882	屯	923	锡	964	携
801	赎	842	贪	883	驮	924	溪	965	泄

966	泻	1007	涯	1048	翼	1089	悦	1130	杖
967	卸	1008	哑	1049	荫	1090	粤	1131	帐
968	屑	1009	雅	1050	姻	1091	匀	1132	胀
969	懈	1010	讶	1051	殷	1092	陨	1133	沼
970	芯	1011	咽	1052	瘾	1093	孕	1134	兆
971	馨	1012	淹	1053	婴	1094	酝	1135	赵
972	衅	1013	岩	1054	鹰	1095	韵	1136	罩
973	猩	1014	阎	1055	荧	1096	蕴	1137	肇
974	腥	1015	衍	1056	盈	1097	砸	1138	遮
975	刑	1016	掩	1057	莹	1098	栽	1139	辙
976	汹	1017	雁	1058	蝇	1099	宰	1140	浙
977	羞	1018	焰	1059	颖	1100	攒	1141	贞
978	朽	1019	燕	1060	佣	1101	赃	1142	侦
979	绣	1020	殃	1061	庸	1102	葬	1143	枕
980	锈	1021	秧	1062	咏	1103	凿	1144	睁
981	嗅	1022	杨	1063	涌	1104	枣	1145	筝
982	墟	1023	痒	1064	踊	1105	藻	1146	蒸
983	徐	1024	漾	1065	悠	1106	皂	1147	拯
984	旭	1025	妖	1066	佑	1107	灶	1148	郑
985	叙	1026	窑	1067	诱	1108	噪	1149	芝
986	恤	1027	谣	1068	渔	1109	燥	1150	肢
987	酗	1028	遥	1069	逾	1110	躁	1151	脂
988	絮	1029	钥	1070	渝	1111	泽	1152	旨
989	婿	1030	椰	1071	愚	1112	贼	1153	帜
990	蓄	1031	冶	1072	舆	1113	渣	1154	峙
991	喧	1032	伊	1073	屿	1114	闸	1155	挚
992	玄	1033	夷	1074	驭	1115	眨	1156	秩
993	炫	1034	怡	1075	郁	1116	诈	1157	窒
994	靴	1035	矣	1076	吁	1117	榨	1158	滞
995	穴	1036	倚	1077	狱	1118	窄	1159	稚
996	勋	1037	屹	1078	浴	1119	寨	1160	衷
997	熏	1038	亦	1079	喻	1120	沾	1161	仲
998	旬	1039	抑	1080	御	1121	粘	1162	舟
999	巡	1040	役	1081	寓	1122	瞻	1163	州
1000	汛	1041	绎	1082	裕	1123	斩	1164	洲
1001	驯	1042	弈	1083	愈	1124	盏	1165	轴
1002	逊	1043	疫	1084	冤	1125	崭	1166	宙
1003	丫	1044	逸	1085	渊	1126	绽	1167	昼
1004	鸦	1045	裔	1086	袁	1127	蘸	1168	皱
1005	芽	1046	溢	1087	曰	1128	彰	1169	骤
1006	崖	1047	毅	1088	岳	1129	仗	1170	朱

1171	株	1177	铸	1183	桩	1189	卓	1195	滋
1172	烛	1178	爪	1184	幢	1190	浊	1196	踪
1173	拄	1179	拽	1185	坠	1191	酌	1197	粽
1174	嘱	1180	砖	1186	缀	1192	琢	1198	揍
1175	瞩	1181	撰	1187	拙	1193	姿	1199	卒
1176	贮	1182	妆	1188	灼	1194	兹	1200	佐

5.8 手写汉字表

5.8.1 初等手写汉字表

1	爱	32	从	63	飞	94	花	125	渴
2	八	33	错	64	非	95	话	126	课
3	把	34	答	65	分	96	坏	127	口
4	爸	35	打	66	服	97	欢	128	块
5	吧	36	大	67	该	98	回	129	快
6	白	37	但	68	干	99	会	130	来
7	百	38	蛋	69	高	100	火	131	老
8	半	39	当	70	告	101	机	132	了
9	帮	40	到	71	哥	102	鸡	133	累
10	包	41	道	72	歌	103	几	134	冷
11	北	42	得	73	个	104	记	135	里
12	备	43	地	74	给	105	家	136	两
13	本	44	的	75	跟	106	假	137	零
14	比	45	等	76	更	107	间	138	六
15	边	46	第	77	工	108	见	139	楼
16	别	47	点	78	关	109	教	140	路
17	病	48	电	79	贵	110	叫	141	妈
18	不	49	店	80	国	111	觉	142	马
19	才	50	东	81	果	112	姐	143	吗
20	菜	51	动	82	过	113	介	144	买
21	茶	52	都	83	还	114	借	145	忙
22	差	53	对	84	孩	115	今	146	么
23	长	54	多	85	汉	116	进	147	没
24	常	55	饿	86	好	117	净	148	每
25	场	56	儿	87	号	118	九	149	门
26	唱	57	而	88	喝	119	酒	150	们
27	车	58	二	89	和	120	就	151	面
28	吃	59	饭	90	黑	121	开	152	名
29	出	60	方	91	很	122	看	153	明
30	穿	61	房	92	后	123	考	154	木
31	次	62	放	93	候	124	可	155	拿

156	哪	185	让	214	四	243	系	272	有
157	那	186	热	215	送	244	下	273	又
158	奶	187	人	216	诉	245	先	274	雨
159	男	188	认	217	岁	246	现	275	语
160	南	189	日	218	所	247	想	276	远
161	难	190	肉	219	他	248	向	277	院
162	呢	191	三	220	她	249	小	278	月
163	能	192	山	221	太	250	笑	279	再
164	你	193	上	222	体	251	些	280	在
165	年	194	少	223	天	252	写	281	早
166	您	195	绍	224	听	253	谢	282	怎
167	牛	196	身	225	同	254	新	283	站
168	女	197	什	226	外	255	星	284	找
169	怕	198	生	227	完	256	行	285	这
170	旁	199	师	228	玩	257	兴	286	着
171	跑	200	十	229	晚	258	休	287	真
172	朋	201	时	230	网	259	学	288	正
173	票	202	识	231	忘	260	样	289	知
174	七	203	事	232	为	261	要	290	中
175	期	204	试	233	文	262	也	291	助
176	起	205	视	234	问	263	一	292	住
177	气	206	是	235	我	264	衣	293	准
178	汽	207	手	236	五	265	医	294	子
179	前	208	书	237	午	266	以	295	字
180	钱	209	树	238	西	267	意	296	走
181	请	210	谁	239	息	268	因	297	昨
182	球	211	水	240	习	269	应	298	作
183	去	212	睡	241	洗	270	用	299	坐
184	然	213	说	242	喜	271	友	300	做

5.8.2 中等手写汉字表

1	啊	11	抱	21	标	31	查	41	楚
2	安	12	杯	22	表	32	产	42	处
3	巴	13	贝	23	冰	33	厂	43	串
4	班	14	背	24	兵	34	超	44	床
5	般	15	被	25	步	35	晨	45	吹
6	板	16	笔	26	部	36	称	46	春
7	办	17	必	27	参	37	成	47	词
8	宝	18	变	28	餐	38	城	48	村
9	饱	19	便	29	草	39	虫	49	达
10	报	20	遍	30	层	40	除	50	呆

51	带	93	够	135	健	177	力	219	篇
52	单	94	古	136	江	178	利	220	片
53	旦	95	故	137	讲	179	例	221	漂
54	刀	96	顾	138	交	180	俩	222	平
55	倒	97	瓜	139	角	181	连	223	苹
56	灯	98	挂	140	饺	182	脸	224	瓶
57	低	99	观	141	脚	183	练	225	普
58	弟	100	馆	142	接	184	凉	226	妻
59	典	101	管	143	街	185	亮	227	其
60	调	102	惯	144	节	186	辆	228	骑
61	掉	103	广	145	结	187	量	229	千
62	定	104	哈	146	斤	188	另	230	欠
63	丢	105	海	147	近	189	令	231	且
64	冬	106	喊	148	京	190	留	232	青
65	懂	107	合	149	经	191	流	233	轻
66	读	108	河	150	睛	192	龙	234	清
67	度	109	红	151	静	193	旅	235	情
68	短	110	忽	152	究	194	绿	236	秋
69	段	111	湖	153	久	195	论	237	求
70	断	112	虎	154	举	196	麻	238	区
71	队	113	护	155	句	197	卖	239	取
72	耳	114	划	156	卡	198	满	240	全
73	发	115	华	157	康	199	慢	241	确
74	法	116	化	158	靠	200	猫	242	扔
75	烦	117	画	159	科	201	毛	243	如
76	反	118	换	160	克	202	美	244	入
77	份	119	黄	161	客	203	妹	245	伞
78	风	120	活	162	刻	204	米	246	色
79	否	121	或	163	空	205	灭	247	商
80	夫	122	及	164	哭	206	民	248	烧
81	父	123	级	165	筷	207	目	249	勺
82	妇	124	急	166	况	208	脑	250	舌
83	复	125	己	167	困	209	念	251	社
84	改	126	计	168	拉	210	鸟	252	深
85	敢	127	际	169	蓝	211	弄	253	声
86	感	128	寄	170	篮	212	努	254	省
87	刚	129	绩	171	劳	213	爬	255	实
88	搞	130	加	172	乐	214	排	256	食
89	各	131	甲	173	离	215	牌	257	使
90	公	132	尖	174	礼	216	盘	258	示
91	共	133	检	175	李	217	胖	259	市
92	狗	134	件	176	理	218	碰	260	适

261	室	289	挺	317	校	345	乙	373	占
262	收	290	通	318	鞋	346	已	374	张
263	受	291	痛	319	血	347	椅	375	照
264	舒	292	头	320	心	348	亿	376	者
265	输	293	图	321	信	349	音	377	之
266	熟	294	土	322	姓	350	银	378	支
267	数	295	推	323	兄	351	饮	379	直
268	顺	296	腿	324	须	352	印	380	止
269	司	297	碗	325	需	353	影	381	只
270	思	298	万	326	许	354	永	382	纸
271	算	299	王	327	选	355	由	383	志
272	虽	300	往	328	雪	356	油	384	种
273	随	301	望	329	压	357	右	385	重
274	它	302	未	330	牙	358	于	386	周
275	态	303	位	331	言	359	鱼	387	猪
276	谈	304	味	332	研	360	与	388	主
277	汤	305	温	333	颜	361	玉	389	抓
278	堂	306	闻	334	眼	362	育	390	转
279	讨	307	无	335	验	363	元	391	装
280	套	308	务	336	羊	364	原	392	桌
281	特	309	物	337	阳	365	愿	393	自
282	疼	310	误	338	养	366	约	394	总
283	提	311	夏	339	药	367	越	395	租
284	题	312	相	340	爷	368	云	396	足
285	田	313	香	341	业	369	运	397	组
286	条	314	响	342	页	370	咱	398	最
287	庭	315	象	343	夜	371	脏	399	左
288	停	316	像	344	宜	372	澡	400	座

5.8.3 高等手写汉字表

1	矮	12	倍	23	博	34	叉	45	程
2	按	13	笨	24	补	35	察	46	迟
3	暗	14	鼻	25	布	36	昌	47	持
4	摆	15	币	26	猜	37	尝	48	尺
5	败	16	毕	27	材	38	抄	49	冲
6	版	17	闭	28	财	39	朝	50	充
7	扮	18	编	29	采	40	吵	51	抽
8	伴	19	宾	30	彩	41	沉	52	愁
9	棒	20	饼	31	册	42	衬	53	丑
10	保	21	并	32	测	43	诚	54	臭
11	悲	22	播	33	曾	44	承	55	初

56	础	97	防	138	滚	179	减	220	括
57	传	98	访	139	害	180	简	221	辣
58	船	99	肥	140	含	181	建	222	浪
59	窗	100	费	141	寒	182	将	223	雷
60	闯	101	奋	142	汗	183	奖	224	泪
61	创	102	丰	143	航	184	较	225	类
62	此	103	封	144	何	185	解	226	历
63	聪	104	疯	145	盒	186	界	227	立
64	粗	105	佛	146	贺	187	巾	228	丽
65	存	106	肤	147	恨	188	金	229	联
66	寸	107	符	148	厚	189	仅	230	炼
67	代	108	福	149	呼	190	尽	231	良
68	待	109	府	150	胡	191	紧	232	疗
69	袋	110	辅	151	互	192	禁	233	料
70	担	111	腐	152	户	193	惊	234	烈
71	胆	112	付	153	怀	194	精	235	林
72	淡	113	负	154	环	195	景	236	领
73	挡	114	附	155	皇	196	警	237	陆
74	导	115	富	156	挥	197	竟	238	录
75	岛	116	盖	157	婚	198	敬	239	虑
76	德	117	概	158	伙	199	境	240	乱
77	敌	118	赶	159	货	200	镜	241	落
78	底	119	纲	160	获	201	旧	242	码
79	递	120	钢	161	积	202	救	243	骂
80	顶	121	格	162	基	203	居	244	麦
81	订	122	根	163	吉	204	局	245	冒
82	冻	123	功	164	极	205	巨	246	贸
83	斗	124	贡	165	即	206	具	247	媒
84	豆	125	构	166	集	207	剧	248	梦
85	独	126	购	167	挤	208	据	249	迷
86	堵	127	估	168	纪	209	距	250	秘
87	肚	128	姑	169	技	210	决	251	密
88	锻	129	谷	170	季	211	绝	252	免
89	堆	130	骨	171	济	212	军	253	描
90	吨	131	怪	172	既	213	均	254	命
91	顿	132	官	173	继	214	棵	255	摸
92	朵	133	光	174	夹	215	恐	256	模
93	恶	134	归	175	价	216	苦	257	末
94	翻	135	规	176	架	217	宽	258	某
95	凡	136	鬼	177	坚	218	款	259	母
96	范	137	柜	178	艰	219	亏	260	闹

261	内	302	扰	343	叔	384	吸	425	依
262	娘	303	忍	344	暑	385	希	426	移
263	宁	304	任	345	属	386	析	427	遗
264	农	305	仍	346	术	387	悉	428	义
265	暖	306	容	347	束	388	惜	429	艺
266	偶	307	赛	348	帅	389	席	430	议
267	拍	308	散	349	双	390	戏	431	译
268	派	309	扫	350	爽	391	吓	432	易
269	判	310	森	351	私	392	鲜	433	益
270	盼	311	杀	352	死	393	闲	434	谊
271	陪	312	沙	353	寺	394	显	435	阴
272	配	313	傻	354	似	395	险	436	引
273	盆	314	晒	355	宿	396	县	437	英
274	批	315	闪	356	素	397	线	438	迎
275	皮	316	善	357	速	398	乡	439	营
276	匹	317	伤	358	孙	399	项	440	映
277	骗	318	赏	359	台	400	消	441	泳
278	拼	319	尚	360	糖	401	效	442	勇
279	品	320	舍	361	躺	402	辛	443	优
280	评	321	设	362	甜	403	形	444	尤
281	破	322	申	363	填	404	醒	445	邮
282	齐	323	神	364	挑	405	幸	446	游
283	奇	324	升	365	跳	406	性	447	余
284	弃	325	圣	366	铁	407	凶	448	愉
285	器	326	胜	367	童	408	雄	449	预
286	强	327	失	368	突	409	修	450	园
287	墙	328	诗	369	团	410	秀	451	员
288	桥	329	石	370	退	411	续	452	圆
289	瞧	330	史	371	托	412	宣	453	源
290	巧	331	始	372	亡	413	寻	454	阅
291	切	332	士	373	危	414	训	455	晕
292	亲	333	世	374	围	415	亚	456	杂
293	晴	334	式	375	伟	416	烟	457	灾
294	庆	335	势	376	卫	417	严	458	载
295	曲	336	释	377	胃	418	炎	459	暂
296	趣	337	守	378	谓	419	盐	460	赞
297	圈	338	首	379	握	420	演	461	造
298	权	339	寿	380	屋	421	央	462	责
299	劝	340	授	381	武	422	腰	463	增
300	缺	341	售	382	舞	423	咬	464	展
301	群	342	瘦	383	夕	424	叶	465	章

466	掌	473	证	480	指	487	钟	494	庄
467	丈	474	政	481	至	488	众	495	状
468	招	475	汁	482	制	489	竹	496	追
469	召	476	织	483	治	490	注	497	资
470	折	477	值	484	致	491	祝	498	综
471	争	478	职	485	智	492	著	499	族
472	整	479	址	486	终	493	专	500	醉

6 词汇表

6.1 一级词汇表

1	爱	ài	30	不大	bú dà
2	爱好	àihào	31	不对	búduì
3	八	bā	32	不客气	bú kèqi
4	爸爸|爸	bàba|bà	33	不用	búyòng
5	吧	ba	34	不	bù
6	白（形）	bái	35	菜	cài
7	白天	báitiān	36	茶	chá
8	百	bǎi	37	差	chà
9	班	bān	38	常	cháng
10	半	bàn	39	常常	chángcháng
11	半年	bàn nián	40	唱	chàng
12	半天	bàntiān	41	唱歌	chàng//gē
13	帮	bāng	42	车	chē
14	帮忙	bāng//máng	43	车票	chēpiào
15	包	bāo	44	车上	chē shang
16	包子	bāozi	45	车站	chēzhàn
17	杯	bēi	46	吃	chī
18	杯子	bēizi	47	吃饭	chī//fàn
19	北	běi	48	出	chū
20	北边	běibian	49	出来	chū//·lái
21	北京	Běijīng	50	出去	chū//·qù
22	本（量）	běn	51	穿	chuān
23	本子	běnzi	52	床	chuáng
24	比	bǐ	53	次（量）	cì
25	别（副）	bié	54	从	cóng
26	别的	biéde	55	错	cuò
27	别人	bié·rén	56	打（动）	dǎ
28	病	bìng	57	打车	dǎ//chē
29	病人	bìngrén	58	打电话	dǎ diànhuà

59	打开	dǎ//kāi
60	打球	dǎ qiú
61	大	dà
62	大学	dàxué
63	大学生	dàxuéshēng
64	到	dào
65	得到	dé//dào
66	地	de
67	的	de
68	等（动）	děng
69	地	dì
70	地点	dìdiǎn
71	地方	dìfang
72	地上	dìshang
73	地图	dìtú
74	弟弟|弟	dìdi|dì
75	第（第二）	dì (dì-èr)
76	点	diǎn
77	电	diàn
78	电话	diànhuà
79	电脑	diànnǎo
80	电视	diànshì
81	电视机	diànshìjī
82	电影	diànyǐng
83	电影院	diànyǐngyuàn
84	东	dōng
85	东边	dōngbian
86	东西	dōngxi
87	动	dòng
88	动作	dòngzuò
89	都	dōu
90	读	dú
91	读书	dú//shū
92	对（形）	duì
93	对不起	duìbuqǐ
94	多（形、代）	duō
95	多少	duōshao
96	饿	è
97	儿子	érzi
98	二	èr
99	饭	fàn
100	饭店	fàndiàn
101	房间	fángjiān
102	房子	fángzi
103	放	fàng
104	放假	fàng//jià
105	放学	fàng//xué
106	飞	fēi
107	飞机	fēijī
108	非常	fēicháng
109	分（名、量）	fēn
110	风	fēng
111	干	gān
112	干净	gānjìng
113	干	gàn
114	干什么	gàn shénme
115	高	gāo
116	高兴	gāoxìng
117	告诉	gàosu
118	哥哥|哥	gēge|gē
119	歌	gē
120	个	gè
121	给	gěi
122	跟	gēn
123	工人	gōngrén
124	工作	gōngzuò
125	关（动）	guān
126	关上	guānshang
127	贵	guì
128	国	guó
129	国家	guójiā
130	国外	guó wài
131	过	guò
132	还	hái
133	还是	háishi
134	还有	hái yǒu
135	孩子	háizi
136	汉语	Hànyǔ
137	汉字	Hànzì
138	好（形）	hǎo
139	好吃	hǎochī
140	好看	hǎokàn

141	好听	hǎotīng
142	好玩儿	hǎowánr
143	号	hào
144	喝	hē
145	和	hé
146	很	hěn
147	后	hòu
148	后边	hòubian
149	后天	hòutiān
150	花（名）	huā
151	话	huà
152	坏	huài
153	还	huán
154	回（动）	huí
155	回答	huídá
156	回到	huídào
157	回家	huí jiā
158	回来	huí//·lái
159	回去	huí//·qù
160	会（动）	huì
161	火车	huǒchē
162	机场	jīchǎng
163	机票	jīpiào
164	鸡蛋	jīdàn
165	几	jǐ
166	记	jì
167	记得	jìde
168	记住	jìzhù
169	家	jiā
170	家里	jiā li
171	家人	jiārén
172	间	jiān
173	见	jiàn
174	见面	jiàn//miàn
175	教	jiāo
176	叫（动）	jiào
177	教学楼	jiàoxuélóu
178	姐姐|姐	jiějie|jiě
179	介绍	jièshào
180	今年	jīnnián
181	今天	jīntiān
182	进	jìn
183	进来	jìn//·lái
184	进去	jìn//·qù
185	九	jiǔ
186	就	jiù
187	觉得	juéde
188	开	kāi
189	开车	kāi//chē
190	开会	kāi//huì
191	开玩笑	kāi wánxiào
192	看	kàn
193	看病	kàn//bìng
194	看到	kàndào
195	看见	kàn//jiàn
196	考	kǎo
197	考试	kǎo//shì
198	渴	kě
199	课	kè
200	课本	kèběn
201	课文	kèwén
202	口	kǒu
203	块	kuài
204	快	kuài
205	来	lái
206	来到	láidào
207	老（形）	lǎo
208	老人	lǎorén
209	老师	lǎoshī
210	了	le
211	累	lèi
212	冷	lěng
213	里	lǐ
214	里边	lǐbian
215	两（数）	liǎng
216	零|〇	líng|líng
217	六	liù
218	楼	lóu
219	楼上	lóu shàng
220	楼下	lóu xià
221	路	lù
222	路口	lùkǒu

223	路上	lùshang
224	妈妈|妈	māma|mā
225	马路	mǎlù
226	马上	mǎshàng
227	吗	ma
228	买	mǎi
229	慢	màn
230	忙	máng
231	毛（量）	máo
232	没	méi
233	没关系	méi guānxi
234	没什么	méi shénme
235	没事儿	méi//shìr
236	没有	méi · yǒu
237	妹妹|妹	mèimei|mèi
238	门	mén
239	门口	ménkǒu
240	门票	ménpiào
241	们（朋友们）	men (péngyoumen)
242	米饭	mǐfàn
243	面包	miànbāo
244	面条儿	miàntiáor
245	名字	míngzi
246	明白	míngbai
247	明年	míngnián
248	明天	míngtiān
249	拿	ná
250	哪	nǎ
251	哪里	nǎ·lǐ
252	哪儿	nǎr
253	哪些	nǎxiē
254	那（代）	nà
255	那边	nàbiān
256	那里	nà·lǐ
257	那儿	nàr
258	那些	nàxiē
259	奶	nǎi
260	奶奶	nǎinai
261	男	nán
262	男孩儿	nánháir
263	男朋友	nánpéngyou
264	男人	nánrén
265	男生	nánshēng
266	南	nán
267	南边	nánbian
268	难	nán
269	呢	ne
270	能	néng
271	你	nǐ
272	你们	nǐmen
273	年	nián
274	您	nín
275	牛奶	niúnǎi
276	女	nǚ
277	女儿	nǚ'ér
278	女孩儿	nǚháir
279	女朋友	nǚpéngyou
280	女人	nǚrén
281	女生	nǚshēng
282	旁边	pángbiān
283	跑	pǎo
284	朋友	péngyou
285	票	piào
286	七	qī
287	起	qǐ
288	起床	qǐ//chuáng
289	起来	qǐ//·lái
290	汽车	qìchē
291	前	qián
292	前边	qiánbian
293	前天	qiántiān
294	钱	qián
295	钱包	qiánbāo
296	请	qǐng
297	请假	qǐng//jià
298	请进	qǐng jìn
299	请问	qǐngwèn
300	请坐	qǐng zuò
301	球	qiú
302	去	qù
303	去年	qùnián
304	热	rè

305	人	rén
306	认识	rènshi
307	认真	rènzhēn
308	日	rì
309	日期	rìqī
310	肉	ròu
311	三	sān
312	山	shān
313	商场	shāngchǎng
314	商店	shāngdiàn
315	上	shàng
316	上班	shàng∥bān
317	上边	shàngbian
318	上车	shàng chē
319	上次	shàng cì
320	上课	shàng∥kè
321	上网	shàng∥wǎng
322	上午	shàngwǔ
323	上学	shàng∥xué
324	少	shǎo
325	谁	shéi / shuí
326	身上	shēnshang
327	身体	shēntǐ
328	什么	shénme
329	生病	shēng∥bìng
330	生气	shēng∥qì
331	生日	shēngrì
332	十	shí
333	时候	shíhou
334	时间	shíjiān
335	事	shì
336	试	shì
337	是	shì
338	是不是	shì bu shì
339	手	shǒu
340	手机	shǒujī
341	书	shū
342	书包	shūbāo
343	书店	shūdiàn
344	树	shù
345	水	shuǐ
346	水果	shuǐguǒ
347	睡	shuì
348	睡觉	shuì∥jiào
349	说	shuō
350	说话	shuō∥huà
351	四	sì
352	送	sòng
353	岁	suì
354	他	tā
355	他们	tāmen
356	她	tā
357	她们	tāmen
358	太	tài
359	天	tiān
360	天气	tiānqì
361	听	tīng
362	听到	tīngdào
363	听见	tīng∥jiàn
364	听写	tīngxiě
365	同学	tóngxué
366	图书馆	túshūguǎn
367	外	wài
368	外边	wàibian
369	外国	wàiguó
370	外语	wàiyǔ
371	玩儿	wánr
372	晚	wǎn
373	晚饭	wǎnfàn
374	晚上	wǎnshang
375	网上	wǎng shang
376	网友	wǎngyǒu
377	忘	wàng
378	忘记	wàngjì
379	问	wèn
380	我	wǒ
381	我们	wǒmen
382	五	wǔ
383	午饭	wǔfàn
384	西	xī
385	西边	xībian
386	洗	xǐ

387	洗手间	xǐshǒujiān	428	衣服	yīfu
388	喜欢	xǐhuan	429	医生	yīshēng
389	下（名、动）	xià	430	医院	yīyuàn
390	下班	xià//bān	431	一半	yíbàn
391	下边	xiàbian	432	一会儿	yíhuìr
392	下车	xià chē	433	一块儿	yíkuàir
393	下次	xià cì	434	一下儿	yíxiàr
394	下课	xià//kè	435	一样	yíyàng
395	下午	xiàwǔ	436	一边	yìbiān
396	下雨	xià yǔ	437	一点儿	yìdiǎnr
397	先	xiān	438	一起	yìqǐ
398	先生	xiānsheng	439	一些	yìxiē
399	现在	xiànzài	440	用	yòng
400	想	xiǎng	441	有	yǒu
401	小	xiǎo	442	有的	yǒude
402	小孩儿	xiǎoháir	443	有名	yǒu//míng
403	小姐	xiǎojiě	444	有时候|有时	yǒushíhou|yǒushí
404	小朋友	xiǎopéngyǒu	445	有（一）些	yǒu(yì)xiē
405	小时	xiǎoshí	446	有用	yǒuyòng
406	小学	xiǎoxué	447	右	yòu
407	小学生	xiǎoxuéshēng	448	右边	yòubian
408	笑	xiào	449	雨	yǔ
409	写	xiě	450	元	yuán
410	谢谢	xièxie	451	远	yuǎn
411	新	xīn	452	月	yuè
412	新年	xīnnián	453	再	zài
413	星期	xīngqī	454	再见	zàijiàn
414	星期日	xīngqīrì	455	在	zài
415	星期天	xīngqītiān	456	在家	zàijiā
416	行	xíng	457	早	zǎo
417	休息	xiūxi	458	早饭	zǎofàn
418	学	xué	459	早上	zǎoshang
419	学生	xué·shēng	460	怎么	zěnme
420	学习	xuéxí	461	站（名）	zhàn
421	学校	xuéxiào	462	找	zhǎo
422	学院	xuéyuàn	463	找到	zhǎodào
423	要（动）	yào	464	这	zhè
424	爷爷	yéye	465	这边	zhèbiān
425	也	yě	466	这里	zhè·lǐ
426	页	yè	467	这儿	zhèr
427	一	yī	468	这些	zhèxiē

469	着	zhe	485	住	zhù
470	真	zhēn	486	准备	zhǔnbèi
471	真的	zhēn de	487	桌子	zhuōzi
472	正（副）	zhèng	488	字	zì
473	正在	zhèngzài	489	子（桌子）	zi (zhuōzi)
474	知道	zhī·dào	490	走	zǒu
475	知识	zhīshi	491	走路	zǒu//lù
476	中	zhōng	492	最	zuì
477	中国	Zhōngguó	493	最好	zuìhǎo
478	中间	zhōngjiān	494	最后	zuìhòu
479	中文	Zhōngwén	495	昨天	zuótiān
480	中午	zhōngwǔ	496	左	zuǒ
481	中学	zhōngxué	497	左边	zuǒbian
482	中学生	zhōngxuéshēng	498	坐	zuò
483	重	zhòng	499	坐下	zuòxia
484	重要	zhòngyào	500	做	zuò

6.2 二级词汇表

1	啊	a	23	必须	bìxū
2	爱情	àiqíng	24	边	biān
3	爱人	àiren	25	变	biàn
4	安静	ānjìng	26	变成	biànchéng
5	安全	ānquán	27	遍	biàn
6	白色	báisè	28	表	biǎo
7	班长	bānzhǎng	29	表示	biǎoshì
8	办	bàn	30	不错	búcuò
9	办法	bànfǎ	31	不但	búdàn
10	办公室	bàngōngshì	32	不够	búgòu
11	半夜	bànyè	33	不过	búguò
12	帮助	bāngzhù	34	不太	bú tài
13	饱	bǎo	35	不要	búyào
14	报名	bào//míng	36	不好意思	bù hǎoyìsi
15	报纸	bàozhǐ	37	不久	bùjiǔ
16	北方	běifāng	38	不满	bùmǎn
17	背（动）	bèi	39	不如	bùrú
18	比如	bǐrú	40	不少	bù shǎo
19	比如说	bǐrú shuō	41	不同	bù tóng
20	笔	bǐ	42	不行	bùxíng
21	笔记	bǐjì	43	不一定	bùyídìng
22	笔记本	bǐjìběn	44	不一会儿	bù yíhuìr

45 部分 bùfen
46 才（副） cái
47 菜单 càidān
48 参观 cānguān
49 参加 cānjiā
50 草 cǎo
51 草地 cǎodì
52 层 céng
53 查 chá
54 差不多 chàbuduō
55 长 cháng
56 常见 cháng jiàn
57 常用 cháng yòng
58 场 chǎng
59 超过 chāoguò
60 超市 chāoshì
61 车辆 chēliàng
62 称[1]（动） chēng
63 成（动） chéng
64 成绩 chéngjì
65 成为 chéngwéi
66 重复 chóngfù
67 重新 chóngxīn
68 出发 chūfā
69 出国 chū//guó
70 出口（名） chūkǒu
71 出门 chū//mén
72 出生 chūshēng
73 出现 chūxiàn
74 出院 chū//yuàn
75 出租 chūzū
76 出租车 chūzūchē
77 船 chuán
78 吹 chuī
79 春节 Chūnjié
80 春天 chūntiān
81 词 cí
82 词典 cídiǎn
83 词语 cíyǔ
84 从小 cóngxiǎo
85 答应 dāying
86 打工 dǎ//gōng
87 打算 dǎ·suàn
88 打印 dǎyìn
89 大部分 dàbùfen
90 大大 dàdà
91 大多数 dàduōshù
92 大海 dàhǎi
93 大家 dàjiā
94 大量 dàliàng
95 大门 dàmén
96 大人 dàren
97 大声 dà shēng
98 大小 dàxiǎo
99 大衣 dàyī
100 大自然 dàzìrán
101 带 dài
102 带来 dài·lái
103 单位 dānwèi
104 但 dàn
105 但是 dànshì
106 蛋 dàn
107 当 dāng
108 当时 dāngshí
109 倒 dǎo
110 到处 dàochù
111 倒 dào
112 道 dào
113 道理 dào·lǐ
114 道路 dàolù
115 得 dé
116 得出 déchū
117 的话 dehuà
118 得 de
119 灯 dēng
120 等（助、名） děng
121 等到 děngdào
122 等于 děngyú
123 低 dī
124 地球 dìqiú
125 地铁 dìtiě
126 地铁站 dìtiězhàn

127	点头	diǎn//tóu
128	店	diàn
129	掉	diào
130	东北	dōngběi
131	东方	dōngfāng
132	东南	dōngnán
133	冬天	dōngtiān
134	懂	dǒng
135	懂得	dǒngde
136	动物	dòngwù
137	动物园	dòngwùyuán
138	读音	dúyīn
139	度	dù
140	短	duǎn
141	短信	duǎnxìn
142	段	duàn
143	队	duì
144	队长	duìzhǎng
145	对（介、动）	duì
146	对话	duìhuà
147	对面	duìmiàn
148	多（副）	duō
149	多久	duōjiǔ
150	多么	duōme
151	多数	duōshù
152	多云	duōyún
153	而且	érqiě
154	发	fā
155	发现	fāxiàn
156	饭馆	fànguǎn
157	方便	fāngbiàn
158	方便面	fāngbiànmiàn
159	方法	fāngfǎ
160	方面	fāngmiàn
161	方向	fāngxiàng
162	放下	fàngxia
163	放心	fàng//xīn
164	分（动）	fēn
165	分开	fēn//kāi
166	分数	fēnshù
167	分钟	fēnzhōng
168	份	fèn
169	封（量）	fēng
170	服务	fúwù
171	复习	fùxí
172	该（动）	gāi
173	改	gǎi
174	改变	gǎibiàn
175	干杯	gān//bēi
176	感到	gǎndào
177	感动	gǎndòng
178	感觉	gǎnjué
179	感谢	gǎnxiè
180	干活儿	gàn//huór
181	刚	gāng
182	刚才	gāngcái
183	刚刚	gānggāng
184	高级	gāojí
185	高中	gāozhōng
186	个子	gèzi
187	更	gèng
188	公共汽车	gōnggòng qìchē
189	公交车	gōngjiāochē
190	公斤	gōngjīn
191	公里	gōnglǐ
192	公路	gōnglù
193	公平	gōngpíng
194	公司	gōngsī
195	公园	gōngyuán
196	狗	gǒu
197	够	gòu
198	故事	gùshi
199	故意	gùyì
200	顾客	gùkè
201	关机	guān//jī
202	关心	guānxīn
203	观点	guāndiǎn
204	广场	guǎngchǎng
205	广告	guǎnggào
206	国际	guójì
207	过来	guò·lái
208	过年	guò//nián

209	过去（动）	guò·qù
210	过	guo
211	海	hǎi
212	海边	hǎi biān
213	喊	hǎn
214	好（副）	hǎo
215	好处	hǎochù
216	好多	hǎoduō
217	好久	hǎojiǔ
218	好人	hǎorén
219	好事	hǎoshì
220	好像	hǎoxiàng
221	合适	héshì
222	河	hé
223	黑	hēi
224	黑板	hēibǎn
225	黑色	hēisè
226	红	hóng
227	红色	hóngsè
228	后来	hòulái
229	忽然	hūrán
230	湖	hú
231	护照	hùzhào
232	花（动）	huā
233	花园	huāyuán
234	画	huà
235	画家	huàjiā
236	画儿	huàr
237	坏处	huàichù
238	坏人	huàirén
239	欢迎	huānyíng
240	换	huàn
241	黄	huáng
242	黄色	huángsè
243	回（量）	huí
244	回国	huí guó
245	会（名）	huì
246	活动	huódòng
247	或	huò
248	或者	huòzhě
249	机会	jī·huì
250	鸡	jī
251	级	jí
252	急	jí
253	计划	jìhuà
254	计算机	jìsuànjī
255	加	jiā
256	加油	jiā//yóu
257	家（科学家）	jiā (kēxuéjiā)
258	家庭	jiātíng
259	家长	jiāzhǎng
260	假	jiǎ
261	假期	jiàqī
262	检查	jiǎnchá
263	见到	jiàndào
264	见过	jiànguo
265	件	jiàn
266	健康	jiànkāng
267	讲	jiǎng
268	讲话	jiǎng//huà
269	交	jiāo
270	交给	jiāo gěi
271	交朋友	jiāo péngyou
272	交通	jiāotōng
273	角	jiǎo
274	角度	jiǎodù
275	饺子	jiǎozi
276	脚	jiǎo
277	叫作	jiàozuò
278	教师	jiàoshī
279	教室	jiàoshì
280	教学	jiàoxué
281	教育	jiàoyù
282	接	jiē
283	接到	jiēdào
284	接受	jiēshòu
285	接下来	jiē·xià·lái
286	接着	jiēzhe
287	街	jiē
288	节（名、量）	jié
289	节目	jiémù
290	节日	jiérì

291	结果	jiéguǒ
292	借	jiè
293	斤	jīn
294	今后	jīnhòu
295	进入	jìnrù
296	进行	jìnxíng
297	近	jìn
298	经常	jīngcháng
299	经过	jīngguò
300	经理	jīnglǐ
301	酒	jiǔ
302	酒店	jiǔdiàn
303	就要	jiùyào
304	举	jǔ
305	举手	jǔshǒu
306	举行	jǔxíng
307	句	jù
308	句子	jùzi
309	卡	kǎ
310	开机	kāi//jī
311	开心	kāixīn
312	开学	kāi//xué
313	看法	kàn·fǎ
314	考生	kǎoshēng
315	靠	kào
316	科	kē
317	科学	kēxué
318	可爱	kě'ài
319	可能	kěnéng
320	可怕	kěpà
321	可是	kěshì
322	可以	kěyǐ
323	克	kè
324	刻（量）	kè
325	客人	kè·rén
326	课堂	kètáng
327	空气	kōngqì
328	哭	kū
329	快餐	kuàicān
330	快点儿	kuài diǎnr
331	快乐	kuàilè
332	快要	kuàiyào
333	筷子	kuàizi
334	拉	lā
335	来自	láizì
336	蓝	lán
337	蓝色	lánsè
338	篮球	lánqiú
339	老（副）	lǎo
340	老（老王）	lǎo (Lǎo Wáng)
341	老年	lǎonián
342	老朋友	lǎo péngyou
343	老是	lǎo·shì
344	离	lí
345	离开	lí//kāi
346	礼物	lǐwù
347	里头	lǐtou
348	理想	lǐxiǎng
349	例如	lìrú
350	例子	lìzi
351	脸	liǎn
352	练	liàn
353	练习	liànxí
354	凉	liáng
355	凉快	liángkuai
356	两（量）	liǎng
357	亮	liàng
358	辆	liàng
359	零下	líng xià
360	留	liú
361	留下	liúxia
362	留学生	liúxuéshēng
363	流	liú
364	流利	liúlì
365	流行	liúxíng
366	路边	lù biān
367	旅客	lǚkè
368	旅行	lǚxíng
369	旅游	lǚyóu
370	绿	lǜ
371	绿色	lǜsè
372	卖	mài

373	满	mǎn
374	满意	mǎnyì
375	猫	māo
376	米（量）	mǐ
377	面[1]（名、量）	miàn
378	面[2]（名）	miàn
379	面前	miànqián
380	名	míng
381	名称	míngchēng
382	名单	míngdān
383	明星	míngxīng
384	目的	mùdì
385	拿出	náchū
386	拿到	nádào
387	那（连）	nà
388	那会儿	nàhuìr
389	那么	nàme
390	那时候|那时	nà shíhou|nà shí
391	那样	nàyàng
392	南方	nánfāng
393	难过	nánguò
394	难看	nánkàn
395	难受	nánshòu
396	难题	nántí
397	难听	nántīng
398	能够	nénggòu
399	年级	niánjí
400	年轻	niánqīng
401	鸟	niǎo
402	弄	nòng
403	努力	nǔlì
404	爬	pá
405	爬山	pá shān
406	怕（动）	pà
407	排（名、量）	pái
408	排队	pái//duì
409	排球	páiqiú
410	碰	pèng
411	碰到	pèngdào
412	碰见	pèng//jiàn
413	篇	piān
414	便宜	piányi
415	片	piàn
416	漂亮	piàoliang
417	平	píng
418	平安	píng'ān
419	平常	píngcháng
420	平等	píngděng
421	平时	píngshí
422	瓶	píng
423	瓶子	píngzi
424	普通	pǔtōng
425	普通话	pǔtōnghuà
426	其他	qítā
427	其中	qízhōng
428	骑	qí
429	骑车	qí chē
430	起飞	qǐfēi
431	气	qì
432	气温	qìwēn
433	千	qiān
434	千克	qiānkè
435	前年	qiánnián
436	墙	qiáng
437	青年	qīngnián
438	青少年	qīng-shàonián
439	轻	qīng
440	清楚	qīngchu
441	晴	qíng
442	晴天	qíngtiān
443	请客	qǐng//kè
444	请求	qǐngqiú
445	秋天	qiūtiān
446	求	qiú
447	球场	qiúchǎng
448	球队	qiúduì
449	球鞋	qiúxié
450	取	qǔ
451	取得	qǔdé
452	全	quán
453	全部	quánbù
454	全国	quánguó

455	全家	quánjiā
456	全年	quánnián
457	全身	quánshēn
458	全体	quántǐ
459	然后	ránhòu
460	让	ràng
461	热情	rèqíng
462	人口	rénkǒu
463	人们	rénmen
464	人数	rénshù
465	认为	rènwéi
466	日报	rìbào
467	日子	rìzi
468	如果	rúguǒ
469	入口	rùkǒu
470	商量	shāngliang
471	商人	shāngrén
472	上周	shàng zhōu
473	少数	shǎoshù
474	少年	shàonián
475	身边	shēnbiān
476	什么样	shénmeyàng
477	生（动）	shēng
478	生词	shēngcí
479	生活	shēnghuó
480	声音	shēngyīn
481	省（名）	shěng
482	省（动）	shěng
483	十分	shífēn
484	实际	shíjì
485	实习	shíxí
486	实现	shíxiàn
487	实在	shízài
488	实在	shízai
489	食物	shíwù
490	使用	shǐyòng
491	市	shì
492	市长	shìzhǎng
493	事情	shìqing
494	收	shōu
495	收到	shōudào
496	收入	shōurù
497	手表	shǒubiǎo
498	受到	shòudào
499	舒服	shūfu
500	熟	shú / shóu
501	数	shǔ
502	数字	shùzì
503	水平	shuǐpíng
504	顺利	shùnlì
505	说明	shuōmíng
506	司机	sījī
507	送到	sòngdào
508	送给	sòng gěi
509	算	suàn
510	虽然	suīrán
511	随便	suíbiàn
512	随时	suíshí
513	所以	suǒyǐ
514	所有	suǒyǒu
515	它	tā
516	它们	tāmen
517	太太	tàitai
518	太阳	tài·yáng
519	态度	tài·dù
520	讨论	tǎolùn
521	套	tào
522	特别	tèbié
523	特点	tèdiǎn
524	疼	téng
525	提	tí
526	提出	tíchū
527	提到	tídào
528	提高	tí//gāo
529	题	tí
530	体育	tǐyù
531	体育场	tǐyùchǎng
532	体育馆	tǐyùguǎn
533	天上	tiānshàng
534	条	tiáo
535	条件	tiáojiàn
536	听讲	tīng//jiǎng

537	听说	tīngshuō
538	停	tíng
539	停车	tíng//chē
540	停车场	tíngchēchǎng
541	挺（副）	tǐng
542	挺好	tǐng hǎo
543	通	tōng
544	通过	tōngguò
545	通知	tōngzhī
546	同时	tóngshí
547	同事	tóngshì
548	同样	tóngyàng
549	头（名、量）	tóu
550	头发	tóufa
551	头（里头）	tou (lǐtou)
552	图片	túpiàn
553	推	tuī
554	腿	tuǐ
555	外地	wàidì
556	外卖	wàimài
557	完	wán
558	完成	wán//chéng
559	完全	wánquán
560	晚安	wǎn'ān
561	晚报	wǎnbào
562	晚餐	wǎncān
563	晚会	wǎnhuì
564	碗	wǎn
565	万	wàn
566	网	wǎng
567	网球	wǎngqiú
568	网站	wǎngzhàn
569	往	wǎng
570	为	wèi
571	为什么	wèi shénme
572	位	wèi
573	味道	wèi·dào
574	喂（叹）	wèi
575	温度	wēndù
576	闻	wén
577	问路	wènlù
578	问题	wèntí
579	午餐	wǔcān
580	午睡	wǔshuì
581	西北	xīběi
582	西餐	xīcān
583	西方	xīfāng
584	西南	xīnán
585	西医	xīyī
586	习惯	xíguàn
587	洗衣机	xǐyījī
588	洗澡	xǐ//zǎo
589	下（量）	xià
590	下雪	xià xuě
591	下周	xià zhōu
592	夏天	xiàtiān
593	相同	xiāngtóng
594	相信	xiāngxìn
595	响	xiǎng
596	想到	xiǎngdào
597	想法	xiǎng·fǎ
598	想起	xiǎngqǐ
599	向	xiàng
600	相机	xiàngjī
601	像（动）	xiàng
602	小（小王）	xiǎo (Xiǎo Wáng)
603	小声	xiǎo shēng
604	小时候	xiǎoshíhou
605	小说	xiǎoshuō
606	小心	xiǎoxīn
607	小组	xiǎozǔ
608	校园	xiàoyuán
609	校长	xiàozhǎng
610	笑话	xiàohua
611	笑话儿	xiàohuar
612	鞋	xié
613	心里	xīn·lǐ
614	心情	xīnqíng
615	心中	xīnzhōng
616	新闻	xīnwén
617	信（名）	xìn
618	信号	xìnhào

619	信息	xìnxī
620	信心	xìnxīn
621	信用卡	xìnyòngkǎ
622	星星	xīngxing
623	行动	xíngdòng
624	行人	xíngrén
625	行为	xíngwéi
626	姓	xìng
627	姓名	xìngmíng
628	休假	xiū//jià
629	许多	xǔduō
630	选	xuǎn
631	学期	xuéqī
632	雪	xuě
633	颜色	yánsè
634	眼	yǎn
635	眼睛	yǎnjing
636	养	yǎng
637	样子	yàngzi
638	要求	yāoqiú
639	药	yào
640	药店	yàodiàn
641	药片	yàopiàn
642	药水	yàoshuǐ
643	也许	yěxǔ
644	夜	yè
645	夜里	yè·lǐ
646	一部分	yí bùfen
647	一定	yídìng
648	一共	yígòng
649	一会儿（副）	yíhuìr
650	一路平安	yílù-píng'ān
651	一路顺风	yílù-shùnfēng
652	已经	yǐjīng
653	以后	yǐhòu
654	以前	yǐqián
655	以上	yǐshàng
656	以外	yǐwài
657	以为	yǐwéi
658	以下	yǐxià
659	椅子	yǐzi
660	一般	yìbān
661	一点点	yì diǎndiǎn
662	一生	yìshēng
663	一直	yìzhí
664	亿	yì
665	意见	yì·jiàn
666	意思	yìsi
667	因为	yīn·wèi
668	阴	yīn
669	阴天	yīntiān
670	音节	yīnjié
671	音乐	yīnyuè
672	音乐会	yīnyuèhuì
673	银行	yínháng
674	银行卡	yínhángkǎ
675	应该	yīnggāi
676	英文	Yīngwén
677	英语	Yīngyǔ
678	影片	yǐngpiàn
679	影响	yǐngxiǎng
680	永远	yǒngyuǎn
681	油	yóu
682	游客	yóukè
683	友好	yǒuhǎo
684	有空儿	yǒukòngr
685	有人	yǒu rén
686	有（一）点儿	yǒu(yì)diǎnr
687	有意思	yǒu yìsi
688	又	yòu
689	鱼	yú
690	语言	yǔyán
691	原来	yuánlái
692	原因	yuányīn
693	院	yuàn
694	院长	yuànzhǎng
695	院子	yuànzi
696	愿意	yuànyì
697	月份	yuèfèn
698	月亮	yuèliang
699	越	yuè
700	越来越	yuè lái yuè

701	云	yún
702	运动	yùndòng
703	咱	zán
704	咱们	zánmen
705	脏	zāng
706	早餐	zǎocān
707	早晨	zǎochen
708	早就	zǎo jiù
709	怎么办	zěnme bàn
710	怎么样	zěnmeyàng
711	怎样	zěnyàng
712	占	zhàn
713	站（动）	zhàn
714	站住	zhàn∥zhù
715	长	zhǎng
716	长大	zhǎngdà
717	找出	zhǎochū
718	照顾	zhàogù
719	照片	zhàopiàn
720	照相	zhào∥xiàng
721	这么	zhème
722	这时候｜这时	zhè shíhou｜zhè shí
723	这样	zhèyàng
724	真正	zhēnzhèng
725	正常	zhèngcháng
726	正好	zhènghǎo
727	正确	zhèngquè
728	正是	zhèng shì
729	直接	zhíjiē
730	只	zhǐ
731	只能	zhǐ néng
732	只要	zhǐyào
733	纸	zhǐ
734	中餐	zhōngcān
735	中级	zhōngjí
736	中年	zhōngnián
737	中小学	zhōng-xiǎoxué
738	中心	zhōngxīn
739	中医	zhōngyī
740	重点	zhòngdiǎn
741	重视	zhòngshì
742	周	zhōu
743	周末	zhōumò
744	周年	zhōunián
745	主人	zhǔ·rén
746	主要	zhǔyào
747	住房	zhùfáng
748	住院	zhù∥yuàn
749	装	zhuāng
750	准确	zhǔnquè
751	自己	zìjǐ
752	自行车	zìxíngchē
753	自由	zìyóu
754	字典	zìdiǎn
755	走过	zǒuguò
756	走进	zǒujìn
757	走开	zǒukāi
758	租	zū
759	组	zǔ
760	组成	zǔchéng
761	组长	zǔzhǎng
762	嘴	zuǐ
763	最近	zuìjìn
764	作家	zuòjiā
765	作文	zuòwén
766	作业	zuòyè
767	作用	zuòyòng
768	座	zuò
769	座位	zuò·wèi
770	做到	zuòdào
771	做法	zuò·fǎ
772	做饭	zuò∥fàn

6.3 三级词汇表

1	爱心	àixīn
2	安排	ānpái
3	安装	ānzhuāng
4	按	àn

5	按照	ànzhào
6	把（介）	bǎ
7	把（量）	bǎ
8	把握	bǎwò
9	白（副）	bái
10	白菜	báicài
11	班级	bānjí
12	搬	bān
13	搬家	bān//jiā
14	板	bǎn
15	办理	bànlǐ
16	保	bǎo
17	保安	bǎo'ān
18	保持	bǎochí
19	保存	bǎocún
20	保护	bǎohù
21	保留	bǎoliú
22	保险	bǎoxiǎn
23	保证	bǎozhèng
24	报（名）	bào
25	报到	bào//dào
26	报道	bàodào
27	报告	bàogào
28	背	bēi
29	北部	běibù
30	背（名）	bèi
31	背后	bèihòu
32	被	bèi
33	被子	bèizi
34	本来	běnlái
35	本领	běnlǐng
36	本事	běnshi
37	比较	bǐjiào
38	比例	bǐlì
39	比赛	bǐsài
40	必然	bìrán
41	必要	bìyào
42	变化	biànhuà
43	变为	biànwéi
44	标题	biāotí
45	标准	biāozhǔn
46	表达	biǎodá
47	表格	biǎogé
48	表面	biǎomiàn
49	表明	biǎomíng
50	表现	biǎoxiàn
51	表演	biǎoyǎn
52	并（副、连）	bìng
53	并且	bìngqiě
54	播出	bōchū
55	播放	bōfàng
56	不必	búbì
57	不断	búduàn
58	不论	búlùn
59	补	bǔ
60	补充	bǔchōng
61	不安	bù'ān
62	不得不	bùdébù
63	不光	bùguāng
64	不仅	bùjǐn
65	布	bù
66	步	bù
67	部	bù
68	部门	bùmén
69	部长	bùzhǎng
70	才能	cáinéng
71	采取	cǎiqǔ
72	采用	cǎiyòng
73	彩色	cǎisè
74	曾经	céngjīng
75	产生	chǎnshēng
76	长城	Chángchéng
77	长处	chángchù
78	长期	chángqī
79	厂	chǎng
80	场合	chǎnghé
81	场所	chǎngsuǒ
82	超级	chāojí
83	朝	cháo
84	吵	chǎo
85	吵架	chǎo//jià
86	衬衫	chènshān

87	衬衣	chènyī
88	称为	chēngwéi
89	成功	chénggōng
90	成果	chéngguǒ
91	成就	chéngjiù
92	成立	chénglì
93	成熟	chéngshú
94	成员	chéngyuán
95	成长	chéngzhǎng
96	城	chéng
97	城市	chéngshì
98	程度	chéngdù
99	持续	chíxù
100	充满	chōngmǎn
101	重	chóng
102	初	chū
103	初（初一）	chū (chūyī)
104	初步	chūbù
105	初级	chūjí
106	初中	chūzhōng
107	除了	chúle
108	处理	chǔlǐ
109	传	chuán
110	传播	chuánbō
111	传来	chuánlái
112	传说	chuánshuō
113	创新	chuàngxīn
114	创业	chuàngyè
115	创造	chuàngzào
116	创作	chuàngzuò
117	从来	cónglái
118	从前	cóngqián
119	从事	cóngshì
120	村	cūn
121	存	cún
122	存在	cúnzài
123	错误	cuòwù
124	达到	dá//dào
125	打破	dǎ//pò
126	打听	dǎting
127	大概	dàgài
128	大使馆	dàshǐguǎn
129	大约	dàyuē
130	大夫	dàifu
131	代	dài
132	代表	dàibiǎo
133	代表团	dàibiǎotuán
134	带动	dàidòng
135	带领	dàilǐng
136	单元	dānyuán
137	当初	dāngchū
138	当地	dāngdì
139	当然	dāngrán
140	当中	dāngzhōng
141	刀	dāo
142	导演	dǎoyǎn
143	到达	dàodá
144	到底	dàodǐ
145	得分	défēn
146	等待	děngdài
147	底下	dǐxia
148	地区	dìqū
149	电视剧	diànshìjù
150	电视台	diànshìtái
151	电台	diàntái
152	电子邮件	diànzǐ yóujiàn
153	调	diào
154	调查	diàochá
155	订	dìng
156	定期	dìngqī
157	东部	dōngbù
158	动力	dònglì
159	动人	dòngrén
160	读者	dúzhě
161	短处	duǎnchù
162	短裤	duǎnkù
163	短期	duǎnqī
164	断	duàn
165	队员	duìyuán
166	对待	duìdài
167	对方	duìfāng
168	对手	duìshǒu

169	对象	duìxiàng
170	顿	dùn
171	发表	fābiǎo
172	发出	fāchū
173	发达	fādá
174	发动	fādòng
175	发明	fāmíng
176	发生	fāshēng
177	发送	fāsòng
178	发言	fāyán
179	发展	fāzhǎn
180	反对	fǎnduì
181	反复	fǎnfù
182	反应	fǎnyìng
183	反正	fǎn·zhèng
184	范围	fànwéi
185	方式	fāngshì
186	防	fáng
187	防止	fángzhǐ
188	房东	fángdōng
189	房屋	fángwū
190	房租	fángzū
191	访问	fǎngwèn
192	放到	fàngdào
193	飞行	fēixíng
194	费	fèi
195	费用	fèiyong
196	分别	fēnbié
197	分配	fēnpèi
198	分组	fēn zǔ
199	丰富	fēngfù
200	风险	fēngxiǎn
201	否定	fǒudìng
202	否认	fǒurèn
203	服装	fúzhuāng
204	福	fú
205	父母	fùmǔ
206	父亲	fù·qīn
207	付	fù
208	负责	fùzé
209	复印	fùyìn
210	复杂	fùzá
211	富	fù
212	改进	gǎijìn
213	改造	gǎizào
214	概念	gàiniàn
215	赶	gǎn
216	赶到	gǎndào
217	赶紧	gǎnjǐn
218	赶快	gǎnkuài
219	敢	gǎn
220	感冒	gǎnmào
221	感情	gǎnqíng
222	感受	gǎnshòu
223	干吗	gànmá
224	高速	gāosù
225	高速公路	gāosù gōnglù
226	告别	gào//bié
227	歌迷	gēmí
228	歌声	gēshēng
229	歌手	gēshǒu
230	个人	gèrén
231	个性	gèxìng
232	各	gè
233	各地	gèdì
234	各位	gèwèi
235	各种	gèzhǒng
236	各自	gèzì
237	根本	gēnběn
238	更加	gèngjiā
239	工厂	gōngchǎng
240	工程师	gōngchéngshī
241	工夫	gōngfu
242	工具	gōngjù
243	工业	gōngyè
244	工资	gōngzī
245	公布	gōngbù
246	公共	gōnggòng
247	公开	gōngkāi
248	公民	gōngmín
249	公务员	gōngwùyuán
250	功夫	gōngfu

251	功课	gōngkè
252	功能	gōngnéng
253	共同	gòngtóng
254	共有	gòngyǒu
255	姑娘	gūniang
256	古	gǔ
257	古代	gǔdài
258	故乡	gùxiāng
259	挂	guà
260	关系	guān·xì
261	关注	guānzhù
262	观察	guānchá
263	观看	guānkàn
264	观念	guānniàn
265	观众	guānzhòng
266	管	guǎn
267	管理	guǎnlǐ
268	光	guāng
269	光明	guāngmíng
270	广播	guǎngbō
271	广大	guǎngdà
272	规定	guīdìng
273	规范	guīfàn
274	国内	guó nèi
275	国庆	guóqìng
276	果然	guǒrán
277	果汁	guǒzhī
278	过程	guòchéng
279	过去（名）	guòqù
280	哈哈	hāhā
281	海关	hǎiguān
282	害怕	hài//pà
283	行	háng
284	好好	hǎohǎo
285	好奇	hàoqí
286	合	hé
287	合法	héfǎ
288	合格	hégé
289	合理	hélǐ
290	合作	hézuò
291	和平	hépíng
292	红茶	hóngchá
293	红酒	hóngjiǔ
294	后果	hòuguǒ
295	后面	hòumiàn
296	后年	hòunián
297	互联网	hùliánwǎng
298	互相	hùxiāng
299	划船	huáchuán
300	华人	huárén
301	化（现代化）	huà (xiàndàihuà)
302	话剧	huàjù
303	话题	huàtí
304	欢乐	huānlè
305	环	huán
306	环保	huánbǎo
307	环境	huánjìng
308	会议	huìyì
309	会员	huìyuán
310	活	huó
311	火（名）	huǒ
312	机器	jī·qì
313	积极	jījí
314	基本	jīběn
315	基本上	jīběn·shàng
316	基础	jīchǔ
317	及时	jíshí
318	…极了	…jí le
319	集体	jítǐ
320	集中	jízhōng
321	计算	jìsuàn
322	记录	jìlù
323	记者	jìzhě
324	纪录	jìlù
325	纪念	jìniàn
326	技术	jìshù
327	继续	jìxù
328	加工	jiā//gōng
329	加快	jiākuài
330	加强	jiāqiáng
331	家具	jiājù
332	家属	jiāshǔ

333	家乡	jiāxiāng
334	价格	jiàgé
335	价钱	jià·qián
336	价值	jiàzhí
337	架	jià
338	坚持	jiānchí
339	坚决	jiānjué
340	坚强	jiānqiáng
341	简单	jiǎndān
342	简直	jiǎnzhí
343	建	jiàn
344	建成	jiànchéng
345	建立	jiànlì
346	建设	jiànshè
347	建议	jiànyì
348	将近	jiāngjìn
349	将来	jiānglái
350	交费	jiāofèi
351	交警	jiāojǐng
352	交流	jiāoliú
353	交往	jiāowǎng
354	交易	jiāoyì
355	叫（介）	jiào
356	较	jiào
357	教材	jiàocái
358	教练	jiàoliàn
359	结实	jiēshi
360	接待	jiēdài
361	接近	jiējìn
362	节约	jiéyuē
363	结合	jiéhé
364	结婚	jié∥hūn
365	结束	jiéshù
366	解决	jiějué
367	解开	jiěkāi
368	金	jīn
369	金牌	jīnpái
370	仅	jǐn
371	仅仅	jǐnjǐn
372	尽量	jǐnliàng
373	紧	jǐn
374	紧急	jǐnjí
375	紧张	jǐnzhāng
376	进步	jìnbù
377	进一步	jìnyíbù
378	进展	jìnzhǎn
379	近期	jìnqī
380	京剧	jīngjù
381	经济	jīngjì
382	经历	jīnglì
383	经验	jīngyàn
384	经营	jīngyíng
385	精彩	jīngcǎi
386	精神	jīngshén
387	精神	jīngshen
388	景色	jǐngsè
389	警察	jǐngchá
390	静	jìng
391	久	jiǔ
392	旧	jiù
393	救	jiù
394	就是	jiùshì
395	就业	jiù∥yè
396	举办	jǔbàn
397	具体	jùtǐ
398	具有	jùyǒu
399	剧场	jùchǎng
400	据说	jùshuō
401	决定	juédìng
402	决赛	juésài
403	决心	juéxīn
404	绝对	juéduì
405	咖啡	kāfēi
406	开发	kāifā
407	开放	kāifàng
408	开始	kāishǐ
409	开业	kāi∥yè
410	开展	kāizhǎn
411	看起来	kàn·qǐ·lái
412	看上去	kàn shàng·qù
413	考验	kǎoyàn
414	科技	kējì

415	可靠	kěkào
416	可乐	kělè
417	克服	kèfú
418	客观	kèguān
419	课程	kèchéng
420	空	kōng
421	空调	kōngtiáo
422	恐怕	kǒngpà
423	空儿	kòngr
424	裤子	kùzi
425	快速	kuàisù
426	困	kùn
427	困难	kùnnan
428	浪费	làngfèi
429	老百姓	lǎobǎixìng
430	老板	lǎobǎn
431	老太太	lǎotàitai
432	老头儿	lǎotóur
433	乐	lè
434	乐观	lèguān
435	类	lèi
436	类似	lèisì
437	离婚	lí//hūn
438	里面	lǐmiàn
439	理发	lǐ//fà
440	理解	lǐjiě
441	理论	lǐlùn
442	理由	lǐyóu
443	力	lì
444	力量	lì·liàng
445	立刻	lìkè
446	利用	lìyòng
447	连	lián
448	连忙	liánmáng
449	连续	liánxù
450	连续剧	liánxùjù
451	联合	liánhé
452	联合国	Liánhéguó
453	联系	liánxì
454	凉水	liángshuǐ
455	了	liǎo
456	领	lǐng
457	领导	lǐngdǎo
458	领先	lǐng//xiān
459	另外	lìngwài
460	另一方面	lìng yìfāngmiàn
461	留学	liú//xué
462	龙	lóng
463	录	lù
464	录音	lùyīn
465	路线	lùxiàn
466	旅馆	lǚguǎn
467	旅行社	lǚxíngshè
468	绿茶	lǜchá
469	乱	luàn
470	落后	luò//hòu
471	麻烦	máfan
472	马	mǎ
473	满足	mǎnzú
474	慢慢	mànmàn
475	毛（名）	máo
476	毛病	máo·bìng
477	没用	méiyòng
478	媒体	méitǐ
479	每	měi
480	美	měi
481	美好	měihǎo
482	美丽	měilì
483	美食	měishí
484	美术	měishù
485	美元	měiyuán
486	迷	mí
487	米（名）	mǐ
488	面对	miànduì
489	面积	miànjī
490	民间	mínjiān
491	民族	mínzú
492	明确	míngquè
493	明显	míngxiǎn
494	命运	mìngyùn
495	某	mǒu
496	母亲	mǔ·qīn

497	木头	mùtou
498	目标	mùbiāo
499	目前	mùqián
500	奶茶	nǎichá
501	男子	nánzǐ
502	南部	nánbù
503	难道	nándào
504	难度	nándù
505	内	nèi
506	内容	nèiróng
507	内心	nèixīn
508	能不能	néng bu néng
509	能力	nénglì
510	年初	niánchū
511	年代	niándài
512	年底	niándǐ
513	年纪	niánjì
514	念	niàn
515	牛（名）	niú
516	农村	nóngcūn
517	农民	nóngmín
518	农业	nóngyè
519	女子	nǚzǐ
520	暖和	nuǎnhuo
521	怕（副）	pà
522	拍	pāi
523	排（动）	pái
524	排名	pái∥míng
525	牌子	páizi
526	派	pài
527	判断	pànduàn
528	胖	pàng
529	跑步	pǎo∥bù
530	配	pèi
531	配合	pèihé
532	批评	pīpíng
533	批准	pīzhǔn
534	皮	pí
535	皮包	píbāo
536	啤酒	píjiǔ
537	票价	piàojià
538	评价	píngjià
539	苹果	píngguǒ
540	破	pò
541	破坏	pòhuài
542	普遍	pǔbiàn
543	普及	pǔjí
544	期	qī
545	齐	qí
546	其次	qícì
547	其实	qíshí
548	奇怪	qíguài
549	气候	qìhòu
550	千万	qiānwàn
551	前后	qiánhòu
552	前进	qiánjìn
553	前面	qiánmiàn
554	前往	qiánwǎng
555	强	qiáng
556	强大	qiángdà
557	强调	qiángdiào
558	强烈	qiángliè
559	桥	qiáo
560	巧	qiǎo
561	亲	qīn
562	亲切	qīnqiè
563	亲人	qīnrén
564	亲自	qīnzì
565	情感	qínggǎn
566	情况	qíngkuàng
567	请教	qǐngjiào
568	庆祝	qìngzhù
569	球迷	qiúmí
570	区	qū
571	区别	qūbié
572	取消	qǔxiāo
573	去世	qùshì
574	全场	quánchǎng
575	全面	quánmiàn
576	全球	quánqiú
577	缺	quē
578	缺点	quēdiǎn

579	缺少	quēshǎo
580	确保	quèbǎo
581	确定	quèdìng
582	确实	quèshí
583	裙子	qúnzi
584	群	qún
585	热爱	rè'ài
586	热烈	rèliè
587	人才	réncái
588	人工	réngōng
589	人类	rénlèi
590	人民	rénmín
591	人民币	rénmínbì
592	人群	rénqún
593	人生	rénshēng
594	人员	rényuán
595	认出	rènchū
596	认得	rènde
597	认可	rènkě
598	任（动）	rèn
599	任（连）	rèn
600	任何	rènhé
601	任务	rènwu
602	仍	réng
603	仍然	réngrán
604	日常	rìcháng
605	容易	róngyì
606	如何	rúhé
607	散步	sàn//bù
608	沙发	shāfā
609	沙子	shāzi
610	伤	shāng
611	伤心	shāng//xīn
612	商品	shāngpǐn
613	商业	shāngyè
614	上来	shàng//·lái
615	上面	shàngmiàn
616	上去	shàng//·qù
617	上升	shàngshēng
618	上衣	shàngyī
619	设备	shèbèi
620	设计	shèjì
621	设立	shèlì
622	社会	shèhuì
623	身份证	shēnfènzhèng
624	深	shēn
625	深刻	shēnkè
626	深入	shēnrù
627	升	shēng
628	生（形）	shēng
629	生产	shēngchǎn
630	生存	shēngcún
631	生动	shēngdòng
632	生命	shēngmìng
633	生意	shēngyi
634	生长	shēngzhǎng
635	声明	shēngmíng
636	胜	shèng
637	胜利	shènglì
638	失去	shīqù
639	石头	shítou
640	石油	shíyóu
641	时	shí
642	时代	shídài
643	时刻	shíkè
644	实际上	shíjì·shàng
645	实力	shílì
646	实行	shíxíng
647	实验	shíyàn
648	实验室	shíyànshì
649	食品	shípǐn
650	使	shǐ
651	始终	shǐzhōng
652	世纪	shìjì
653	世界	shìjiè
654	世界杯	shìjièbēi
655	市场	shìchǎng
656	事故	shìgù
657	事件	shìjiàn
658	事实	shìshí
659	事实上	shìshíshang
660	事业	shìyè

661	试题	shìtí
662	试验	shìyàn
663	适合	shìhé
664	适应	shìyìng
665	适用	shìyòng
666	室	shì
667	收费	shōufèi
668	收看	shōukàn
669	收听	shōutīng
670	收音机	shōuyīnjī
671	手续	shǒuxù
672	手指	shǒuzhǐ
673	首都	shǒudū
674	首先	shǒuxiān
675	受	shòu
676	受伤	shòu∥shāng
677	书架	shūjià
678	输	shū
679	输入	shūrù
680	熟人	shúrén
681	属	shǔ
682	属于	shǔyú
683	束	shù
684	数量	shùliàng
685	双	shuāng
686	双方	shuāngfāng
687	思想	sīxiǎng
688	死	sǐ
689	速度	sùdù
690	随	suí
691	所（名、量）	suǒ
692	所长	suǒzhǎng
693	台	tái
694	谈	tán
695	谈话	tán∥huà
696	谈判	tánpàn
697	汤	tāng
698	糖	táng
699	特色	tèsè
700	提前	tíqián
701	提问	tíwèn
702	题目	tímù
703	体会	tǐhuì
704	体现	tǐxiàn
705	体验	tǐyàn
706	天空	tiānkōng
707	甜	tián
708	调	tiáo
709	调整	tiáozhěng
710	跳	tiào
711	跳高	tiàogāo
712	跳舞	tiào∥wǔ
713	跳远	tiàoyuǎn
714	铁	tiě
715	铁路	tiělù
716	听力	tīnglì
717	听众	tīngzhòng
718	停止	tíngzhǐ
719	通常	tōngcháng
720	通信	tōng∥xìn
721	同意	tóngyì
722	痛（形）	tòng
723	痛苦	tòngkǔ
724	头（形）	tóu
725	头脑	tóunǎo
726	突出	tūchū
727	突然	tūrán
728	图	tú
729	图画	túhuà
730	土（名）	tǔ
731	团	tuán
732	团结	tuánjié
733	团体	tuántǐ
734	推动	tuī∥dòng
735	推广	tuīguǎng
736	推进	tuījìn
737	推开	tuīkāi
738	退	tuì
739	退出	tuìchū
740	退休	tuì∥xiū
741	外交	wàijiāo
742	外面	wài·miàn

743	外文	wàiwén
744	完美	wánměi
745	完善	wánshàn
746	完整	wánzhěng
747	玩具	wánjù
748	往往	wǎngwǎng
749	危害	wēihài
750	危险	wēixiǎn
751	为（动）	wéi
752	为（介）	wéi
753	围	wéi
754	伟大	wěidà
755	卫生	wèishēng
756	卫生间	wèishēngjiān
757	为了	wèile
758	温暖	wēnnuǎn
759	文化	wénhuà
760	文件	wénjiàn
761	文明	wénmíng
762	文学	wénxué
763	文章	wénzhāng
764	文字	wénzì
765	握手	wò//shǒu
766	屋子	wūzi
767	武器	wǔqì
768	武术	wǔshù
769	舞台	wǔtái
770	西部	xībù
771	希望	xīwàng
772	系	xì
773	下来	xià//·lái
774	下面	xiàmiàn
775	下去	xià//·qù
776	先进	xiānjìn
777	显得	xiǎnde
778	显然	xiǎnrán
779	显示	xiǎnshì
780	现场	xiànchǎng
781	现代	xiàndài
782	现金	xiànjīn
783	现实	xiànshí
784	现象	xiànxiàng
785	线	xiàn
786	相比	xiāngbǐ
787	相当	xiāngdāng
788	相关	xiāngguān
789	相互	xiānghù
790	相似	xiāngsì
791	香	xiāng
792	香蕉	xiāngjiāo
793	消费	xiāofèi
794	消失	xiāoshī
795	消息	xiāoxi
796	效果	xiàoguǒ
797	写作	xiězuò
798	血	xiě
799	心	xīn
800	信（动）	xìn
801	信封	xìnfēng
802	信任	xìnrèn
803	行李	xíngli
804	形成	xíngchéng
805	形式	xíngshì
806	形象	xíngxiàng
807	形状	xíngzhuàng
808	幸福	xìngfú
809	幸运	xìngyùn
810	性（积极性）	xìng (jījíxìng)
811	性别	xìngbié
812	性格	xìnggé
813	修	xiū
814	修改	xiūgǎi
815	需求	xūqiú
816	需要	xūyào
817	宣布	xuānbù
818	宣传	xuānchuán
819	选手	xuǎnshǒu
820	学费	xuéfèi
821	训练	xùnliàn
822	压	yā
823	压力	yālì
824	烟	yān

825	眼前	yǎnqián
826	演	yǎn
827	演唱	yǎnchàng
828	演唱会	yǎnchànghuì
829	演出	yǎnchū
830	演员	yǎnyuán
831	羊	yáng
832	阳光	yángguāng
833	要是	yàoshi
834	衣架	yījià
835	一切	yíqiè
836	已	yǐ
837	以来	yǐlái
838	一方面	yìfāngmiàn
839	艺术	yìshù
840	意外	yìwài
841	意义	yìyì
842	因此	yīncǐ
843	银	yín
844	银牌	yínpái
845	印象	yìnxiàng
846	应当	yīngdāng
847	迎接	yíngjiē
848	营养	yíngyǎng
849	赢	yíng
850	影视	yǐngshì
851	应用	yìngyòng
852	优点	yōudiǎn
853	优势	yōushì
854	由	yóu
855	由于	yóuyú
856	邮件	yóujiàn
857	邮票	yóupiào
858	邮箱	yóuxiāng
859	游	yóu
860	游戏	yóuxì
861	游泳	yóuyǒng
862	有的是	yǒudeshì
863	有利	yǒulì
864	有效	yǒuxiào
865	预报	yùbào
866	预防	yùfáng
867	预计	yùjì
868	预习	yùxí
869	员（服务员）	yuán (fúwùyuán)
870	员工	yuángōng
871	愿望	yuànwàng
872	约	yuē
873	乐队	yuèduì
874	运输	yùnshū
875	杂志	zázhì
876	早已	zǎoyǐ
877	造	zào
878	造成	zàochéng
879	责任	zérèn
880	增加	zēngjiā
881	增长	zēngzhǎng
882	展开	zhǎn//kāi
883	张	zhāng
884	照	zhào
885	者（志愿者）	zhě (zhìyuànzhě)
886	真实	zhēnshí
887	争	zhēng
888	争取	zhēngqǔ
889	整	zhěng
890	整个	zhěnggè
891	整理	zhěnglǐ
892	整齐	zhěngqí
893	整体	zhěngtǐ
894	整天	zhěngtiān
895	整整	zhěngzhěng
896	正（形）	zhèng
897	正式	zhèngshì
898	证	zhèng
899	证件	zhèngjiàn
900	证据	zhèngjù
901	证明	zhèngmíng
902	支（量）	zhī
903	支持	zhīchí
904	支付	zhīfù
905	只	zhī
906	直	zhí

907	直播	zhíbō	941	注意	zhù∥yì
908	直到	zhídào	942	祝	zhù
909	值	zhí	943	抓	zhuā
910	值得	zhí∥·dé	944	抓住	zhuāzhù
911	职工	zhígōng	945	专家	zhuānjiā
912	职业	zhíyè	946	专门	zhuānmén
913	只好	zhǐhǎo	947	专题	zhuāntí
914	只是	zhǐshì	948	专业	zhuānyè
915	只有	zhǐyǒu	949	转	zhuǎn
916	指	zhǐ	950	转变	zhuǎnbiàn
917	指出	zhǐchū	951	状况	zhuàngkuàng
918	指导	zhǐdǎo	952	状态	zhuàngtài
919	至今	zhìjīn	953	追	zhuī
920	至少	zhìshǎo	954	准	zhǔn
921	志愿	zhìyuàn	955	资格	zīgé
922	志愿者	zhìyuànzhě	956	资金	zījīn
923	制定	zhìdìng	957	子女	zǐnǚ
924	制度	zhìdù	958	自从	zìcóng
925	制造	zhìzào	959	自动	zìdòng
926	制作	zhìzuò	960	自觉	zìjué
927	中部	zhōngbù	961	自然	zìrán
928	中华民族	Zhōnghuá Mínzú	962	自身	zìshēn
929	终于	zhōngyú	963	自主	zìzhǔ
930	钟	zhōng	964	总	zǒng
931	种	zhǒng	965	总结	zǒngjié
932	种子	zhǒngzi	966	总是	zǒngshì
933	重大	zhòngdà	967	足够	zúgòu
934	周围	zhōuwéi	968	足球	zúqiú
935	猪	zhū	969	组合	zǔhé
936	主持	zhǔchí	970	左右	zuǒyòu
937	主动	zhǔdòng	971	作品	zuòpǐn
938	主任	zhǔrèn	972	作者	zuòzhě
939	主意	zhǔyi	973	做客	zuò∥kè
940	主张	zhǔzhāng			

6.4 四级词汇表

1	阿姨	āyí	5	爱国	ài∥guó
2	啊	ā	6	爱护	àihù
3	矮	ǎi	7	安	ān
4	矮小	ǎixiǎo	8	安置	ānzhì

9	按时	ànshí
10	暗	àn
11	暗示	ànshì
12	巴士	bāshì
13	百货	bǎihuò
14	摆	bǎi
15	摆动	bǎidòng
16	摆脱	bǎituō
17	败	bài
18	办事	bàn//shì
19	包裹	bāoguǒ
20	包含	bāohán
21	包括	bāokuò
22	薄	báo
23	宝	bǎo
24	宝宝	bǎobao
25	宝贝	bǎo·bèi
26	宝贵	bǎoguì
27	宝石	bǎoshí
28	保密	bǎo//mì
29	保守	bǎoshǒu
30	抱	bào
31	背景	bèijǐng
32	倍	bèi
33	被迫	bèipò
34	本科	běnkē
35	笨	bèn
36	比分	bǐfēn
37	毕业	bì//yè
38	毕业生	bìyèshēng
39	避	bì
40	避免	bìmiǎn
41	编	biān
42	辩论	biànlùn
43	标志	biāozhì
44	表情	biǎoqíng
45	表扬	biǎoyáng
46	别（动）	bié
47	冰	bīng
48	冰箱	bīngxiāng
49	冰雪	bīngxuě
50	兵	bīng
51	并（动）	bìng
52	不要紧	búyàojǐn
53	不在乎	búzàihu
54	不管	bùguǎn
55	不然	bùrán
56	布置	bùzhì
57	步行	bùxíng
58	擦	cā
59	才（名）	cái
60	材料	cáiliào
61	财产	cáichǎn
62	财富	cáifù
63	采访	cǎifǎng
64	参考	cānkǎo
65	参与	cānyù
66	操场	cāochǎng
67	操作	cāozuò
68	测	cè
69	测量	cèliáng
70	测试	cèshì
71	曾	céng
72	茶叶	cháyè
73	产品	chǎnpǐn
74	长途	chángtú
75	常识	chángshí
76	唱片	chàngpiàn
77	抄	chāo
78	抄写	chāoxiě
79	潮	cháo
80	潮流	cháoliú
81	潮湿	cháoshī
82	彻底	chèdǐ
83	沉	chén
84	沉默	chénmò
85	沉重	chénzhòng
86	称赞	chēngzàn
87	成人	chéngrén
88	诚实	chéng·shí
89	诚信	chéngxìn
90	承担	chéngdān
91	承认	chéngrèn
92	承受	chéngshòu

93	程序	chéngxù
94	吃惊	chī//jīng
95	迟到	chídào
96	尺	chǐ
97	尺寸	chǐ·cùn
98	尺子	chǐzi
99	冲	chōng
100	充电	chōng//diàn
101	充电器	chōngdiànqì
102	充分	chōngfèn
103	虫子	chóngzi
104	抽	chōu
105	抽奖	chōu//jiǎng
106	抽烟	chōuyān
107	出口	chū//kǒu
108	出色	chūsè
109	出售	chūshòu
110	出席	chūxí
111	处于	chǔyú
112	处	chù
113	穿上	chuānshang
114	传统	chuántǒng
115	窗户	chuānghu
116	窗台	chuāngtái
117	窗子	chuāngzi
118	春季	chūnjì
119	纯	chún
120	纯净水	chúnjìngshuǐ
121	词汇	cíhuì
122	此	cǐ
123	此外	cǐwài
124	次（形）	cì
125	刺	cì
126	刺激	cìjī
127	从此	cóngcǐ
128	粗	cū
129	粗心	cūxīn
130	促进	cùjìn
131	促使	cùshǐ
132	促销	cùxiāo
133	措施	cuòshī
134	打	dá
135	答案	dá'àn
136	打败	dǎbài
137	打雷	dǎ//léi
138	打扫	dǎsǎo
139	打折	dǎ//zhé
140	打针	dǎ//zhēn
141	大巴	dàbā
142	大多	dàduō
143	大方	dàfang
144	大哥	dàgē
145	大规模	dà guīmó
146	大会	dàhuì
147	大姐	dàjiě
148	大楼	dà lóu
149	大陆	dàlù
150	大妈	dàmā
151	大型	dàxíng
152	大爷	dàye
153	大众	dàzhòng
154	代替	dàitì
155	待遇	dàiyù
156	袋	dài
157	戴	dài
158	担保	dānbǎo
159	担任	dānrèn
160	担心	dān//xīn
161	单	dān
162	单纯	dānchún
163	单调	dāndiào
164	单独	dāndú
165	淡	dàn
166	导游	dǎoyóu
167	导致	dǎozhì
168	倒闭	dǎobì
169	倒车	dǎo//chē
170	倒车	dào//chē
171	得意	déyì
172	得	děi
173	灯光	dēngguāng
174	登	dēng
175	登记	dēng//jì
176	登录	dēnglù

177	登山	dēng//shān
178	的确	díquè
179	敌人	dírén
180	底	dǐ
181	地方	dìfāng
182	地面	dìmiàn
183	地位	dìwèi
184	地下	dìxià
185	地址	dìzhǐ
186	典型	diǎnxíng
187	点名	diǎn//míng
188	电灯	diàndēng
189	电动车	diàndòngchē
190	电梯	diàntī
191	电源	diànyuán
192	顶	dǐng
193	定	dìng
194	冬季	dōngjì
195	动画片	dònghuàpiàn
196	动摇	dòngyáo
197	豆腐	dòufu
198	独立	dúlì
199	独特	dútè
200	独自	dúzì
201	堵	dǔ
202	堵车	dǔ//chē
203	肚子	dùzi
204	度过	dùguò
205	锻炼	duànliàn
206	对比	duìbǐ
207	对付	duìfu
208	对于	duìyú
209	多次	duō cì
210	多年	duō nián
211	多样	duōyàng
212	多种	duō zhǒng
213	恶心	ěxin
214	儿童	értóng
215	而	ér
216	而是	ér shì
217	耳机	ěrjī
218	二手	èrshǒu
219	发挥	fāhuī
220	发票	fāpiào
221	发烧	fā//shāo
222	法	fǎ
223	法官	fǎguān
224	法律	fǎlǜ
225	法院	fǎyuàn
226	翻	fān
227	翻译	fānyì
228	烦	fán
229	反	fǎn
230	反而	fǎn'ér
231	反映	fǎnyìng
232	方	fāng
233	方案	fāng'àn
234	方针	fāngzhēn
235	放松	fàngsōng
236	非	fēi
237	肥	féi
238	分布	fēnbù
239	分散	fēnsàn
240	分手	fēn//shǒu
241	分为	fēnwéi
242	…分之…	…fēn zhī…
243	纷纷	fēnfēn
244	奋斗	fèndòu
245	风格	fēnggé
246	风景	fēngjǐng
247	风俗	fēngsú
248	封闭	fēngbì
249	否则	fǒuzé
250	夫妇	fūfù
251	夫妻	fūqī
252	夫人	fū·rén
253	符号	fúhào
254	符合	fúhé
255	付出	fùchū
256	负担	fùdān
257	附近	fùjìn
258	复制	fùzhì
259	改善	gǎishàn
260	改正	gǎizhèng

261 盖 gài
262 概括 gàikuò
263 感兴趣 gǎn xìngqù
264 高潮 gāocháo
265 高价 gāojià
266 高尚 gāoshàng
267 高铁 gāotiě
268 格外 géwài
269 隔 gé
270 隔开 gékāi
271 个别 gèbié
272 个体 gètǐ
273 各个 gègè
274 根 gēn
275 根据 gēnjù
276 工程 gōngchéng
277 公元 gōngyuán
278 供应 gōngyìng
279 共 gòng
280 构成 gòuchéng
281 构造 gòuzào
282 购买 gòumǎi
283 购物 gòuwù
284 骨头 gǔtou
285 固定 gùdìng
286 瓜 guā
287 怪（形、副） guài
288 关（名） guān
289 关闭 guānbì
290 关于 guānyú
291 官 guān
292 官方 guānfāng
293 光临 guānglín
294 光盘 guāngpán
295 逛 guàng
296 归 guī
297 规律 guīlǜ
298 规模 guīmó
299 规则 guīzé
300 果实 guǒshí
301 过分 guò//fèn
302 海水 hǎishuǐ
303 海鲜 hǎixiān
304 含 hán
305 含量 hánliàng
306 含义 hányì
307 含有 hányǒu
308 寒假 hánjià
309 寒冷 hánlěng
310 行业 hángyè
311 航班 hángbān
312 航空 hángkōng
313 毫米 háomǐ
314 毫升 háoshēng
315 好友 hǎoyǒu
316 号码 hàomǎ
317 好 hào
318 合同 hé·tóng
319 黑暗 hēi'àn
320 红包 hóngbāo
321 后头 hòutou
322 厚 hòu
323 呼吸 hūxī
324 忽视 hūshì
325 户 hù
326 护士 hùshi
327 花（形） huā
328 划 huá
329 划 huà
330 怀念 huáiniàn
331 怀疑 huáiyí
332 缓解 huǎnjiě
333 黄瓜 huáng·guā
334 黄金 huángjīn
335 回复 huífù
336 汇 huì
337 汇报 huìbào
338 汇率 huìlǜ
339 婚礼 hūnlǐ
340 火（形） huǒ
341 伙 huǒ
342 伙伴 huǒbàn
343 或许 huòxǔ
344 货 huò

345	获	huò
346	获得	huòdé
347	获奖	huòjiǎng
348	获取	huòqǔ
349	几乎	jīhū
350	机构	jīgòu
351	机遇	jīyù
352	积累	jīlěi
353	激动	jīdòng
354	激烈	jīliè
355	及格	jí//gé
356	极	jí
357	极其	jíqí
358	即将	jíjiāng
359	急忙	jímáng
360	集合	jíhé
361	记载	jìzǎi
362	纪律	jìlǜ
363	技巧	jìqiǎo
364	系	jì
365	季	jì
366	季度	jìdù
367	季节	jìjié
368	既	jì
369	既然	jìrán
370	寄	jì
371	加班	jiā//bān
372	加入	jiārù
373	加油站	jiāyóuzhàn
374	家务	jiāwù
375	假如	jiǎrú
376	坚固	jiāngù
377	检测	jiǎncè
378	减	jiǎn
379	减肥	jiǎn//féi
380	减少	jiǎnshǎo
381	简历	jiǎnlì
382	健身	jiànshēn
383	渐渐	jiànjiàn
384	江	jiāng
385	讲究	jiǎngjiu
386	讲座	jiǎngzuò
387	奖	jiǎng
388	奖金	jiǎngjīn
389	奖学金	jiǎngxuéjīn
390	降	jiàng
391	降低	jiàngdī
392	降价	jiàng//jià
393	降落	jiàngluò
394	降温	jiàng//wēn
395	交换	jiāohuàn
396	交际	jiāojì
397	教授	jiàoshòu
398	教训	jiào·xùn
399	阶段	jiēduàn
400	街道	jiēdào
401	节省	jiéshěng
402	结	jié
403	结构	jiégòu
404	结论	jiélùn
405	姐妹	jiěmèi
406	解释	jiěshì
407	尽快	jǐnkuài
408	紧密	jǐnmì
409	尽力	jìn//lì
410	进口	jìnkǒu
411	近代	jìndài
412	禁止	jìnzhǐ
413	经典	jīngdiǎn
414	精力	jīnglì
415	竟然	jìngrán
416	镜头	jìngtóu
417	镜子	jìngzi
418	究竟	jiūjìng
419	酒吧	jiǔbā
420	居民	jūmín
421	居住	jūzhù
422	局（名）	jú
423	巨大	jùdà
424	具备	jùbèi
425	距离	jùlí
426	聚	jù
427	聚会	jùhuì
428	卷	juǎn

429	卷	juàn
430	角色	juésè
431	开花	kāi//huā
432	开水	kāishuǐ
433	看不起	kànbuqǐ
434	看来	kànlái
435	看望	kànwàng
436	考察	kǎochá
437	考虑	kǎolǜ
438	棵	kē
439	可见	kějiàn
440	空间	kōngjiān
441	空	kòng
442	口袋	kǒudai
443	口语	kǒuyǔ
444	苦	kǔ
445	会计	kuài·jì
446	快递	kuàidì
447	宽	kuān
448	宽广	kuānguǎng
449	矿泉水	kuàngquánshuǐ
450	扩大	kuòdà
451	扩展	kuòzhǎn
452	括号	kuòhào
453	垃圾	lājī
454	拉开	lākāi
455	辣	là
456	来不及	láibují
457	来得及	láidejí
458	来源	láiyuán
459	老公	lǎogōng
460	老家	lǎojiā
461	老婆	lǎopo
462	老实	lǎoshi
463	乐趣	lèqù
464	泪	lèi
465	泪水	lèishuǐ
466	类型	lèixíng
467	冷静	lěngjìng
468	厘米	límǐ
469	离不开	lí bu kāi
470	力气	lìqi
471	历史	lìshǐ
472	立即	lìjí
473	利息	lìxī
474	利益	lìyì
475	俩	liǎ
476	良好	liánghǎo
477	量	liáng
478	粮食	liángshi
479	两边	liǎngbiān
480	疗养	liáoyǎng
481	了不起	liǎobuqǐ
482	了解	liǎojiě
483	列	liè
484	列车	lièchē
485	列入	lièrù
486	列为	lièwéi
487	临时	línshí
488	零食	língshí
489	流传	liúchuán
490	楼梯	lóutī
491	陆地	lùdì
492	陆续	lùxù
493	录取	lùqǔ
494	律师	lǜshī
495	轮	lún
496	轮船	lúnchuán
497	轮椅	lúnyǐ
498	轮子	lúnzi
499	论文	lùnwén
500	落	luò
501	毛巾	máojīn
502	毛衣	máoyī
503	帽子	màozi
504	没错	méi cuò
505	没法儿	méifǎr
506	没想到	méi xiǎngdào
507	美金	měijīn
508	美女	měinǚ
509	梦	mèng
510	梦见	mèngjiàn
511	梦想	mèngxiǎng
512	秘密	mìmì

513	秘书	mìshū
514	密	mì
515	密码	mìmǎ
516	密切	mìqiè
517	免费	miǎn∥fèi
518	面临	miànlín
519	面试	miànshì
520	描述	miáoshù
521	描写	miáoxiě
522	名牌儿	míngpáir
523	名片	míngpiàn
524	名人	míngrén
525	摸	mō
526	模特儿	mótèr
527	模型	móxíng
528	末	mò
529	默默	mòmò
530	哪怕	nǎpà
531	哪	na
532	男女	nánnǚ
533	男士	nánshì
534	难免	nánmiǎn
535	脑袋	nǎodai
536	闹	nào
537	闹钟	nàozhōng
538	内部	nèibù
539	内科	nèikē
540	能干	nénggàn
541	宁静	níngjìng
542	浓	nóng
543	女士	nǚshì
544	暖气	nuǎnqì
545	拍照	pāi∥zhào
546	排列	páiliè
547	牌	pái
548	盘（名、量）	pán
549	盘子	pánzi
550	胖子	pàngzi
551	培训	péixùn
552	培训班	péixùnbān
553	培养	péiyǎng
554	培育	péiyù
555	批（动）	pī
556	批（量）	pī
557	片面	piànmiàn
558	品质	pǐnzhì
559	平方	píngfāng
560	平静	píngjìng
561	平均	píngjūn
562	平稳	píngwěn
563	迫切	pòqiè
564	破产	pò∥chǎn
565	妻子	qīzi
566	期待	qīdài
567	期间	qījiān
568	期末	qīmò
569	期限	qīxiàn
570	期中	qīzhōng
571	其余	qíyú
572	企业	qǐyè
573	气球	qìqiú
574	汽水	qìshuǐ
575	汽油	qìyóu
576	器官	qìguān
577	前头	qiántou
578	前途	qiántú
579	浅	qiǎn
580	巧克力	qiǎokèlì
581	切	qiē
582	亲爱	qīn'ài
583	亲密	qīnmì
584	青春	qīngchūn
585	轻松	qīngsōng
586	轻易	qīngyì
587	清醒	qīngxǐng
588	情景	qíngjǐng
589	穷	qióng
590	穷人	qióngrén
591	秋季	qiūjì
592	趋势	qūshì
593	圈	quān
594	权利	quánlì
595	却	què
596	确认	quèrèn

597	然而	rán'ér
598	燃料	ránliào
599	燃烧	ránshāo
600	热闹	rènao
601	热心	rèxīn
602	人家	rénjia
603	日记	rìjì
604	日历	rìlì
605	如今	rújīn
606	弱	ruò
607	伞	sǎn
608	散	sàn
609	扫	sǎo
610	色	sè
611	色彩	sècǎi
612	森林	sēnlín
613	晒	shài
614	闪	shǎn
615	闪电	shǎndiàn
616	善良	shànliáng
617	善于	shànyú
618	伤害	shānghài
619	商务	shāngwù
620	赏	shǎng
621	上个月	shàng ge yuè
622	上楼	shàng lóu
623	上门	shàng//mén
624	烧	shāo
625	设施	shèshī
626	设置	shèzhì
627	申请	shēnqǐng
628	身材	shēncái
629	身份	shēn·fèn
630	身高	shēngāo
631	深厚	shēnhòu
632	神话	shénhuà
633	神秘	shénmì
634	甚至	shènzhì
635	失败	shībài
636	失望	shīwàng
637	失业	shī//yè
638	诗	shī
639	诗人	shīrén
640	湿	shī
641	实施	shíshī
642	实用	shíyòng
643	食堂	shítáng
644	使劲	shǐ//jìn
645	士兵	shìbīng
646	市区	shìqū
647	似的	shìde
648	事物	shìwù
649	事先	shìxiān
650	试卷	shìjuàn
651	是否	shìfǒu
652	收回	shōu//huí
653	收获	shōuhuò
654	收益	shōuyì
655	手工	shǒugōng
656	手里	shǒu li
657	手术	shǒushù
658	手套	shǒutào
659	守	shǒu
660	首（量）	shǒu
661	受不了	shòubuliǎo
662	售货员	shòuhuòyuán
663	叔叔	shūshu
664	舒适	shūshì
665	熟练	shúliàn
666	暑假	shǔjià
667	树林	shùlín
668	树叶	shùyè
669	数据	shùjù
670	数码	shùmǎ
671	刷	shuā
672	刷牙	shuā yá
673	刷子	shuāzi
674	帅	shuài
675	帅哥	shuàigē
676	率先	shuàixiān
677	睡着	shuìzháo
678	顺序	shùnxù
679	说不定	shuōbudìng
680	说服	shuōfú

681 思考 sīkǎo
682 似乎 sìhū
683 松 sōng
684 松树 sōngshù
685 塑料 sùliào
686 塑料袋 sùliàodài
687 酸 suān
688 酸奶 suānnǎi
689 随手 suíshǒu
690 孙女 sūn·nǚ
691 孙子 sūnzi
692 缩短 suōduǎn
693 缩小 suōxiǎo
694 台阶 táijiē
695 台上 táishàng
696 躺 tǎng
697 套餐 tàocān
698 特价 tèjià
699 特殊 tèshū
700 特征 tèzhēng
701 提供 tígōng
702 提醒 tí∥xǐng
703 体操 tǐcāo
704 体检 tǐjiǎn
705 体重 tǐzhòng
706 替 tì
707 替代 tìdài
708 天真 tiānzhēn
709 填 tián
710 填空 tián∥kòng
711 挑 tiāo
712 挑选 tiāoxuǎn
713 调皮 tiáopí
714 挑 tiǎo
715 挑战 tiǎo∥zhàn
716 贴 tiē
717 停下 tíngxia
718 挺（动） tǐng
719 通知书 tōngzhīshū
720 同情 tóngqíng
721 童话 tónghuà
722 童年 tóngnián
723 统计 tǒngjì
724 统一 tǒngyī
725 痛快 tòng·kuài
726 投 tóu
727 投入 tóurù
728 投诉 tóusù
729 投资 tóuzī
730 透 tòu
731 透明 tòumíng
732 图案 tú'àn
733 途中 túzhōng
734 土地 tǔdì
735 推迟 tuīchí
736 推销 tuīxiāo
737 脱 tuō
738 袜子 wàzi
739 外汇 wàihuì
740 外交官 wàijiāoguān
741 外套 wàitào
742 弯 wān
743 晚点 wǎn∥diǎn
744 万一 wànyī
745 王 wáng
746 网络 wǎngluò
747 网址 wǎngzhǐ
748 微笑 wēixiào
749 微信 wēixìn
750 围巾 wéijīn
751 维持 wéichí
752 维护 wéihù
753 维修 wéixiū
754 尾巴 wěiba
755 未必 wèibì
756 未来 wèilái
757 位于 wèiyú
758 位置 wèi·zhì
759 味儿 wèir
760 喂（动） wèi
761 稳 wěn
762 稳定 wěndìng
763 问候 wènhòu
764 无 wú

765	无法	wúfǎ
766	无聊	wúliáo
767	无论	wúlùn
768	无数	wúshù
769	无所谓	wúsuǒwèi
770	无限	wúxiàn
771	五颜六色	wǔyán-liùsè
772	误会	wùhuì
773	西瓜	xī·guā
774	吸	xī
775	吸管	xīguǎn
776	吸收	xīshōu
777	吸烟	xīyān
778	吸引	xīyǐn
779	喜爱	xǐ'ài
780	系列	xìliè
781	系统	xìtǒng
782	细	xì
783	细节	xìjié
784	细致	xìzhì
785	下个月	xià ge yuè
786	下降	xiàjiàng
787	下楼	xià lóu
788	下载	xiàzài
789	夏季	xiàjì
790	鲜	xiān
791	鲜花	xiānhuā
792	鲜明	xiānmíng
793	咸	xián
794	显著	xiǎnzhù
795	县	xiàn
796	限制	xiànzhì
797	相处	xiāngchǔ
798	相反	xiāngfǎn
799	箱	xiāng
800	箱子	xiāngzi
801	想念	xiǎngniàn
802	想象	xiǎngxiàng
803	项	xiàng
804	项目	xiàngmù
805	相片	xiàngpiàn
806	消化	xiāohuà
807	销售	xiāoshòu
808	小吃	xiǎochī
809	小伙子	xiǎohuǒzi
810	小型	xiǎoxíng
811	效率	xiàolǜ
812	些	xiē
813	心理	xīnlǐ
814	新郎	xīnláng
815	新娘	xīnniáng
816	新鲜	xīn·xiān
817	新型	xīnxíng
818	兴奋	xīngfèn
819	形容	xíngróng
820	形势	xíngshì
821	型	xíng
822	型号	xínghào
823	醒	xǐng
824	兴趣	xìngqù
825	性质	xìngzhì
826	兄弟	xiōngdì
827	胸部	xiōngbù
828	修理	xiūlǐ
829	选择	xuǎnzé
830	学分	xuéfēn
831	学年	xuénián
832	学时	xuéshí
833	学术	xuéshù
834	学问	xuéwen
835	寻找	xúnzhǎo
836	迅速	xùnsù
837	牙	yá
838	牙刷	yáshuā
839	亚运会	Yàyùnhuì
840	呀	ya
841	延长	yáncháng
842	延期	yán∥qī
843	延续	yánxù
844	严	yán
845	严格	yángé
846	严重	yánzhòng
847	研究	yánjiū
848	研究生	yánjiūshēng

849	研制	yánzhì
850	盐	yán
851	眼镜	yǎnjìng
852	眼泪	yǎnlèi
853	眼里	yǎnli
854	演讲	yǎnjiǎng
855	阳台	yángtái
856	养成	yǎngchéng
857	腰	yāo
858	摇	yáo
859	药物	yàowù
860	要（连）	yào
861	业余	yèyú
862	叶子	yèzi
863	医疗	yīliáo
864	医学	yīxué
865	依靠	yīkào
866	依然	yīrán
867	一律	yílǜ
868	一再	yízài
869	一致	yízhì
870	移	yí
871	移动	yídòng
872	移民	yímín
873	遗产	yíchǎn
874	遗传	yíchuán
875	疑问	yíwèn
876	以及	yǐjí
877	以内	yǐnèi
878	一般来说	yìbānláishuō
879	义务	yìwù
880	议论	yìlùn
881	引	yǐn
882	引导	yǐndǎo
883	引进	yǐnjìn
884	引起	yǐnqǐ
885	应	yīng
886	英勇	yīngyǒng
887	营业	yíngyè
888	赢得	yíngdé
889	影子	yǐngzi
890	勇敢	yǒnggǎn
891	勇气	yǒngqì
892	用途	yòngtú
893	优良	yōuliáng
894	优美	yōuměi
895	优秀	yōuxiù
896	邮局	yóujú
897	有劲儿	yǒu//jìnr
898	有趣	yǒuqù
899	有限	yǒuxiàn
900	幼儿园	yòu'éryuán
901	于是	yúshì
902	语法	yǔfǎ
903	语音	yǔyīn
904	玉	yù
905	玉米	yùmǐ
906	预测	yùcè
907	预订	yùdìng
908	遇	yù
909	遇到	yùdào
910	遇见	yùjiàn
911	原料	yuánliào
912	原则	yuánzé
913	圆	yuán
914	圆满	yuánmǎn
915	约会	yuē·huì
916	月底	yuèdǐ
917	阅读	yuèdú
918	运动会	yùndònghuì
919	运动员	yùndòngyuán
920	运气	yùnqi
921	运用	yùnyòng
922	再三	zàisān
923	在乎	zàihu
924	在于	zàiyú
925	赞成	zànchéng
926	赞赏	zànshǎng
927	赞助	zànzhù
928	造型	zàoxíng
929	战斗	zhàndòu
930	战胜	zhànshèng
931	战士	zhànshì
932	战争	zhànzhēng

933	丈夫	zhàngfu
934	招呼	zhāohu
935	着	zháo
936	着火	zháo∥huǒ
937	着急	zháo∥jí
938	召开	zhàokāi
939	折	zhé
940	针	zhēn
941	针对	zhēnduì
942	阵	zhèn
943	争论	zhēnglùn
944	征服	zhēngfú
945	征求	zhēngqiú
946	政府	zhèngfǔ
947	政治	zhèngzhì
948	之后	zhīhòu
949	之间	zhījiān
950	之前	zhīqián
951	之一	zhīyī
952	支（动）	zhī
953	植物	zhíwù
954	指挥	zhǐhuī
955	制订	zhìdìng
956	质量	zhìliàng
957	治	zhì
958	治疗	zhìliáo
959	智力	zhìlì
960	智能	zhìnéng
961	中介	zhōngjiè
962	种类	zhǒnglèi
963	中奖	zhòng∥jiǎng
964	种	zhòng
965	种植	zhòngzhí
966	重量	zhòngliàng
967	逐步	zhúbù
968	逐渐	zhújiàn
969	主题	zhǔtí
970	主席	zhǔxí
971	祝福	zhùfú
972	著名	zhùmíng
973	著作	zhùzuò
974	抓紧	zhuā∥jǐn
975	专心	zhuānxīn
976	转动	zhuǎndòng
977	转告	zhuǎngào
978	转身	zhuǎn∥shēn
979	转弯	zhuǎn∥wān
980	转移	zhuǎnyí
981	装修	zhuāngxiū
982	装置	zhuāngzhì
983	追求	zhuīqiú
984	准时	zhǔnshí
985	资料	zīliào
986	资源	zīyuán
987	自	zì
988	自信	zìxìn
989	字母	zìmǔ
990	综合	zōnghé
991	总共	zǒnggòng
992	总理	zǒnglǐ
993	总统	zǒngtǒng
994	总之	zǒngzhī
995	阻止	zǔzhǐ
996	嘴巴	zuǐba
997	最初	zuìchū
998	作出	zuòchū
999	作为	zuòwéi
1000	做梦	zuò∥mèng

6.5 五级词汇表

1	安慰	ānwèi
2	岸	àn
3	岸上	àn shang
4	按摩	ànmó
5	拔	bá
6	白酒	báijiǔ
7	拜访	bàifǎng
8	版	bǎn
9	扮演	bànyǎn
10	棒	bàng

11	包围	bāowéi
12	包装	bāozhuāng
13	保卫	bǎowèi
14	保养	bǎoyǎng
15	报答	bàodá
16	报警	bào∥jǐng
17	抱怨	bào·yuàn
18	背包	bēibāo
19	悲剧	bēijù
20	悲伤	bēishāng
21	北极	běijí
22	被动	bèidòng
23	辈	bèi
24	本人	běnrén
25	鼻子	bízi
26	比方	bǐfang
27	比重	bǐzhòng
28	彼此	bǐcǐ
29	必	bì
30	必需	bìxū
31	毕竟	bìjìng
32	闭幕	bì∥mù
33	闭幕式	bìmùshì
34	边境	biānjìng
35	编辑	biānjí
36	编辑	biānji
37	变动	biàndòng
38	便利	biànlì
39	便条	biàntiáo
40	便于	biànyú
41	宾馆	bīnguǎn
42	饼	bǐng
43	饼干	bǐnggān
44	病毒	bìngdú
45	玻璃	bōli
46	博客	bókè
47	博览会	bólǎnhuì
48	博士	bóshì
49	博物馆	bówùguǎn
50	薄弱	bóruò
51	不顾	búgù
52	不利	búlì
53	不耐烦	bú nàifán
54	不幸	búxìng
55	不易	búyì
56	补偿	bǔcháng
57	补贴	bǔtiē
58	不曾	bùcéng
59	不得了	bùdéliǎo
60	不敢当	bùgǎndāng
61	不良	bùliáng
62	不免	bùmiǎn
63	不能不	bù néng bù
64	不时	bùshí
65	不停	bù tíng
66	不许	bùxǔ
67	不止	bùzhǐ
68	不足	bùzú
69	部位	bùwèi
70	猜	cāi
71	猜测	cāicè
72	裁判	cáipàn
73	采购	cǎigòu
74	彩票	cǎipiào
75	餐馆	cānguǎn
76	餐厅	cāntīng
77	餐饮	cānyǐn
78	草原	cǎoyuán
79	册	cè
80	层次	céngcì
81	叉	chā
82	叉子	chāzi
83	差别	chābié
84	差距	chājù
85	插	chā
86	查询	cháxún
87	差（一）点儿	chà(yì)diǎnr
88	拆	chāi
89	拆除	chāichú
90	产业	chǎnyè
91	长度	chángdù
92	长寿	chángshòu
93	肠	cháng
94	尝	cháng

95	尝试	chángshì
96	厂长	chǎngzhǎng
97	场面	chǎngmiàn
98	倡导	chàngdǎo
99	超越	chāoyuè
100	车主	chēzhǔ
101	称[2]（动）	chēng
102	称号	chēnghào
103	成本	chéngběn
104	成交	chéng∥jiāo
105	成效	chéngxiào
106	成语	chéngyǔ
107	承办	chéngbàn
108	城里	chénglǐ
109	乘	chéng
110	乘车	chéng chē
111	乘客	chéngkè
112	乘坐	chéngzuò
113	吃力	chīlì
114	池子	chízi
115	迟	chí
116	冲动	chōngdòng
117	冲突	chōngtū
118	充足	chōngzú
119	愁	chóu
120	丑	chǒu
121	臭	chòu
122	出版	chūbǎn
123	出差	chū∥chāi
124	出汗	chū∥hàn
125	出于	chūyú
126	初期	chūqī
127	除非	chúfēi
128	除夕	chúxī
129	厨房	chúfáng
130	处罚	chǔfá
131	处分	chǔfèn
132	处在	chǔzài
133	传达	chuándá
134	传递	chuándì
135	传真	chuánzhēn
136	窗帘	chuānglián
137	闯	chuǎng
138	创立	chuànglì
139	辞典	cídiǎn
140	辞职	cí∥zhí
141	此后	cǐhòu
142	此刻	cǐkè
143	此时	cǐshí
144	聪明	cōng·míng
145	从而	cóng'ér
146	从中	cóngzhōng
147	脆	cuì
148	存款	cúnkuǎn
149	寸	cùn
150	达成	dáchéng
151	答	dá
152	答复	dá·fù
153	打（介）	dǎ
154	打扮	dǎban
155	打包	dǎ∥bāo
156	打击	dǎjī
157	打架	dǎ∥jià
158	打扰	dǎrǎo
159	大胆	dàdǎn
160	大都	dàdū
161	大纲	dàgāng
162	大伙儿	dàhuǒr
163	大奖赛	dàjiǎngsài
164	大脑	dànǎo
165	大事	dàshì
166	大厅	dàtīng
167	大象	dàxiàng
168	大熊猫	dàxióngmāo
169	大于	dàyú
170	大致	dàzhì
171	呆	dāi
172	待	dāi
173	代价	dàijià
174	代理	dàilǐ
175	带有	dàiyǒu
176	贷款	dàikuǎn
177	单一	dānyī
178	胆	dǎn

179	胆小	dǎnxiǎo
180	蛋糕	dàngāo
181	当场	dāngchǎng
182	当代	dāngdài
183	当年	dāngnián
184	当前	dāngqián
185	当选	dāngxuǎn
186	挡	dǎng
187	到来	dàolái
188	倒是	dàoshì
189	道德	dàodé
190	得了	déle
191	得以	déyǐ
192	等候	děnghòu
193	等级	děngjí
194	低于	dīyú
195	地带	dìdài
196	地形	dìxíng
197	地震	dìzhèn
198	递	dì
199	递给	dì gěi
200	典礼	diǎnlǐ
201	点燃	diǎnrán
202	电池	diànchí
203	电饭锅	diànfànguō
204	电子版	diànzǐbǎn
205	调动	diàodòng
206	丢	diū
207	动机	dòngjī
208	动手	dòng∥shǒu
209	动态	dòngtài
210	动员	dòngyuán
211	冻	dòng
212	洞	dòng
213	豆制品	dòuzhìpǐn
214	毒	dú
215	堆	duī
216	对立	duìlì
217	对应	duìyìng
218	吨	dūn
219	朵	duǒ
220	躲	duǒ
221	儿女	érnǚ
222	耳朵	ěrduo
223	二维码	èrwéimǎ
224	发布	fābù
225	发觉	fājué
226	发射	fāshè
227	发行	fāxíng
228	罚	fá
229	罚款	fákuǎn
230	法规	fǎguī
231	法制	fǎzhì
232	繁荣	fánróng
233	返回	fǎnhuí
234	防治	fángzhì
235	放大	fàngdà
236	放弃	fàngqì
237	分成	fēnchéng
238	分解	fēnjiě
239	分类	fēn∥lèi
240	分离	fēnlí
241	分析	fēnxī
242	分享	fēnxiǎng
243	丰收	fēngshōu
244	风度	fēngdù
245	风光	fēngguāng
246	封（动）	fēng
247	疯	fēng
248	疯狂	fēngkuáng
249	扶	fú
250	服从	fúcóng
251	幅	fú
252	幅度	fúdù
253	福利	fúlì
254	辅助	fǔzhù
255	负责人	fùzérén
256	附件	fùjiàn
257	改革	gǎigé
258	干脆	gāncuì
259	干扰	gānrǎo
260	干预	gānyù
261	感想	gǎnxiǎng
262	钢笔	gāngbǐ

263	钢琴	gāngqín
264	高大	gāodà
265	高度	gāodù
266	高跟鞋	gāogēnxié
267	高温	gāowēn
268	高于	gāoyú
269	高原	gāoyuán
270	搞	gǎo
271	搞好	gǎohǎo
272	歌曲	gēqǔ
273	隔壁	gébì
274	个儿	gèr
275	跟前	gēnqián
276	跟随	gēnsuí
277	更换	gēnghuàn
278	更新	gēngxīn
279	工艺	gōngyì
280	工作日	gōngzuòrì
281	公告	gōnggào
282	公认	gōngrèn
283	公式	gōngshì
284	公正	gōngzhèng
285	共计	gòngjì
286	共享	gòngxiǎng
287	沟	gōu
288	沟通	gōutōng
289	估计	gūjì
290	古老	gǔlǎo
291	鼓	gǔ
292	鼓励	gǔlì
293	鼓掌	gǔ//zhǎng
294	顾问	gùwèn
295	怪（动）	guài
296	关怀	guānhuái
297	关键	guānjiàn
298	冠军	guànjūn
299	光荣	guāngróng
300	光线	guāngxiàn
301	广	guǎng
302	广泛	guǎngfàn
303	规划	guīhuà
304	鬼	guǐ
305	柜子	guìzi
306	滚	gǔn
307	锅	guō
308	国籍	guójí
309	国民	guómín
310	过度	guòdù
311	过敏	guòmǐn
312	过于	guòyú
313	害	hài
314	汗	hàn
315	好运	hǎoyùn
316	号召	hàozhào
317	合并	hébìng
318	合成	héchéng
319	盒	hé
320	盒饭	héfàn
321	盒子	hézi
322	贺卡	hèkǎ
323	恨	hèn
324	猴	hóu
325	后悔	hòuhuǐ
326	胡同儿	hútòngr
327	胡子	húzi
328	虎	hǔ
329	华语	Huáyǔ
330	滑	huá
331	化石	huàshí
332	划分	huàfēn
333	画面	huàmiàn
334	环节	huánjié
335	慌	huāng
336	慌忙	huāngmáng
337	灰色	huīsè
338	恢复	huīfù
339	回报	huíbào
340	回避	huíbì
341	回顾	huígù
342	回收	huíshōu
343	回头	huítóu
344	回信	huíxìn
345	回忆	huíyì
346	汇款	huì//kuǎn

347	会谈	huìtán
348	活力	huólì
349	活泼	huó·pō
350	火柴	huǒchái
351	火腿	huǒtuǐ
352	火灾	huǒzāi
353	或是	huòshì
354	机器人	jī·qìrén
355	机制	jīzhì
356	肌肉	jīròu
357	基地	jīdì
358	基金	jījīn
359	即使	jíshǐ
360	集团	jítuán
361	挤	jǐ
362	记忆	jìyì
363	技能	jìnéng
364	继承	jìchéng
365	加热	jiā//rè
366	加上	jiāshàng
367	加速	jiāsù
368	加以	jiāyǐ
369	夹	jiā
370	甲	jiǎ
371	价	jià
372	驾驶	jiàshǐ
373	驾照	jiàzhào
374	坚定	jiāndìng
375	肩	jiān
376	艰苦	jiānkǔ
377	艰难	jiānnán
378	检验	jiǎnyàn
379	减轻	jiǎnqīng
380	剪	jiǎn
381	剪刀	jiǎndāo
382	剪子	jiǎnzi
383	间接	jiànjiē
384	建造	jiànzào
385	建筑	jiànzhù
386	健全	jiànquán
387	键	jiàn
388	键盘	jiànpán
389	将	jiāng
390	将要	jiāngyào
391	奖励	jiǎnglì
392	交代	jiāodài
393	郊区	jiāoqū
394	胶带	jiāodài
395	胶水	jiāoshuǐ
396	脚步	jiǎobù
397	接触	jiēchù
398	接连	jiēlián
399	解除	jiěchú
400	解放	jiěfàng
401	戒	jiè
402	届	jiè
403	今日	jīnrì
404	尽管	jǐnguǎn
405	紧紧	jǐnjǐn
406	尽可能	jìn kěnéng
407	进化	jìnhuà
408	近来	jìnlái
409	经费	jīngfèi
410	景象	jǐngxiàng
411	警告	jǐnggào
412	竞赛	jìngsài
413	竞争	jìngzhēng
414	酒鬼	jiǔguǐ
415	救灾	jiù//zāi
416	居然	jūrán
417	局面	júmiàn
418	局长	júzhǎng
419	举动	jǔdòng
420	拒绝	jùjué
421	俱乐部	jùlèbù
422	剧本	jùběn
423	决不	jué bù
424	绝望	jué//wàng
425	军人	jūnrén
426	开幕	kāi//mù
427	开幕式	kāimùshì
428	看成	kànchéng
429	看出	kànchū
430	看待	kàndài

431	考核	kǎohé
432	烤肉	kǎoròu
433	烤鸭	kǎoyā
434	靠近	kàojìn
435	颗	kē
436	咳	ké
437	可	kě
438	可怜	kělián
439	可惜	kěxī
440	渴望	kěwàng
441	刻（动）	kè
442	客户	kèhù
443	客气	kèqi
444	客厅	kètīng
445	课题	kètí
446	肯定	kěndìng
447	空中	kōngzhōng
448	控制	kòngzhì
449	口号	kǒuhào
450	库	kù
451	快活	kuàihuo
452	宽度	kuāndù
453	狂	kuáng
454	亏	kuī
455	困扰	kùnrǎo
456	落	là
457	来信	láixìn
458	烂	làn
459	朗读	lǎngdú
460	浪漫	làngmàn
461	劳动	láodòng
462	梨	lí
463	礼	lǐ
464	礼拜	lǐbài
465	礼貌	lǐmào
466	厉害	lìhai
467	立	lì
468	立场	lìchǎng
469	利润	lìrùn
470	例外	lìwài
471	连接	liánjiē
472	联络	liánluò
473	联想	liánxiǎng
474	脸盆	liǎnpén
475	脸色	liǎnsè
476	恋爱	liàn'ài
477	两岸	liǎng'àn
478	邻居	línjū
479	铃	líng
480	铃声	língshēng
481	领带	lǐngdài
482	令	lìng
483	流动	liúdòng
484	流通	liútōng
485	漏	lòu
486	漏洞	lòudòng
487	逻辑	luó·jí
488	落实	luòshí
489	码头	mǎ·tóu
490	骂	mà
491	买卖	mǎimai
492	漫长	màncháng
493	漫画	mànhuà
494	毛笔	máobǐ
495	矛盾	máodùn
496	冒	mào
497	贸易	màoyì
498	煤	méi
499	煤气	méiqì
500	门诊	ménzhěn
501	迷人	mírén
502	迷信	míxìn
503	面貌	miànmào
504	面子	miànzi
505	秒	miǎo
506	敏感	mǐngǎn
507	明亮	míngliàng
508	明明	míngmíng
509	命令	mìnglìng
510	模范	mófàn
511	模仿	mófǎng
512	模糊	móhu
513	模式	móshì
514	摩擦	mócā

515	摩托	mótuō
516	模样	múyàng
517	目光	mùguāng
518	耐心	nàixīn
519	男性	nánxìng
520	南北	nánběi
521	南极	nánjí
522	难得	nándé
523	难以	nányǐ
524	脑子	nǎozi
525	内在	nèizài
526	能量	néngliàng
527	年度	niándù
528	年龄	niánlíng
529	年前	niánqián
530	牛（形）	niú
531	牛仔裤	niúzǎikù
532	农产品	nóngchǎnpǐn
533	女性	nǚxìng
534	暖	nuǎn
535	偶尔	ǒu'ěr
536	偶然	ǒurán
537	偶像	ǒuxiàng
538	拍摄	pāishè
539	排除	páichú
540	旁	páng
541	陪	péi
542	赔	péi
543	赔偿	péicháng
544	配备	pèibèi
545	配套	pèi//tào
546	喷	pēn
547	盆	pén
548	披	pī
549	皮肤	pífū
550	皮鞋	píxié
551	脾气	píqi
552	匹	pǐ
553	骗	piàn
554	骗子	piànzi
555	拼	pīn
556	频道	píndào
557	频繁	pínfán
558	品	pǐn
559	品（工艺品）	pǐn (gōngyìpǐn)
560	品种	pǐnzhǒng
561	平坦	píngtǎn
562	平原	píngyuán
563	评估	pínggū
564	评论	pínglùn
565	凭	píng
566	泼	pō
567	葡萄	pútao
568	葡萄酒	pútaojiǔ
569	期望	qīwàng
570	齐全	qíquán
571	其	qí
572	启动	qǐdòng
573	启发	qǐfā
574	启事	qǐshì
575	起到	qǐdào
576	起码	qǐmǎ
577	气体	qìtǐ
578	气象	qìxiàng
579	签（动）	qiān
580	签订	qiāndìng
581	签名	qiān//míng
582	签约	qiān//yuē
583	签证	qiānzhèng
584	签字	qiān//zì
585	前景	qiánjǐng
586	前提	qiántí
587	欠	qiàn
588	枪	qiāng
589	强度	qiángdù
590	墙壁	qiángbì
591	抢	qiǎng
592	抢救	qiǎngjiù
593	强迫	qiǎngpò
594	悄悄	qiāoqiāo
595	敲	qiāo
596	敲门	qiāo mén
597	瞧	qiáo
598	琴	qín

599	勤奋	qínfèn
600	青	qīng
601	清晨	qīngchén
602	清理	qīnglǐ
603	情节	qíngjié
604	情形	qíngxing
605	晴朗	qínglǎng
606	区域	qūyù
607	全都	quándōu
608	全世界	quán shìjiè
609	泉	quán
610	劝	quàn
611	缺乏	quēfá
612	确立	quèlì
613	群体	qúntǐ
614	群众	qúnzhòng
615	染	rǎn
616	绕	rào
617	热量	rèliàng
618	热门	rèmén
619	人间	rénjiān
620	人力	rénlì
621	人士	rénshì
622	人物	rénwù
623	忍	rěn
624	忍不住	rěn bu zhù
625	忍受	rěnshòu
626	认	rèn
627	认定	rèndìng
628	扔	rēng
629	仍旧	réngjiù
630	如此	rúcǐ
631	如同	rútóng
632	如下	rúxià
633	入门	rù//mén
634	软	ruǎn
635	软件	ruǎnjiàn
636	洒	sǎ
637	散	sǎn
638	散文	sǎnwén
639	杀	shā
640	杀毒	shā//dú
641	沙漠	shāmò
642	傻	shǎ
643	山区	shānqū
644	扇	shān
645	扇	shàn
646	扇子	shànzi
647	商标	shāngbiāo
648	上级	shàngjí
649	上下	shàngxià
650	上涨	shàngzhǎng
651	稍	shāo
652	稍微	shāowēi
653	蛇	shé
654	舍不得	shěbude
655	舍得	shěde
656	设想	shèxiǎng
657	社	shè
658	社区	shèqū
659	射	shè
660	射击	shèjī
661	摄像	shèxiàng
662	摄像机	shèxiàngjī
663	摄影	shèyǐng
664	摄影师	shèyǐngshī
665	伸	shēn
666	深处	shēnchù
667	深度	shēndù
668	神	shén
669	神经	shénjīng
670	神奇	shénqí
671	神情	shénqíng
672	升高	shēnggāo
673	生成	shēngchéng
674	声	shēng
675	胜负	shèngfù
676	剩	shèng
677	剩下	shèngxia
678	失误	shīwù
679	师傅	shīfu
680	诗歌	shīgē
681	十足	shízú
682	时常	shícháng

683	时光	shíguāng
684	时机	shíjī
685	时事	shíshì
686	实惠	shíhuì
687	拾	shí
688	使得	shǐde
689	示范	shìfàn
690	式	shì
691	势力	shìlì
692	试图	shìtú
693	视频	shìpín
694	视为	shìwéi
695	收购	shōugòu
696	收集	shōují
697	收拾	shōushi
698	手段	shǒuduàn
699	手法	shǒufǎ
700	寿司	shòusī
701	受灾	shòu//zāi
702	瘦	shòu
703	书法	shūfǎ
704	书柜	shūguì
705	书桌	shūzhuō
706	输出	shūchū
707	蔬菜	shūcài
708	熟悉	shúxi
709	鼠	shǔ
710	鼠标	shǔbiāo
711	数目	shùmù
712	摔	shuāi
713	摔倒	shuāidǎo
714	率领	shuàilǐng
715	双手	shuāng shǒu
716	水产品	shuǐchǎnpǐn
717	水分	shuǐfèn
718	水库	shuǐkù
719	水灾	shuǐzāi
720	睡眠	shuìmián
721	说法	shuō·fǎ
722	硕士	shuòshì
723	私人	sīrén
724	思维	sīwéi
725	四周	sìzhōu
726	搜	sōu
727	搜索	sōusuǒ
728	宿舍	sùshè
729	酸甜苦辣	suān-tián-kǔ-là
730	随后	suíhòu
731	随意	suí//yì
732	随着	suízhe
733	岁月	suìyuè
734	碎	suì
735	损害	sǔnhài
736	损失	sǔnshī
737	所在	suǒzài
738	锁	suǒ
739	台风	táifēng
740	抬	tái
741	抬头	tái//tóu
742	太空	tàikōng
743	弹	tán
744	逃	táo
745	逃跑	táopǎo
746	逃走	táozǒu
747	桃	táo
748	桃花	táohuā
749	桃树	táoshù
750	讨厌	tǎo//yàn
751	特定	tèdìng
752	特性	tèxìng
753	特有	tèyǒu
754	提倡	tíchàng
755	提起	tíqǐ
756	提示	tíshì
757	题材	tícái
758	体积	tǐjī
759	体力	tǐlì
760	天才	tiāncái
761	天然气	tiānránqì
762	天文	tiānwén
763	调节	tiáojié
764	调解	tiáojiě
765	厅	tīng
766	停留	tíngliú

767	通用	tōngyòng
768	偷	tōu
769	偷偷	tōutōu
770	突破	tūpò
771	土豆	tǔdòu
772	吐	tǔ
773	吐	tù
774	兔	tù
775	团长	tuánzhǎng
776	推行	tuīxíng
777	脱离	tuōlí
778	外界	wàijiè
779	完了	wánle
780	微博	wēibó
781	为难	wéinán
782	为期	wéiqī
783	为止	wéizhǐ
784	为主	wéizhǔ
785	违法	wéi∥fǎ
786	违反	wéifǎn
787	违规	wéi∥guī
788	围绕	wéirào
789	唯一	wéiyī
790	委托	wěituō
791	卫星	wèixīng
792	胃	wèi
793	慰问	wèiwèn
794	温和	wēnhé
795	文艺	wényì
796	卧室	wòshì
797	握	wò
798	污染	wūrǎn
799	污水	wūshuǐ
800	屋	wū
801	无奈	wúnài
802	无疑	wúyí
803	舞	wǔ
804	物价	wùjià
805	物业	wùyè
806	物质	wùzhì
807	误解	wùjiě
808	西红柿	xīhóngshì
809	西装	xīzhuāng
810	喜剧	xǐjù
811	戏	xì
812	戏剧	xìjù
813	吓	xià
814	先后	xiānhòu
815	先前	xiānqián
816	鲜艳	xiānyàn
817	闲	xián
818	显	xiǎn
819	现有	xiànyǒu
820	现状	xiànzhuàng
821	线索	xiànsuǒ
822	献	xiàn
823	乡	xiāng
824	乡村	xiāngcūn
825	相等	xiāngděng
826	相应	xiāngyìng
827	香肠	xiāngcháng
828	详细	xiángxì
829	享受	xiǎngshòu
830	向导	xiàngdǎo
831	向前	xiàng qián
832	向上	xiàngshàng
833	相声	xiàngsheng
834	象征	xiàngzhēng
835	消除	xiāochú
836	消毒	xiāo∥dú
837	消防	xiāofáng
838	消费者	xiāofèizhě
839	消极	xiāojí
840	小偷儿	xiǎotōur
841	歇	xiē
842	协议	xiéyì
843	协议书	xiéyìshū
844	斜	xié
845	心态	xīntài
846	心疼	xīnténg
847	辛苦	xīnkǔ
848	欣赏	xīnshǎng
849	信念	xìnniàn
850	信箱	xìnxiāng

851	行驶	xíngshǐ
852	形态	xíngtài
853	性能	xìngnéng
854	雄伟	xióngwěi
855	熊	xióng
856	休闲	xiūxián
857	修复	xiūfù
858	修建	xiūjiàn
859	修养	xiūyǎng
860	虚心	xūxīn
861	许可	xǔkě
862	选修	xuǎnxiū
863	学科	xuékē
864	学位	xuéwèi
865	学者	xuézhě
866	寻求	xúnqiú
867	询问	xúnwèn
868	押金	yājīn
869	鸭子	yāzi
870	亚军	yàjūn
871	延伸	yánshēn
872	严厉	yánlì
873	严肃	yánsù
874	言语	yányǔ
875	研究所	yánjiūsuǒ
876	眼光	yǎnguāng
877	邀请	yāoqǐng
878	摇头	yáo//tóu
879	咬	yǎo
880	也好	yěhǎo
881	业务	yèwù
882	夜间	yèjiān
883	一流	yīliú
884	依法	yīfǎ
885	依旧	yījiù
886	依据	yījù
887	依照	yīzhào
888	一辈子	yíbèizi
889	一带	yídài
890	一旦	yídàn
891	一句话	yí jù huà
892	一路	yílù
893	一下儿（副）	yíxiàr
894	一下子	yíxiàzi
895	一向	yíxiàng
896	乙	yǐ
897	以便	yǐbiàn
898	以往	yǐwǎng
899	一口气	yìkǒuqì
900	一身	yìshēn
901	意识	yì·shí
902	意味着	yìwèizhe
903	意志	yìzhì
904	因而	yīn'ér
905	饮料	yǐnliào
906	饮食	yǐnshí
907	印刷	yìnshuā
908	应	yìng
909	硬	yìng
910	硬件	yìngjiàn
911	拥抱	yōngbào
912	拥有	yōngyǒu
913	用不着	yòngbuzháo
914	用户	yònghù
915	用来	yònglái
916	用于	yòngyú
917	优惠	yōuhuì
918	优先	yōuxiān
919	幽默	yōumò
920	尤其	yóuqí
921	由此	yóu cǐ
922	犹豫	yóuyù
923	游泳池	yóuyǒngchí
924	友谊	yǒuyì
925	有毒	yǒu dú
926	有害	yǒu hài
927	有力	yǒulì
928	有利于	yǒulì yú
929	有着	yǒuzhe
930	羽毛球	yǔmáoqiú
931	羽绒服	yǔróngfú
932	雨水	yǔshuǐ
933	预备	yùbèi
934	预期	yùqī

935	元旦	Yuándàn
936	园林	yuánlín
937	原理	yuánlǐ
938	原始	yuánshǐ
939	原先	yuánxiān
940	原有	yuányǒu
941	远处	yuǎnchù
942	怨	yuàn
943	愿	yuàn
944	约束	yuēshù
945	月饼	yuèbing
946	月球	yuèqiú
947	阅览室	yuèlǎnshì
948	运	yùn
949	运行	yùnxíng
950	灾	zāi
951	灾害	zāihài
952	灾难	zāinàn
953	灾区	zāiqū
954	再次	zàicì
955	再也	zài yě
956	在场	zàichǎng
957	在内	zàinèi
958	暂时	zànshí
959	暂停	zàntíng
960	糟	zāo
961	糟糕	zāogāo
962	早期	zǎoqī
963	增	zēng
964	增产	zēng//chǎn
965	增大	zēngdà
966	增多	zēngduō
967	增强	zēngqiáng
968	赠	zèng
969	赠送	zèngsòng
970	摘	zhāi
971	展览	zhǎnlǎn
972	展示	zhǎnshì
973	展现	zhǎnxiàn
974	占领	zhànlǐng
975	占有	zhànyǒu
976	涨	zhǎng
977	涨价	zhǎng//jià
978	掌握	zhǎngwò
979	招生	zhāo//shēng
980	招手	zhāo//shǒu
981	珍贵	zhēnguì
982	珍惜	zhēnxī
983	珍珠	zhēnzhū
984	真诚	zhēnchéng
985	真理	zhēnlǐ
986	真相	zhēnxiàng
987	诊断	zhěnduàn
988	振动	zhèndòng
989	震惊	zhènjīng
990	争议	zhēngyì
991	正版	zhèngbǎn
992	正规	zhèngguī
993	正如	zhèngrú
994	正义	zhèngyì
995	证实	zhèngshí
996	证书	zhèngshū
997	挣	zhèng
998	挣钱	zhèng//qián
999	之内	zhīnèi
1000	之外	zhīwài
1001	之下	zhīxià
1002	之中	zhīzhōng
1003	支出	zhīchū
1004	支配	zhīpèi
1005	执行	zhíxíng
1006	直线	zhíxiàn
1007	值班	zhí//bān
1008	职能	zhínéng
1009	职位	zhíwèi
1010	职务	zhíwù
1011	只不过	zhǐbúguò
1012	只见	zhǐ jiàn
1013	指标	zhǐbiāo
1014	指甲	zhǐjia
1015	指示	zhǐshì
1016	指责	zhǐzé
1017	至	zhì
1018	制成	zhìchéng

1019	制约	zhìyuē
1020	治安	zhì'ān
1021	治理	zhìlǐ
1022	中断	zhōngduàn
1023	中秋节	Zhōngqiū Jié
1024	中央	zhōngyāng
1025	中药	zhōngyào
1026	终点	zhōngdiǎn
1027	终身	zhōngshēn
1028	终止	zhōngzhǐ
1029	中毒	zhòng//dú
1030	众多	zhòngduō
1031	周期	zhōuqī
1032	竹子	zhúzi
1033	主办	zhǔbàn
1034	主导	zhǔdǎo
1035	主观	zhǔguān
1036	主管	zhǔguǎn
1037	主体	zhǔtǐ
1038	助理	zhùlǐ
1039	助手	zhùshǒu
1040	注册	zhù//cè
1041	注射	zhùshè
1042	注视	zhùshì
1043	注重	zhùzhòng
1044	祝贺	zhùhè
1045	专辑	zhuānjí
1046	专利	zhuānlì
1047	转化	zhuǎnhuà
1048	转换	zhuǎnhuàn
1049	转让	zhuǎnràng
1050	转向	zhuǎnxiàng
1051	装饰	zhuāngshì
1052	撞	zhuàng
1053	资本	zīběn
1054	资产	zīchǎn
1055	资助	zīzhù
1056	子弹	zǐdàn
1057	仔细	zǐxì
1058	紫	zǐ
1059	自豪	zìháo
1060	自杀	zìshā
1061	自愿	zìyuàn
1062	总裁	zǒngcái
1063	总数	zǒngshù
1064	总算	zǒngsuàn
1065	总体	zǒngtǐ
1066	阻碍	zǔ'ài
1067	组织	zǔzhī
1068	醉	zuì
1069	尊敬	zūnjìng
1070	尊重	zūnzhòng
1071	遵守	zūnshǒu

6.6 六级词汇表

1	挨着	āizhe
2	挨	ái
3	挨打	áidǎ
4	安检	ānjiǎn
5	罢工	bà//gōng
6	罢了	bàle
7	白领	báilǐng
8	百分点	bǎifēndiǎn
9	办公	bàn//gōng
10	办事处	bànshìchù
11	办学	bànxué
12	半决赛	bànjuésài
13	傍晚	bàngwǎn
14	保健	bǎojiàn
15	报刊	bàokān
16	报考	bàokǎo
17	抱歉	bàoqiàn
18	暴风雨	bàofēngyǔ
19	暴力	bàolì
20	暴露	bàolù
21	暴雨	bàoyǔ
22	爆	bào
23	爆发	bàofā
24	爆炸	bàozhà

序号	词语	拼音
25	悲惨	bēicǎn
26	背心	bèixīn
27	背着	bèizhe
28	被告	bèigào
29	奔跑	bēnpǎo
30	本（代、副）	běn
31	本地	běndì
32	本期	běn qī
33	本身	běnshēn
34	本土	běntǔ
35	本质	běnzhì
36	逼	bī
37	笔试	bǐshì
38	必将	bìjiāng
39	必修	bìxiū
40	闭	bì
41	边缘	biānyuán
42	编制	biānzhì
43	扁	biǎn
44	变更	biàngēng
45	变换	biànhuàn
46	变形	biàn//xíng
47	便	biàn
48	便是	biàn shì
49	遍地	biàndì
50	表面上	biǎomiàn shang
51	病房	bìngfáng
52	病情	bìngqíng
53	拨打	bōdǎ
54	波动	bōdòng
55	波浪	bōlàng
56	播	bō
57	不便	búbiàn
58	不见	újiàn
59	不料	búliào
60	不再	búzài
61	不至于	búzhìyú
62	补考	bǔkǎo
63	补课	bǔ//kè
64	补习	bǔxí
65	补助	bǔzhù
66	捕	bǔ
67	不成	bùchéng
68	不禁	bùjīn
69	不仅仅	bù jǐnjǐn
70	不通	bùtōng
71	不怎么	bùzěnme
72	不怎么样	bùzěnmeyàng
73	不值	bùzhí
74	布满	bùmǎn
75	部队	bùduì
76	采纳	cǎinà
77	踩	cǎi
78	参赛	cānsài
79	参展	cānzhǎn
80	餐	cān
81	残疾	cán·jí
82	残疾人	cán·jírén
83	残酷	cánkù
84	惨	cǎn
85	仓库	cāngkù
86	藏	cáng
87	操纵	cāozòng
88	厕所	cèsuǒ
89	侧	cè
90	测定	cèdìng
91	策划	cèhuà
92	策略	cèlüè
93	层面	céngmiàn
94	差异	chāyì
95	查出	cháchū
96	查看	chákàn
97	拆迁	chāiqiān
98	产量	chǎnliàng
99	昌盛	chāngshèng
100	长短	chángduǎn
101	长假	chángjià
102	长久	chángjiǔ
103	长跑	chángpǎo
104	长远	chángyuǎn
105	常规	chángguī
106	常年	chángnián
107	厂商	chǎngshāng
108	场地	chǎngdì

109	场馆	chǎngguǎn
110	场景	chǎngjǐng
111	畅通	chàngtōng
112	超	chāo
113	超出	chāochū
114	炒	chǎo
115	炒股	chǎo∥gǔ
116	炒作	chǎozuò
117	车号	chēhào
118	车牌	chēpái
119	车展	chēzhǎn
120	撤离	chèlí
121	撤销	chèxiāo
122	撑	chēng
123	成（量）	chéng
124	成分	chéngfèn
125	成品	chéngpǐn
126	承诺	chéngnuò
127	城区	chéngqū
128	城乡	chéng xiāng
129	城镇	chéngzhèn
130	持有	chíyǒu
131	冲击	chōngjī
132	重建	chóngjiàn
133	重组	chóngzǔ
134	崇拜	chóngbài
135	宠物	chǒngwù
136	冲	chòng
137	出场	chū∥chǎng
138	出动	chūdòng
139	出访	chūfǎng
140	出路	chūlù
141	出面	chū∥miàn
142	出名	chū∥míng
143	出入	chūrù
144	出事	chū∥shì
145	出台	chū∥tái
146	出行	chūxíng
147	初等	chūděng
148	除	chú
149	厨师	chúshī
150	储存	chǔcún
151	处处	chùchù
152	处长	chùzhǎng
153	传出	chuánchū
154	传媒	chuánméi
155	传输	chuánshū
156	传言	chuányán
157	船员	chuányuán
158	船长	chuánzhǎng
159	船只	chuánzhī
160	串	chuàn
161	窗口	chuāngkǒu
162	创办	chuàngbàn
163	创建	chuàngjiàn
164	创意	chuàngyì
165	此处	cǐ chù
166	此次	cǐ cì
167	此前	cǐqián
168	此事	cǐshì
169	此致	cǐzhì
170	次数	cìshù
171	从不	cóng bù
172	从没	cóng méi
173	醋	cù
174	村庄	cūnzhuāng
175	错过	cuòguò
176	搭	dā
177	搭档	dādàng
178	搭配	dāpèi
179	打动	dǎdòng
180	打断	dǎduàn
181	打发	dǎfa
182	打官司	dǎ guānsi
183	打牌	dǎpái
184	打印机	dǎyìnjī
185	打造	dǎzào
186	大道	dàdào
187	大街	dàjiē
188	大力	dàlì
189	大米	dàmǐ
190	大批	dàpī
191	大赛	dàsài
192	大师	dàshī

193	大使	dàshǐ
194	待会儿	dāihuìr
195	担忧	dānyōu
196	单打	dāndǎ
197	诞生	dànshēng
198	党	dǎng
199	当	dàng
200	当成	dàngchéng
201	当天	dàngtiān
202	当作	dàngzuò
203	档	dàng
204	档案	dàng'àn
205	岛	dǎo
206	到期	dào//qī
207	盗版	dàobǎn
208	道教	Dàojiào
209	道歉	dào//qiàn
210	低头	dī//tóu
211	低温	dīwēn
212	滴	dī
213	抵达	dǐdá
214	抵抗	dǐkàng
215	地板	dìbǎn
216	地名	dìmíng
217	地下室	dìxiàshì
218	电车	diànchē
219	电动	diàndòng
220	电力	diànlì
221	电器	diànqì
222	吊	diào
223	调研	diàoyán
224	跌	diē
225	定价	dìngjià
226	定时	dìngshí
227	定位	dìng//wèi
228	动画	dònghuà
229	斗争	dòuzhēng
230	都市	dūshì
231	毒品	dúpǐn
232	赌	dǔ
233	赌博	dǔbó
234	渡	dù
235	端	duān
236	端午节	Duānwǔ Jié
237	短片	duǎnpiàn
238	队伍	duìwu
239	对抗	duìkàng
240	对外	duìwài
241	蹲	dūn
242	多半	duōbàn
243	多方面	duō fāngmiàn
244	多媒体	duōméitǐ
245	夺	duó
246	夺取	duóqǔ
247	恩人	ēnrén
248	儿科	érkē
249	发病	fā//bìng
250	发电	fā//diàn
251	发放	fāfàng
252	发怒	fā//nù
253	发起	fāqǐ
254	发言人	fāyánrén
255	发炎	fāyán
256	法庭	fǎtíng
257	法语	Fǎyǔ
258	番	fān
259	番茄	fānqié
260	凡是	fánshì
261	繁殖	fánzhí
262	反抗	fǎnkàng
263	反问	fǎnwèn
264	反响	fǎnxiǎng
265	犯	fàn
266	犯规	fàn//guī
267	犯罪	fàn//zuì
268	防范	fángfàn
269	防守	fángshǒu
270	房价	fángjià
271	仿佛	fǎngfú
272	飞船	fēichuán
273	飞行员	fēixíngyuán
274	肺	fèi
275	分工	fēn//gōng
276	分裂	fēnliè

277	愤怒	fènnù
278	风暴	fēngbào
279	峰会	fēnghuì
280	奉献	fèngxiàn
281	佛	fó
282	佛教	Fójiào
283	服	fú
284	浮	fú
285	父女	fùnǚ
286	父子	fùzǐ
287	负	fù
288	妇女	fùnǚ
289	复苏	fùsū
290	副（形）	fù
291	副（量）	fù
292	富人	fùrén
293	富有	fùyǒu
294	改装	gǎizhuāng
295	干涉	gānshè
296	肝	gān
297	杆	gǎn
298	赶不上	gǎnbushàng
299	赶忙	gǎnmáng
300	赶上	gǎn//·shàng
301	敢于	gǎnyú
302	感人	gǎnrén
303	刚好	gānghǎo
304	岗位	gǎngwèi
305	港口	gǎngkǒu
306	高层	gāocéng
307	高档	gāodàng
308	高等	gāoděng
309	高峰	gāofēng
310	高考	gāokǎo
311	高科技	gāokējì
312	高手	gāoshǒu
313	稿子	gǎozi
314	歌唱	gēchàng
315	歌词	gēcí
316	歌星	gēxīng
317	革新	géxīn
318	更是	gèng shì
319	工商	gōngshāng
320	公	gōng
321	公安	gōng'ān
322	公鸡	gōngjī
323	公众	gōngzhòng
324	公主	gōngzhǔ
325	攻击	gōngjī
326	供给	gōngjǐ
327	宫	gōng
328	巩固	gǒnggù
329	贡献	gòngxiàn
330	构建	gòujiàn
331	孤独	gūdú
332	孤儿	gū'ér
333	姑姑	gūgu
334	古典	gǔdiǎn
335	股	gǔ
336	股东	gǔdōng
337	股票	gǔpiào
338	故障	gùzhàng
339	顾	gù
340	刮	guā
341	拐	guǎi
342	关爱	guān'ài
343	关联	guānlián
344	观光	guānguāng
345	官司	guānsi
346	管道	guǎndào
347	光辉	guānghuī
348	广阔	guǎngkuò
349	轨道	guǐdào
350	跪	guì
351	国产	guóchǎn
352	国歌	guógē
353	国会	guóhuì
354	国旗	guóqí
355	国王	guówáng
356	果酱	guǒjiàng
357	果树	guǒshù
358	过渡	guòdù
359	过后	guòhòu
360	过时	guòshí

361	海报	hǎibào
362	海底	hǎidǐ
363	海军	hǎijūn
364	海浪	hǎilàng
365	海外	hǎiwài
366	海湾	hǎiwān
367	海洋	hǎiyáng
368	好（不）容易	hǎo(bù)róngyì
369	好似	hǎosì
370	好转	hǎozhuǎn
371	好学	hàoxué
372	合约	héyuē
373	和谐	héxié
374	核心	héxīn
375	黑夜	hēiyè
376	很难说	hěn nánshuō
377	狠	hěn
378	横	héng
379	衡量	héngliáng
380	宏大	hóngdà
381	洪水	hóngshuǐ
382	忽略	hūlüè
383	壶	hú
384	互动	hùdòng
385	户外	hùwài
386	护	hù
387	花费	huāfèi
388	花瓶	huāpíng
389	花生	huāshēng
390	化解	huàjiě
391	幻想	huànxiǎng
392	患者	huànzhě
393	皇帝	huángdì
394	回应	huíyìng
395	毁	huǐ
396	会见	huìjiàn
397	会长	huìzhǎng
398	绘画	huìhuà
399	昏	hūn
400	混	hùn
401	混合	hùnhé
402	混乱	hùnluàn
403	活跃	huóyuè
404	火箭	huǒjiàn
405	机动车	jīdòngchē
406	机关	jīguān
407	机械	jīxiè
408	基督教	Jīdūjiào
409	激情	jīqíng
410	吉利	jílì
411	吉祥	jíxiáng
412	极端	jíduān
413	急救	jíjiù
414	疾病	jíbìng
415	集	jí
416	给予	jǐyǔ
417	加盟	jiāméng
418	家电	jiādiàn
419	家园	jiāyuán
420	嘉宾	jiābīn
421	假日	jiàrì
422	尖	jiān
423	监测	jiāncè
424	监督	jiāndū
425	捡	jiǎn
426	简介	jiǎnjiè
427	剑	jiàn
428	鉴定	jiàndìng
429	箭	jiàn
430	将军	jiāngjūn
431	讲课	jiǎng//kè
432	酱	jiàng
433	酱油	jiàngyóu
434	骄傲	jiāo'ào
435	焦点	jiāodiǎn
436	脚印	jiǎoyìn
437	觉	jiào
438	教堂	jiàotáng
439	教育部	jiàoyùbù
440	接收	jiēshōu
441	揭	jiē
442	街头	jiētóu
443	节（动）	jié
444	节假日	jiéjiàrì

445	节能	jiénéng
446	节奏	jiézòu
447	杰出	jiéchū
448	截止	jiézhǐ
449	截至	jiézhì
450	解	jiě
451	解说	jiěshuō
452	界	jiè
453	界（文艺界）	jiè (wényìjiè)
454	借鉴	jièjiàn
455	金额	jīn'é
456	金钱	jīnqián
457	金融	jīnróng
458	尽	jìn
459	进攻	jìngōng
460	近日	jìnrì
461	近视	jìnshì
462	惊人	jīngrén
463	惊喜	jīngxǐ
464	精	jīng
465	精美	jīngměi
466	精品	jīngpǐn
467	井	jǐng
468	景	jǐng
469	景点	jǐngdiǎn
470	净	jìng
471	纠纷	jiūfēn
472	纠正	jiūzhèng
473	酒水	jiǔshuǐ
474	救命	jiù∥mìng
475	救援	jiùyuán
476	救助	jiùzhù
477	就是说	jiùshìshuō
478	就算	jiùsuàn
479	局（量）	jú
480	剧	jù
481	据	jù
482	捐	juān
483	捐款	juānkuǎn
484	捐赠	juānzèng
485	捐助	juānzhù
486	决策	juécè
487	觉悟	juéwù
488	绝	jué
489	绝大多数	jué dàduōshù
490	军队	jūnduì
491	军舰	jūnjiàn
492	军事	jūnshì
493	开创	kāichuàng
494	开关	kāiguān
495	开设	kāishè
496	开通	kāitōng
497	开头	kāitóu
498	开夜车	kāi yèchē
499	看	kān
500	看管	kānguǎn
501	看得见	kàndejiàn
502	看得起	kàndeqǐ
503	看好	kànhǎo
504	看作	kànzuò
505	康复	kāngfù
506	抗议	kàngyì
507	考场	kǎochǎng
508	考题	kǎotí
509	科研	kēyán
510	客车	kèchē
511	肯	kěn
512	空军	kōngjūn
513	口试	kǒushì
514	扣	kòu
515	酷	kù
516	跨	kuà
517	快车	kuàichē
518	宽阔	kuānkuò
519	矿	kuàng
520	阔	kuò
521	啦	la
522	来往	láiwǎng
523	赖	lài
524	栏目	lánmù
525	蓝领	lánlǐng
526	蓝天	lán tiān
527	懒	lǎn
528	牢	láo

529	老乡	lǎoxiāng
530	冷气	lěngqì
531	冷水	lěngshuǐ
532	礼堂	lǐtáng
533	理	lǐ
534	理财	lǐ∥cái
535	理智	lǐzhì
536	力（影响力）	lì (yǐngxiǎnglì)
537	利	lì
538	联盟	liánméng
539	联赛	liánsài
540	联手	liánshǒu
541	凉鞋	liángxié
542	两侧	liǎngcè
543	两手	liǎngshǒu
544	聊	liáo
545	聊天儿	liáo∥tiānr
546	料（动）	liào
547	料（名）	liào
548	裂	liè
549	灵活	línghuó
550	领取	lǐngqǔ
551	领袖	lǐngxiù
552	另	lìng
553	留言	liúyán
554	流感	liúgǎn
555	楼道	lóudào
556	楼房	lóufáng
557	露	lòu
558	陆军	lùjūn
559	录像	lùxiàng
560	录音机	lùyīnjī
561	路过	lùguò
562	露	lù
563	旅店	lǚdiàn
564	绿化	lǜhuà
565	马车	mǎchē
566	嘛	ma
567	埋	mái
568	馒头	mántou
569	慢车	mànchē
570	盲人	mángrén
571	梅花	méihuā
572	美容	měiróng
573	蒙	mēng
574	蒙	méng
575	猛	měng
576	棉	mián
577	免得	miǎnde
578	面对面	miànduìmiàn
579	面向	miànxiàng
580	妙	miào
581	灭	miè
582	民歌	míngē
583	民工	míngōng
584	民警	mínjǐng
585	民意	mínyì
586	民主	mínzhǔ
587	名额	míng'é
588	名胜	míngshèng
589	名义	míngyì
590	名誉	míngyù
591	明日	míngrì
592	命（名）	mìng
593	膜	mó
594	磨	mó
595	没收	mòshōu
596	墨水	mòshuǐ
597	母	mǔ
598	母鸡	mǔjī
599	母女	mǔnǚ
600	母子	mǔzǐ
601	墓	mù
602	拿走	názǒu
603	奶粉	nǎifěn
604	奶牛	nǎiniú
605	难忘	nánwàng
606	内地	nèidì
607	内外	nèiwài
608	内衣	nèiyī
609	能否	néngfǒu
610	泥	ní
611	扭	niǔ
612	排行榜	páihángbǎng

613	派出	pàichū
614	判	pàn
615	盼望	pànwàng
616	泡	pào
617	炮	pào
618	陪同	péitóng
619	配置	pèizhì
620	皮球	píqiú
621	偏	piān
622	贫困	pínkùn
623	品牌	pǐnpái
624	聘请	pìnqǐng
625	平凡	píngfán
626	平方米	píngfāngmǐ
627	平衡	pínghéng
628	平台	píngtái
629	评	píng
630	评选	píngxuǎn
631	屏幕	píngmù
632	坡	pō
633	扑	pū
634	铺	pū
635	欺负	qīfu
636	奇妙	qímiào
637	企图	qǐtú
638	起点	qǐdiǎn
639	起诉	qǐsù
640	气氛	qì·fēn
641	恰当	qiàdàng
642	恰好	qiàhǎo
643	恰恰	qiàqià
644	牵	qiān
645	铅笔	qiānbǐ
646	谦虚	qiānxū
647	前方	qiánfāng
648	前来	qiánlái
649	潜力	qiánlì
650	强盗	qiángdào
651	强化	qiánghuà
652	强势	qiángshì
653	强壮	qiángzhuàng
654	桥梁	qiáoliáng
655	巧妙	qiǎomiào
656	茄子	qiézi
657	切实	qièshí
658	侵犯	qīnfàn
659	亲属	qīnshǔ
660	亲眼	qīnyǎn
661	倾向	qīngxiàng
662	清	qīng
663	清洁	qīngjié
664	清洁工	qīngjiégōng
665	清明节	Qīngmíng Jié
666	清洗	qīngxǐ
667	情绪	qíngxù
668	求职	qiúzhí
669	球拍	qiúpāi
670	球星	qiúxīng
671	球员	qiúyuán
672	区分	qūfēn
673	渠道	qúdào
674	取款	qǔkuǎn
675	取款机	qǔkuǎnjī
676	去掉	qùdiào
677	权	quán
678	权力	quánlì
679	全力	quánlì
680	全新	quánxīn
681	券	quàn
682	缺陷	quēxiàn
683	却是	què shì
684	让座	ràng//zuò
685	热点	rèdiǎn
686	热水	rèshuǐ
687	热水器	rèshuǐqì
688	热线	rèxiàn
689	人权	rénquán
690	认同	rèntóng
691	日夜	rìyè
692	日语	Rìyǔ
693	融合	rónghé
694	融入	róngrù
695	如	rú
696	如一	rúyī

697	乳制品	rǔzhìpǐn
698	入	rù
699	入学	rù//xué
700	若	ruò
701	塞	sāi
702	赛	sài
703	赛场	sàichǎng
704	三明治	sānmíngzhì
705	丧失	sàngshī
706	山峰	shānfēng
707	山谷	shāngǔ
708	山坡	shānpō
709	伤口	shāngkǒu
710	伤亡	shāngwáng
711	伤员	shāngyuán
712	商城	shāngchéng
713	上当	shàng//dàng
714	上帝	Shàngdì
715	上市	shàng//shì
716	上台	shàng//tái
717	上演	shàngyǎn
718	勺	sháo
719	少儿	shào'ér
720	舌头	shétou
721	设计师	shèjìshī
722	涉及	shèjí
723	深化	shēnhuà
724	深深	shēnshēn
725	审查	shěnchá
726	升级	shēng//jí
727	升学	shēng//xué
728	升值	shēngzhí
729	生活费	shēnghuófèi
730	省钱	shěng//qián
731	圣诞节	Shèngdàn Jié
732	盛行	shèngxíng
733	师父	shīfu
734	师生	shīshēng
735	时而	shí'ér
736	时节	shíjié
737	时期	shíqī
738	时时	shíshí
739	时装	shízhuāng
740	识	shí
741	识字	shí//zì
742	实践	shíjiàn
743	食欲	shíyù
744	市民	shìmín
745	事后	shìhòu
746	试点	shìdiǎn
747	适当	shìdàng
748	收藏	shōucáng
749	收取	shōuqǔ
750	收养	shōuyǎng
751	手续费	shǒuxùfèi
752	首（名）	shǒu
753	首次	shǒucì
754	首脑	shǒunǎo
755	首席	shǒuxí
756	首相	shǒuxiàng
757	书房	shūfáng
758	薯片	shǔpiàn
759	薯条	shǔtiáo
760	双打	shuāngdǎ
761	爽	shuǎng
762	水泥	shuǐní
763	税	shuì
764	顺	shùn
765	说明书	shuōmíngshū
766	说实话	shuō shíhuà
767	司长	sīzhǎng
768	死亡	sǐwáng
769	四处	sìchù
770	寺	sì
771	送礼	sòng//lǐ
772	送行	sòng//xíng
773	素质	sùzhì
774	算了	suànle
775	算是	suànshì
776	虽	suī
777	岁数	suìshu
778	所（助）	suǒ
779	踏实	tāshi
780	塔	tǎ

781	踏	tà
782	台灯	táidēng
783	太阳能	tàiyángnéng
784	叹气	tàn//qì
785	探索	tànsuǒ
786	探讨	tàntǎo
787	趟	tàng
788	掏	tāo
789	特	tè
790	特大	tèdà
791	特地	tèdì
792	特快	tèkuài
793	特意	tèyì
794	疼痛	téngtòng
795	踢	tī
796	提交	tíjiāo
797	提升	tíshēng
798	天然	tiānrán
799	天堂	tiāntáng
800	天下	tiānxià
801	添	tiān
802	田	tián
803	田径	tiánjìng
804	跳水	tiàoshuǐ
805	听取	tīngqǔ
806	通报	tōngbào
807	通道	tōngdào
808	通红	tōnghóng
809	通话	tōng//huà
810	通行	tōngxíng
811	通讯	tōngxùn
812	同	tóng
813	同胞	tóngbāo
814	同行	tóngháng
815	同期	tóngqī
816	同一	tóngyī
817	铜牌	tóngpái
818	头疼	tóuténg
819	投票	tóu//piào
820	透露	tòulù
821	图书	túshū
822	徒弟	tú·dì
823	途径	tújìng
824	土（形）	tǔ
825	团队	tuánduì
826	推出	tuīchū
827	退票	tuì//piào
828	吞	tūn
829	托	tuō
830	拖	tuō
831	拖鞋	tuōxié
832	挖	wā
833	娃娃	wáwa
834	哇	wa
835	外币	wàibì
836	外部	wàibù
837	外出	wàichū
838	外观	wàiguān
839	外科	wàikē
840	外来	wàilái
841	外头	wàitou
842	外衣	wàiyī
843	外资	wàizī
844	弯曲	wānqū
845	顽皮	wánpí
846	顽强	wánqiáng
847	王后	wánghòu
848	王子	wángzǐ
849	网吧	wǎngbā
850	网页	wǎngyè
851	往后	wǎnghòu
852	往来	wǎnglái
853	往年	wǎngnián
854	望见	wàng·jiàn
855	危机	wēijī
856	威胁	wēixié
857	微波炉	wēibōlú
858	维生素	wéishēngsù
859	为此	wèicǐ
860	为何	wèihé
861	文娱	wényú
862	卧铺	wòpù
863	乌云	wūyún
864	无边	wúbiān

865	无关	wúguān
866	无效	wúxiào
867	舞蹈	wǔdǎo
868	物品	wùpǐn
869	误	wù
870	西班牙语	Xībānyáyǔ
871	吸毒	xī//dú
872	牺牲	xīshēng
873	洗衣粉	xǐyīfěn
874	戏曲	xìqǔ
875	细胞	xìbāo
876	细菌	xìjūn
877	先锋	xiānfēng
878	嫌	xián
879	显出	xiǎnchū
880	险	xiǎn
881	线路	xiànlù
882	陷入	xiànrù
883	响声	xiǎngshēng
884	想不到	xiǎngbudào
885	消耗	xiāohào
886	消灭	xiāomiè
887	小费	xiǎofèi
888	小麦	xiǎomài
889	小于	xiǎoyú
890	晓得	xiǎode
891	笑脸	xiàoliǎn
892	笑容	xiàoróng
893	笑声	xiàoshēng
894	协会	xiéhuì
895	协商	xiéshāng
896	协调	xiétiáo
897	协助	xiézhù
898	写字楼	xiězìlóu
899	写字台	xiězìtái
900	心灵	xīnlíng
901	心愿	xīnyuàn
902	心脏	xīnzàng
903	心脏病	xīnzàngbìng
904	新人	xīnrén
905	新兴	xīnxīng
906	薪水	xīnshui

907	信仰	xìnyǎng
908	信用	xìnyòng
909	兴旺	xīngwàng
910	行程	xíngchéng
911	形	xíng
912	凶	xiōng
913	凶手	xiōngshǒu
914	修车	xiū chē
915	袖珍	xiùzhēn
916	悬	xuán
917	旋转	xuánzhuǎn
918	选拔	xuǎnbá
919	选举	xuǎnjǔ
920	学会	xuéhuì
921	学员	xuéyuán
922	血管	xuèguǎn
923	血液	xuèyè
924	循环	xúnhuán
925	压迫	yāpò
926	烟花	yānhuā
927	沿	yán
928	沿海	yánhǎi
929	沿着	yánzhe
930	研发	yánfā
931	眼看	yǎnkàn
932	演奏	yǎnzòu
933	宴会	yànhuì
934	洋	yáng
935	仰	yǎng
936	养老	yǎng//lǎo
937	氧气	yǎngqì
938	样	yàng
939	药品	yàopǐn
940	要不然	yàobùrán
941	要好	yàohǎo
942	要么	yàome
943	要素	yàosù
944	野	yě
945	野生	yěshēng
946	医药	yīyào
947	依次	yīcì
948	依赖	yīlài

949	一次性	yícìxìng
950	一代	yídài
951	一道	yídào
952	一贯	yíguàn
953	一路上	yílù shang
954	仪器	yíqì
955	仪式	yíshì
956	遗憾	yíhàn
957	一番	yìfān
958	一模一样	yìmú-yíyàng
959	一齐	yìqí
960	一时	yìshí
961	一同	yìtóng
962	一行	yìxíng
963	艺人	yìrén
964	议题	yìtí
965	异常	yìcháng
966	意想不到	yìxiǎng bú dào
967	意愿	yìyuàn
968	因	yīn
969	因素	yīnsù
970	阴谋	yīnmóu
971	阴影	yīnyǐng
972	音量	yīnliàng
973	音像	yīnxiàng
974	隐藏	yǐncáng
975	隐私	yǐnsī
976	印	yìn
977	英雄	yīngxióng
978	迎来	yínglái
979	影迷	yǐngmí
980	影星	yǐngxīng
981	应对	yìngduì
982	应急	yìng//jí
983	用处	yòngchù
984	用得着	yòngdezháo
985	用法	yòngfǎ
986	用品	yòngpǐn
987	用心	yòngxīn
988	优质	yōuzhì
989	游人	yóurén
990	游玩	yóuwán
991	游戏机	yóuxìjī
992	游行	yóuxíng
993	有关	yǒuguān
994	有没有	yǒu méiyǒu
995	有事	yǒushì
996	于	yú
997	娱乐	yúlè
998	愉快	yúkuài
999	与	yǔ
1000	宇航员	yǔhángyuán
1001	雨衣	yǔyī
1002	预约	yùyuē
1003	元素	yuánsù
1004	园	yuán
1005	园地	yuándì
1006	原	yuán
1007	原告	yuángào
1008	原谅	yuánliàng
1009	圆珠笔	yuánzhūbǐ
1010	援助	yuánzhù
1011	缘故	yuángù
1012	远方	yuǎnfāng
1013	远离	yuǎnlí
1014	远远	yuǎnyuǎn
1015	约定	yuēdìng
1016	乐曲	yuèqǔ
1017	晕	yūn
1018	允许	yǔnxǔ
1019	运作	yùnzuò
1020	晕车	yùn//chē
1021	杂	zá
1022	再生	zàishēng
1023	再说	zàishuō
1024	遭到	zāodào
1025	遭受	zāoshòu
1026	遭遇	zāoyù
1027	早晚	zǎowǎn
1028	增进	zēngjìn
1029	增值	zēngzhí
1030	扎	zhā
1031	扎实	zhāshi
1032	炸	zhà

1033 炸弹 zhàdàn
1034 炸药 zhàyào
1035 债 zhài
1036 占据 zhànjù
1037 战场 zhànchǎng
1038 战略 zhànlüè
1039 战术 zhànshù
1040 战友 zhànyǒu
1041 站台 zhàntái
1042 章 zhāng
1043 长（秘书长） zhǎng (mìshūzhǎng)
1044 掌声 zhǎngshēng
1045 账 zhàng
1046 账户 zhànghù
1047 涨 zhàng
1048 障碍 zhàng'ài
1049 招 zhāo
1050 招聘 zhāopìn
1051 照样 zhàoyàng
1052 照耀 zhàoyào
1053 哲学 zhéxué
1054 这就是说 zhè jiùshì shuō
1055 镇 zhèn
1056 争夺 zhēngduó
1057 整顿 zhěngdùn
1058 整治 zhěngzhì
1059 正当 zhèngdàng
1060 政策 zhèngcè
1061 政党 zhèngdǎng
1062 政权 zhèngquán
1063 症状 zhèngzhuàng
1064 之类 zhīlèi
1065 支撑 zhīchēng
1066 支援 zhīyuán
1067 枝 zhī
1068 知名 zhīmíng
1069 织 zhī
1070 直升机 zhíshēngjī
1071 职责 zhízé
1072 止 zhǐ
1073 只得 zhǐdé
1074 只顾 zhǐgù
1075 只管 zhǐguǎn
1076 指定 zhǐdìng
1077 指数 zhǐshù
1078 指头 zhǐtou
1079 指着 zhǐzhe
1080 至于 zhìyú
1081 治病 zhì bìng
1082 智慧 zhìhuì
1083 中等 zhōngděng
1084 中华 Zhōnghuá
1085 中期 zhōngqī
1086 中外 zhōngwài
1087 忠心 zhōngxīn
1088 钟头 zhōngtóu
1089 肿 zhǒng
1090 种种 zhǒngzhǒng
1091 粥 zhōu
1092 珠宝 zhūbǎo
1093 诸位 zhūwèi
1094 主持人 zhǔchírén
1095 主角 zhǔjué
1096 主流 zhǔliú
1097 煮 zhǔ
1098 住宅 zhùzhái
1099 驻 zhù
1100 柱子 zhùzi
1101 祝愿 zhùyuàn
1102 专用 zhuānyòng
1103 转 zhuàn
1104 转动 zhuàndòng
1105 赚 zhuàn
1106 赚钱 zhuàn//qián
1107 装备 zhuāngbèi
1108 壮观 zhuàngguān
1109 追究 zhuījiū
1110 捉 zhuō
1111 咨询 zīxún
1112 自来水 zìláishuǐ
1113 自我 zìwǒ
1114 自学 zìxué
1115 自言自语 zìyán-zìyǔ
1116 自在 zìzai

1117	宗教	zōngjiào
1118	总部	zǒngbù
1119	总监	zǒngjiān
1120	总经理	zǒngjīnglǐ
1121	总量	zǒngliàng
1122	走私	zǒu∥sī
1123	奏	zòu
1124	租金	zūjīn
1125	足	zú
1126	足以	zúyǐ
1127	族	zú
1128	族（上班族）	zú (shàngbānzú)
1129	祖父	zǔfù
1130	祖国	zǔguó
1131	祖母	zǔmǔ
1132	钻	zuān
1133	最佳	zuìjiā
1134	最终	zuìzhōng
1135	罪	zuì
1136	罪恶	zuì'è
1137	作	zuò
1138	作废	zuòfèi
1139	作战	zuòzhàn
1140	座谈会	zuòtánhuì

6.7 七—九级词汇表

1	阿拉伯语	Ālābóyǔ
2	哎	āi
3	哎呀	āiyā
4	哀求	āiqiú
5	挨家挨户	āijiā-āihù
6	癌	ái
7	癌症	áizhèng
8	艾滋病	àizībìng
9	唉	ài
10	爱不释手	àibúshìshǒu
11	爱理不理	àilǐ-bùlǐ
12	爱面子	ài miànzi
13	爱惜	àixī
14	碍事	ài∥shì
15	安定	āndìng
16	安抚	ānfǔ
17	安眠药	ānmiányào
18	安宁	ānníng
19	安稳	ānwěn
20	安心	ānxīn
21	安逸	ānyì
22	按键	ànjiàn
23	按理说	ànlǐ shuō
24	按说	ànshuō
25	案件	ànjiàn
26	暗地里	àndì·lǐ
27	暗杀	ànshā
28	暗中	ànzhōng
29	昂贵	ángguì
30	凹	āo
31	熬	áo
32	熬夜	áo∥yè
33	傲	ào
34	傲慢	àomàn
35	奥秘	àomì
36	奥运会	Àoyùnhuì
37	八卦	bāguà
38	巴不得	bābu·dé
39	扒	bā
40	芭蕾	bālěi
41	把柄	bǎbǐng
42	把关	bǎ∥guān
43	把手	bǎshou
44	靶子	bǎzi
45	坝	bà
46	罢免	bàmiǎn
47	罢休	bàxiū
48	霸占	bàzhàn
49	掰	bāi
50	白白	báibái
51	百分比	bǎifēnbǐ
52	百合	bǎihé
53	百科全书	bǎikē quánshū
54	柏树	bǎishù

序号	词语	拼音
55	摆放	bǎifàng
56	摆平	bǎi∥píng
57	摆设	bǎishe
58	拜会	bàihuì
59	拜见	bàijiàn
60	拜年	bài∥nián
61	拜托	bàituō
62	扳	bān
63	颁布	bānbù
64	颁发	bānfā
65	颁奖	bān∥jiǎng
66	斑点	bāndiǎn
67	搬迁	bānqiān
68	板块	bǎnkuài
69	办不到	bàn bu dào
70	半边天	bànbiāntiān
71	半场	bànchǎng
72	半岛	bàndǎo
73	半路	bànlù
74	半数	bànshù
75	半途而废	bàntú'érfèi
76	半信半疑	bànxìn-bànyí
77	半真半假	bànzhēn-bànjiǎ
78	扮	bàn
79	伴	bàn
80	伴侣	bànlǚ
81	伴随	bànsuí
82	伴奏	bànzòu
83	拌	bàn
84	帮手	bāngshou
85	绑	bǎng
86	绑架	bǎngjià
87	榜样	bǎngyàng
88	棒球	bàngqiú
89	磅	bàng
90	包袱	bāofu
91	包容	bāoróng
92	包扎	bāozā
93	剥	bāo
94	煲	bāo
95	饱和	bǎohé
96	饱满	bǎomǎn
97	宝库	bǎokù
98	宝藏	bǎozàng
99	保管	bǎoguǎn
100	保姆	bǎomǔ
101	保暖	bǎo∥nuǎn
102	保鲜	bǎoxiān
103	保修	bǎoxiū
104	保佑	bǎoyòu
105	保障	bǎozhàng
106	保质期	bǎozhìqī
107	保重	bǎozhòng
108	堡垒	bǎolěi
109	报（动）	bào
110	报仇	bào∥chóu
111	报酬	bàochou
112	报废	bào∥fèi
113	报复	bào·fù
114	报社	bàoshè
115	报亭	bàotíng
116	报销	bàoxiāo
117	抱负	bàofù
118	豹	bào
119	暴风骤雨	bàofēng-zhòuyǔ
120	暴利	bàolì
121	暴躁	bàozào
122	曝光	bào∥guāng
123	爆冷门	bào lěngmén
124	爆满	bàomǎn
125	爆竹	bàozhú
126	卑鄙	bēibǐ
127	悲哀	bēi'āi
128	悲观	bēiguān
129	悲欢离合	bēihuān-líhé
130	悲痛	bēitòng
131	碑	bēi
132	贝壳	bèiké
133	备课	bèi∥kè
134	备受	bèishòu
135	备用	bèiyòng
136	背面	bèimiàn
137	背叛	bèipàn
138	背诵	bèisòng

139 被捕 bèibǔ
140 奔波 bēnbō
141 奔赴 bēnfù
142 本分 běnfèn
143 本能 běnnéng
144 本钱 běnqián
145 本色 běnsè
146 本性 běnxìng
147 本意 běnyì
148 本着 běnzhe
149 奔 bèn
150 笨蛋 bèndàn
151 笨重 bènzhòng
152 崩溃 bēngkuì
153 绷 bēng
154 绷带 bēngdài
155 蹦 bèng
156 逼近 bījìn
157 逼迫 bīpò
158 逼真 bīzhēn
159 鼻涕 bítì
160 比比皆是 bǐbǐ-jiēshì
161 比不上 bǐ bu shàng
162 比起 bǐqǐ
163 比试 bǐshi
164 比喻 bǐyù
165 鄙视 bǐshì
166 必不可少 bìbùkěshǎo
167 必定 bìdìng
168 碧绿 bìlǜ
169 弊病 bìbìng
170 弊端 bìduān
171 壁画 bìhuà
172 避难 bì//nàn
173 避暑 bì//shǔ
174 边疆 biānjiāng
175 边界 biānjiè
176 边远 biānyuǎn
177 编号 biānhào
178 编剧 biānjù
179 编排 biānpái
180 编写 biānxiě
181 编造 biānzào
182 鞭策 biāncè
183 鞭炮 biānpào
184 贬值 biǎnzhí
185 变革 biàngé
186 变幻莫测 biànhuàn-mòcè
187 变迁 biànqiān
188 变异 biànyì
189 变质 biàn//zhì
190 便道 biàndào
191 便饭 biànfàn
192 便捷 biànjié
193 便利店 biànlìdiàn
194 遍布 biànbù
195 辨别 biànbié
196 辨认 biànrèn
197 辩 biàn
198 辩护 biànhù
199 辩解 biànjiě
200 辫子 biànzi
201 标 biāo
202 标榜 biāobǎng
203 标本 biāoběn
204 标签 biāoqiān
205 标示 biāoshì
206 标语 biāoyǔ
207 标致 biāo·zhì
208 飙升 biāoshēng
209 表白 biǎobái
210 表决 biǎojué
211 表述 biǎoshù
212 表率 biǎoshuài
213 表态 biǎo//tài
214 表彰 biǎozhāng
215 憋 biē
216 别具匠心 biéjù-jiàngxīn
217 别看 biékàn
218 别墅 biéshù
219 别说 biéshuō
220 别提了 biétí le
221 别致 biézhì
222 别扭 bièniu

223	彬彬有礼	bīnbīn-yǒulǐ
224	滨海	bīn hǎi
225	缤纷	bīnfēn
226	冰棍儿	bīnggùnr
227	冰山	bīngshān
228	丙	bǐng
229	秉承	bǐngchéng
230	并非	bìngfēi
231	并购	bìnggòu
232	并列	bìngliè
233	并行	bìngxíng
234	病床	bìngchuáng
235	病症	bìngzhèng
236	拨	bō
237	拨款	bōkuǎn
238	拨通	bōtōng
239	波及	bōjí
240	波澜	bōlán
241	波涛	bōtāo
242	波折	bōzhé
243	剥夺	bōduó
244	剥削	bōxuē
245	伯伯	bóbo
246	伯父	bófù
247	伯母	bómǔ
248	驳回	bóhuí
249	脖子	bózi
250	搏斗	bódòu
251	不定	búdìng
252	不见得	bújiàn·dé
253	不利于	búlì yú
254	不慎	búshèn
255	不适	búshì
256	不算	bú suàn
257	不像话	búxiànghuà
258	不屑	búxiè
259	不懈	búxiè
260	不亚于	búyàyú
261	不亦乐乎	búyìlèhū
262	不翼而飞	búyì'érfēi
263	不用说	búyòngshuō
264	不正之风	búzhèngzhīfēng
265	补给	bǔjǐ
266	补救	bǔjiù
267	捕捉	bǔzhuō
268	哺育	bǔyù
269	不耻下问	bùchǐ-xiàwèn
270	不辞而别	bùcí'érbié
271	不得而知	bùdé'érzhī
272	不得已	bùdéyǐ
273	不妨	bùfáng
274	不服	bùfú
275	不服气	bù fúqì
276	不假思索	bùjiǎ-sīsuǒ
277	不解	bùjiě
278	不经意	bùjīngyì
279	不景气	bùjǐngqì
280	不堪	bùkān
281	不可避免	bùkě-bìmiǎn
282	不可思议	bùkě-sīyì
283	不肯	bù kěn
284	不理	bù lǐ
285	不了了之	bùliǎo-liǎozhī
286	不难	bù nán
287	不平	bùpíng
288	不起眼	bùqǐyǎn
289	不容	bùróng
290	不如说	bùrú shuō
291	不同寻常	bùtóng-xúncháng
292	不为人知	bùwéirénzhī
293	不惜	bùxī
294	不相上下	bùxiāng-shàngxià
295	不宜	bùyí
296	不已	bùyǐ
297	不以为然	bùyǐwéirán
298	不由得	bùyóude
299	不由自主	bùyóuzìzhǔ
300	不予	bù yǔ
301	不约而同	bùyuē'értóng
302	不知	bùzhī
303	不知不觉	bùzhī-bùjué
304	不准	bù zhǔn
305	布局	bùjú
306	步伐	bùfá

307	步入	bùrù
308	步骤	bùzhòu
309	部件	bùjiàn
310	部署	bùshǔ
311	猜谜	cāi∥mí
312	猜想	cāixiǎng
313	才华	cáihuá
314	财经	cáijīng
315	财力	cáilì
316	财务	cáiwù
317	财物	cáiwù
318	财政	cáizhèng
319	裁	cái
320	裁定	cáidìng
321	裁决	cáijué
322	采	cǎi
323	采集	cǎijí
324	采矿	cǎi∥kuàng
325	彩电	cǎidiàn
326	彩虹	cǎihóng
327	彩霞	cǎixiá
328	菜市场	càishìchǎng
329	参见	cānjiàn
330	参军	cān∥jūn
331	参谋	cānmóu
332	参照	cānzhào
333	餐桌	cānzhuō
334	残	cán
335	残留	cánliú
336	残缺	cánquē
337	残忍	cánrěn
338	惭愧	cánkuì
339	惨白	cǎnbái
340	惨痛	cǎntòng
341	惨重	cǎnzhòng
342	灿烂	cànlàn
343	苍蝇	cāngying
344	沧桑	cāngsāng
345	舱	cāng
346	藏匿	cángnì
347	藏品	cángpǐn
348	藏身	cángshēn
349	操控	cāokòng
350	操劳	cāoláo
351	操心	cāo∥xīn
352	槽	cáo
353	草案	cǎo’àn
354	草坪	cǎopíng
355	侧面	cèmiàn
356	侧重	cèzhòng
357	测算	cèsuàn
358	测验	cèyàn
359	层出不穷	céngchū-bùqióng
360	蹭	cèng
361	差错	chācuò
362	差额	chā’é
363	插手	chā∥shǒu
364	插图	chātú
365	插嘴	chā∥zuǐ
366	茶道	chádào
367	茶馆儿	cháguǎnr
368	查处	cháchǔ
369	查明	chámíng
370	查找	cházhǎo
371	察觉	chájué
372	察看	chákàn
373	诧异	chàyì
374	掺	chān
375	搀	chān
376	馋	chán
377	禅杖	chánzhàng
378	缠	chán
379	产	chǎn
380	产地	chǎndì
381	产物	chǎnwù
382	产值	chǎnzhí
383	铲	chǎn
384	铲子	chǎnzi
385	阐述	chǎnshù
386	颤抖	chàndǒu
387	猖狂	chāngkuáng
388	长达	cháng dá
389	长期以来	chángqī yǐlái
390	长效	chángxiào

391 长征 chángzhēng
392 长足 chángzú
393 常理 chánglǐ
394 常人 chángrén
395 常态 chángtài
396 常温 chángwēn
397 偿还 chánghuán
398 嫦娥 Cháng'é
399 厂家 chǎngjiā
400 敞开 chǎngkāi
401 畅谈 chàngtán
402 畅销 chàngxiāo
403 倡议 chàngyì
404 抄袭 chāoxí
405 钞票 chāopiào
406 超标 chāo//biāo
407 超车 chāo//chē
408 超前 chāoqián
409 超速 chāosù
410 朝代 cháodài
411 朝着 cháozhe
412 嘲弄 cháonòng
413 嘲笑 cháoxiào
414 吵嘴 chǎo//zuǐ
415 车道 chēdào
416 车祸 chēhuò
417 车间 chējiān
418 车轮 chēlún
419 车速 chēsù
420 车位 chēwèi
421 车厢 chēxiāng
422 车型 chēxíng
423 车轴 chēzhóu
424 扯 chě
425 彻夜 chèyè
426 撤 chè
427 撤换 chèhuàn
428 沉甸甸 chéndiàndiàn
429 沉淀 chéndiàn
430 沉浸 chénjìn
431 沉闷 chénmèn
432 沉迷 chénmí
433 沉思 chénsī
434 沉稳 chénwěn
435 沉着 chénzhuó
436 陈旧 chénjiù
437 陈列 chénliè
438 陈述 chénshù
439 衬托 chèntuō
440 趁 chèn
441 趁机 chènjī
442 趁早 chènzǎo
443 趁着 chènzhe
444 称呼 chēnghu
445 称作 chēngzuò
446 成才 chéngcái
447 成家 chéng//jiā
448 成年（动） chéngnián
449 成年（副） chéngnián
450 成千上万 chéngqiān-shàngwàn
451 成群结队 chéngqún-jiéduì
452 成天 chéngtiān
453 成问题 chéngwèntí
454 成型 chéngxíng
455 呈现 chéngxiàn
456 诚恳 chéngkěn
457 诚心诚意 chéngxīn-chéngyì
458 诚意 chéngyì
459 诚挚 chéngzhì
460 承包 chéngbāo
461 承载 chéngzài
462 城墙 chéngqiáng
463 乘人之危 chéngrénzhīwēi
464 盛 chéng
465 惩处 chéngchǔ
466 惩罚 chéngfá
467 澄清 chéngqīng
468 橙汁 chéngzhī
469 逞能 chěng//néng
470 逞强 chěng//qiáng
471 秤 chèng
472 吃不上 chībushàng
473 吃喝玩乐 chī-hē-wán-lè
474 吃苦 chī//kǔ

475	吃亏	chī∥kuī
476	痴呆	chīdāi
477	痴迷	chīmí
478	痴心	chīxīn
479	池塘	chítáng
480	驰名	chímíng
481	迟迟	chíchí
482	迟疑	chíyí
483	迟早	chízǎo
484	持	chí
485	持久	chíjiǔ
486	持之以恒	chízhī-yǐhéng
487	尺度	chǐdù
488	耻辱	chǐrǔ
489	耻笑	chǐxiào
490	赤字	chìzì
491	翅膀	chìbǎng
492	冲刺	chōngcì
493	冲浪	chōnglàng
494	冲洗	chōngxǐ
495	冲撞	chōngzhuàng
496	充	chōng
497	充当	chōngdāng
498	充沛	chōngpèi
499	充实	chōngshí
500	重播	chóngbō
501	重叠	chóngdié
502	重返	chóngfǎn
503	重合	chónghé
504	重申	chóngshēn
505	重现	chóngxiàn
506	崇高	chónggāo
507	崇尚	chóngshàng
508	宠	chǒng
509	宠爱	chǒng'ài
510	抽签	chōu∥qiān
511	抽屉	chōuti
512	抽象	chōuxiàng
513	仇	chóu
514	仇恨	chóuhèn
515	仇人	chóurén
516	稠	chóu
517	稠密	chóumì
518	愁眉苦脸	chóuméi-kǔliǎn
519	筹	chóu
520	筹办	chóubàn
521	筹备	chóubèi
522	筹措	chóucuò
523	筹划	chóuhuà
524	筹集	chóují
525	筹码	chóumǎ
526	丑恶	chǒu'è
527	丑陋	chǒulòu
528	丑闻	chǒuwén
529	瞅	chǒu
530	出版社	chūbǎnshè
531	出厂	chū∥chǎng
532	出丑	chū∥chǒu
533	出道	chū∥dào
534	出发点	chūfādiǎn
535	出风头	chū fēngtou
536	出境	chū∥jìng
537	出局	chū∥jú
538	出具	chūjù
539	出口成章	chūkǒu-chéngzhāng
540	出卖	chūmài
541	出毛病	chū máo·bìng
542	出难题	chū nántí
543	出人意料	chūrényìliào
544	出任	chūrèn
545	出山	chū∥shān
546	出身	chūshēn
547	出示	chūshì
548	出手	chū∥shǒu
549	出头	chū∥tóu
550	出土	chū∥tǔ
551	出息	chūxi
552	出血	chū∥xiě
553	出演	chūyǎn
554	出洋相	chū yángxiàng
555	出游	chūyóu
556	出众	chūzhòng
557	出主意	chū zhǔyi
558	出资	chūzī

559	出自	chūzì
560	出走	chūzǒu
561	初次	chūcì
562	初衷	chūzhōng
563	除此之外	chúcǐzhīwài
564	除去	chúqù
565	除外	chúwài
566	处方	chǔfāng
567	处境	chǔjìng
568	处置	chǔzhì
569	储备	chǔbèi
570	储蓄	chǔxù
571	触动	chùdòng
572	触犯	chùfàn
573	触觉	chùjué
574	触摸	chùmō
575	触目惊心	chùmù-jīngxīn
576	揣	chuāi
577	揣测	chuǎicè
578	揣摩	chuǎimó
579	踹	chuài
580	川流不息	chuānliú-bùxī
581	穿过	chuānguò
582	穿小鞋	chuān xiǎoxié
583	穿越	chuānyuè
584	穿着	chuānzhuó
585	传承	chuánchéng
586	传奇	chuánqí
587	传染	chuánrǎn
588	传染病	chuánrǎnbìng
589	传人	chuánrén
590	传授	chuánshòu
591	传闻	chuánwén
592	船舶	chuánbó
593	船桨	chuánjiǎng
594	喘	chuǎn
595	喘息	chuǎnxī
596	串门	chuàn//mén
597	创伤	chuāngshāng
598	床位	chuángwèi
599	创	chuàng
600	创始人	chuàngshǐrén
601	吹了	chuī le
602	吹牛	chuī//niú
603	吹捧	chuīpěng
604	垂	chuí
605	垂头丧气	chuítóu-sàngqì
606	捶	chuí
607	锤子	chuízi
608	纯粹	chúncuì
609	纯洁	chúnjié
610	纯朴	chúnpǔ
611	醇厚	chúnhòu
612	蠢	chǔn
613	戳	chuō
614	绰号	chuòhào
615	瓷	cí
616	瓷器	cíqì
617	辞	cí
618	辞呈	cíchéng
619	辞去	cíqù
620	辞退	cítuì
621	慈善	císhàn
622	慈祥	cíxiáng
623	磁带	cídài
624	磁卡	cíkǎ
625	磁盘	cípán
626	此起彼伏	cǐqǐ-bǐfú
627	次日	cìrì
628	伺候	cìhou
629	刺耳	cì'ěr
630	刺骨	cìgǔ
631	刺绣	cìxiù
632	赐	cì
633	赐教	cìjiào
634	匆匆	cōngcōng
635	匆忙	cōngmáng
636	葱	cōng
637	从今以后	cóng jīn yǐhòu
638	从来不	cónglái bù
639	从容	cóngróng
640	从容不迫	cóngróng-búpò
641	从头	cóngtóu
642	从未	cóngwèi

643	从业	cóngyè
644	从早到晚	cóngzǎo-dàowǎn
645	丛林	cónglín
646	凑	còu
647	凑合	còuhe
648	凑巧	còuqiǎo
649	粗暴	cūbào
650	粗糙	cūcāo
651	粗鲁	cū·lǔ
652	粗略	cūlüè
653	粗心大意	cūxīn-dàyì
654	促成	cùchéng
655	簇拥	cùyōng
656	窜	cuàn
657	催	cuī
658	催促	cuīcù
659	催眠	cuīmián
660	摧毁	cuīhuǐ
661	脆弱	cuìruò
662	翠绿	cuìlǜ
663	存放	cúnfàng
664	存心	cúnxīn
665	存折	cúnzhé
666	搓	cuō
667	磋商	cuōshāng
668	挫折	cuòzhé
669	措手不及	cuòshǒu-bùjí
670	错别字	cuòbiézì
671	错觉	cuòjué
672	错位	cuò//wèi
673	错综复杂	cuòzōng-fùzá
674	搭乘	dāchéng
675	搭建	dājiàn
676	达标	dábiāo
677	答辩	dábiàn
678	打岔	dǎ//chà
679	打倒	dǎ//dǎo
680	打盹儿	dǎ//dǔnr
681	打交道	dǎ jiāodao
682	打搅	dǎjiǎo
683	打捞	dǎlāo
684	打量	dǎliang
685	打猎	dǎ//liè
686	打磨	dǎmó
687	打通	dǎ//tōng
688	打仗	dǎ//zhàng
689	打招呼	dǎ zhāohu
690	大包大揽	dàbāo-dàlǎn
691	大笔	dàbǐ
692	大臣	dàchén
693	大吃一惊	dàchī-yìjīng
694	大大咧咧	dàdaliēliē
695	大地	dàdì
696	大队	dàduì
697	大幅度	dà fúdù
698	大公无私	dàgōng-wúsī
699	大家庭	dàjiātíng
700	大街小巷	dàjiē-xiǎoxiàng
701	大惊小怪	dàjīng-xiǎoguài
702	大局	dàjú
703	大款	dàkuǎn
704	大面积	dà miànjī
705	大名鼎鼎	dàmíng-dǐngdǐng
706	大模大样	dàmú-dàyàng
707	大棚	dàpéng
708	大片	dàpiàn
709	大气	dàqì
710	大厦	dàshà
711	大数据	dàshùjù
712	大肆	dàsì
713	大体	dàtǐ
714	大体上	dàtǐ shang
715	大同小异	dàtóng-xiǎoyì
716	大腕儿	dàwànr
717	大选	dàxuǎn
718	大雁	dàyàn
719	大意	dàyì
720	大意	dàyi
721	大有可为	dàyǒu-kěwéi
722	大宗	dàzōng
723	歹徒	dǎitú
724	逮	dǎi
725	代号	dàihào
726	代理人	dàilǐrén

727	代言人	dàiyánrén
728	带队	dàiduì
729	带路	dài//lù
730	带头	dài//tóu
731	带头人	dàitóurén
732	待	dài
733	怠工	dài//gōng
734	怠慢	dàimàn
735	逮捕	dàibǔ
736	担	dān
737	担当	dāndāng
738	担负	dānfù
739	单边	dānbiān
740	单薄	dānbó
741	单方面	dānfāngmiàn
742	单身	dānshēn
743	耽搁	dānge
744	耽误	dānwu
745	胆怯	dǎnqiè
746	胆子	dǎnzi
747	但愿	dànyuàn
748	担	dàn
749	担子	dànzi
750	诞辰	dànchén
751	淡化	dànhuà
752	淡季	dànjì
753	蛋白质	dànbáizhì
754	当即	dāngjí
755	当今	dāngjīn
756	当面	dāng//miàn
757	当日	dāngrì
758	当事人	dāngshìrén
759	当务之急	dāngwùzhījí
760	当下	dāngxià
761	当心	dāngxīn
762	当着	dāngzhe
763	当之无愧	dāngzhīwúkuì
764	当众	dāngzhòng
765	当晚	dàngwǎn
766	当真	dàngzhēn
767	荡漾	dàngyàng
768	档次	dàngcì
769	导弹	dǎodàn
770	导航	dǎoháng
771	导火索	dǎohuǒsuǒ
772	导师	dǎoshī
773	导向	dǎoxiàng
774	岛屿	dǎoyǔ
775	捣乱	dǎo//luàn
776	倒卖	dǎomài
777	倒霉	dǎo//méi
778	倒塌	dǎotā
779	倒下	dǎoxia
780	到头来	dàotóulái
781	到位	dào//wèi
782	倒计时	dàojìshí
783	倒数	dàoshǔ
784	盗	dào
785	盗窃	dàoqiè
786	悼念	dàoniàn
787	道具	dàojù
788	稻草	dàocǎo
789	得不偿失	débùchángshī
790	得当	dédàng
791	得力	délì
792	得失	déshī
793	得手	déshǒu
794	得体	détǐ
795	得天独厚	détiāndúhòu
796	得益于	déyì yú
797	得意扬扬	déyì-yángyáng
798	得知	dézhī
799	得罪	dézuì
800	德	dé
801	灯笼	dēnglong
802	灯泡	dēngpào
803	登机	dēngjī
804	登陆	dēng//lù
805	蹬	dēng
806	凳子	dèngzi
807	瞪	dèng
808	低调	dīdiào
809	低估	dīgū
810	低谷	dīgǔ

811	低价	dījià
812	低迷	dīmí
813	低碳	dītàn
814	低下	dīxià
815	堤	dī
816	堤坝	dībà
817	提防	dīfang
818	笛子	dízi
819	抵触	dǐchù
820	抵挡	dǐdǎng
821	抵消	dǐxiāo
822	抵押	dǐyā
823	抵御	dǐyù
824	抵制	dǐzhì
825	底层	dǐcéng
826	底线	dǐxiàn
827	底蕴	dǐyùn
828	底子	dǐzi
829	地步	dìbù
830	地道	dìdào
831	地道	dìdao
832	地段	dìduàn
833	地理	dìlǐ
834	地毯	dìtǎn
835	地下水	dìxiàshuǐ
836	地狱	dìyù
837	地域	dìyù
838	地质	dìzhì
839	弟子	dìzǐ
840	帝国	dìguó
841	帝国主义	dìguó zhǔyì
842	递交	dìjiāo
843	第一手	dìyīshǒu
844	第一线	dìyīxiàn
845	颠倒	diāndǎo
846	颠覆	diānfù
847	巅峰	diānfēng
848	典范	diǎnfàn
849	点火	diǎn∥huǒ
850	点击率	diǎnjīlǜ
851	点评	diǎnpíng
852	点心	diǎnxin
853	点缀	diǎnzhuì
854	点子	diǎnzi
855	电报	diànbào
856	电铃	diànlíng
857	电网	diànwǎng
858	电线	diànxiàn
859	电信	diànxìn
860	电讯	diànxùn
861	垫	diàn
862	垫底	diàn∥dǐ
863	垫子	diànzi
864	淀粉	diànfěn
865	惦记	diàn·jì
866	奠定	diàndìng
867	殿堂	diàntáng
868	刁难	diāonàn
869	叼	diāo
870	雕	diāo
871	雕刻	diāokè
872	雕塑	diāosù
873	吊销	diàoxiāo
874	钓鱼	diàoyú
875	调度	diàodù
876	掉队	diào∥duì
877	掉头	diào∥tóu
878	爹	diē
879	迭起	diéqǐ
880	叠	dié
881	丁	dīng
882	叮嘱	dīngzhǔ
883	盯	dīng
884	钉子	dīngzi
885	顶多	dǐngduō
886	顶级	dǐngjí
887	顶尖	dǐngjiān
888	订单	dìngdān
889	订购	dìnggòu
890	订婚	dìng∥hūn
891	订立	dìnglì
892	钉	dìng
893	定金	dìngjīn
894	定居	dìng∥jū

895	定论	dìnglùn
896	定为	dìngwéi
897	定向	dìngxiàng
898	定心丸	dìngxīnwán
899	定义	dìngyì
900	定做	dìngzuò
901	丢掉	diūdiào
902	丢脸	diū∥liǎn
903	丢弃	diūqì
904	丢人	diū∥rén
905	丢失	diūshī
906	东奔西走	dōngbēn-xīzǒu
907	东道主	dōngdàozhǔ
908	东张西望	dōngzhāng-xīwàng
909	董事	dǒngshì
910	董事会	dǒngshìhuì
911	董事长	dǒngshìzhǎng
912	懂事	dǒng∥shì
913	动不动	dòngbudòng
914	动荡	dòngdàng
915	动感	dònggǎn
916	动工	dòng∥gōng
917	动静	dòngjing
918	动脉	dòngmài
919	动身	dòng∥shēn
920	动弹	dòngtan
921	动听	dòngtīng
922	动向	dòngxiàng
923	动用	dòngyòng
924	冻结	dòngjié
925	栋	dòng
926	栋梁	dòngliáng
927	兜	dōu
928	兜儿	dōur
929	兜售	dōushòu
930	抖	dǒu
931	陡	dǒu
932	斗	dòu
933	斗志	dòuzhì
934	豆浆	dòujiāng
935	豆子	dòuzi
936	逗	dòu
937	都会	dūhuì
938	督促	dūcù
939	独	dú
940	独唱	dúchàng
941	独家	dújiā
942	独立自主	dúlì-zìzhǔ
943	独身	dúshēn
944	独一无二	dúyī-wú'èr
945	堵塞	dǔsè
946	杜绝	dùjué
947	妒忌	dùjì
948	度（知名度）	dù (zhīmíngdù)
949	度假	dùjià
950	渡过	dùguò
951	端正	duānzhèng
952	短缺	duǎnquē
953	短暂	duǎnzàn
954	段落	duànluò
955	断定	duàndìng
956	断断续续	duànduànxùxù
957	断裂	duànliè
958	堆砌	duīqì
959	队形	duìxíng
960	对白	duìbái
961	对策	duìcè
962	对称	duìchèn
963	对得起	duìdeqǐ
964	对联	duìlián
965	对弈	duìyì
966	对照	duìzhào
967	对峙	duìzhì
968	对准	duìzhǔn
969	兑换	duìhuàn
970	兑现	duìxiàn
971	敦促	dūncù
972	敦厚	dūnhòu
973	炖	dùn
974	顿时	dùnshí
975	多边	duōbiān
976	多功能	duōgōngnéng
977	多亏	duōkuī
978	多劳多得	duōláo-duōdé

979	多年来	duō nián lái
980	多心	duō//xīn
981	多余	duōyú
982	多元	duōyuán
983	哆嗦	duōsuo
984	夺冠	duó//guàn
985	夺魁	duó//kuí
986	躲避	duǒbì
987	躲藏	duǒcáng
988	舵手	duòshǒu
989	堕落	duòluò
990	讹诈	ézhà
991	俄语	Éyǔ
992	鹅	é
993	额外	éwài
994	厄运	èyùn
995	恶	è
996	恶化	èhuà
997	恶劣	èliè
998	恶性	èxìng
999	恶意	èyì
1000	遏制	èzhì
1001	鳄鱼	èyú
1002	恩赐	ēncì
1003	恩惠	ēnhuì
1004	恩情	ēnqíng
1005	恩怨	ēnyuàn
1006	而已	éryǐ
1007	耳光	ěrguāng
1008	耳目一新	ěrmù-yìxīn
1009	耳熟能详	ěrshú-néngxiáng
1010	耳闻目睹	ěrwén-mùdǔ
1011	二手车	èrshǒuchē
1012	二氧化碳	èryǎnghuàtàn
1013	发布会	fābùhuì
1014	发财	fā//cái
1015	发愁	fā//chóu
1016	发电机	fādiànjī
1017	发抖	fādǒu
1018	发愤图强	fāfèn-túqiáng
1019	发光	fā//guāng
1020	发火	fā//huǒ
1021	发酵	fā//jiào
1022	发掘	fājué
1023	发愣	fā//lèng
1024	发脾气	fā píqi
1025	发起人	fāqǐrén
1026	发热	fā//rè
1027	发誓	fā//shì
1028	发泄	fāxiè
1029	发扬	fāyáng
1030	发扬光大	fāyáng-guāngdà
1031	发育	fāyù
1032	发源地	fāyuándì
1033	发作	fāzuò
1034	阀门	fámén
1035	发型	fàxíng
1036	帆	fān
1037	帆船	fānchuán
1038	翻番	fān//fān
1039	翻来覆去	fānlái-fùqù
1040	翻天覆地	fāntiān-fùdì
1041	凡	fán
1042	烦闷	fánmèn
1043	烦恼	fánnǎo
1044	烦躁	fánzào
1045	繁华	fánhuá
1046	繁忙	fánmáng
1047	繁体字	fántǐzì
1048	繁重	fánzhòng
1049	反驳	fǎnbó
1050	反差	fǎnchā
1051	反常	fǎncháng
1052	反倒	fǎndào
1053	反感	fǎngǎn
1054	反过来	fǎn·guò·lái
1055	反击	fǎnjī
1056	反馈	fǎnkuì
1057	反面	fǎnmiàn
1058	反思	fǎnsī
1059	反弹	fǎntán
1060	反省	fǎnxǐng
1061	返还	fǎnhuán
1062	犯愁	fàn//chóu

1063	饭碗	fànwǎn
1064	泛滥	fànlàn
1065	范畴	fànchóu
1066	贩卖	fànmài
1067	方方面面	fāngfāngmiànmiàn
1068	方向盘	fāngxiàngpán
1069	方言	fāngyán
1070	防盗	fángdào
1071	防盗门	fángdàomén
1072	防护	fánghù
1073	防火墙	fánghuǒqiáng
1074	防卫	fángwèi
1075	防汛	fángxùn
1076	防疫	fángyì
1077	防御	fángyù
1078	妨碍	fáng'ài
1079	妨害	fánghài
1080	房地产	fángdìchǎn
1081	仿	fǎng
1082	仿制	fǎngzhì
1083	访谈	fǎngtán
1084	纺织	fǎngzhī
1085	放过	fàngguò
1086	放水	fàng//shuǐ
1087	放肆	fàngsì
1088	放映	fàngyìng
1089	放置	fàngzhì
1090	放纵	fàngzòng
1091	飞速	fēisù
1092	飞往	fēiwǎng
1093	飞翔	fēixiáng
1094	飞跃	fēiyuè
1095	非（非金属）	fēi (fēijīnshǔ)
1096	非得	fēiděi
1097	非法	fēifǎ
1098	非凡	fēifán
1099	绯闻	fēiwén
1100	肥料	féiliào
1101	肥胖	féipàng
1102	肥沃	féiwò
1103	肥皂	féizào
1104	诽谤	fěibàng
1105	废	fèi
1106	废除	fèichú
1107	废话	fèihuà
1108	废品	fèipǐn
1109	废寝忘食	fèiqǐn-wàngshí
1110	废物	fèiwù
1111	废墟	fèixū
1112	沸沸扬扬	fèifèiyángyáng
1113	沸腾	fèiténg
1114	费劲	fèi//jìn
1115	分辨	fēnbiàn
1116	分寸	fēncun
1117	分担	fēndān
1118	分割	fēngē
1119	分红	fēn//hóng
1120	分化	fēnhuà
1121	分泌	fēnmì
1122	分明	fēnmíng
1123	分歧	fēnqí
1124	分赃	fēn//zāng
1125	分支	fēnzhī
1126	芬芳	fēnfāng
1127	吩咐	fēn·fù
1128	氛围	fēnwéi
1129	坟	fén
1130	坟墓	fénmù
1131	焚烧	fénshāo
1132	粉	fěn
1133	粉丝	fěnsī
1134	粉碎	fěnsuì
1135	分量	fèn·liàng
1136	分外	fènwài
1137	份额	fèn'é
1138	奋力	fènlì
1139	奋勇	fènyǒng
1140	粪	fèn
1141	粪便	fènbiàn
1142	丰富多彩	fēngfù-duōcǎi
1143	丰厚	fēnghòu
1144	丰满	fēngmǎn
1145	丰盛	fēngshèng
1146	丰硕	fēngshuò

1147	风波	fēngbō
1148	风采	fēngcǎi
1149	风餐露宿	fēngcān-lùsù
1150	风范	fēngfàn
1151	风风雨雨	fēngfēngyǔyǔ
1152	风和日丽	fēnghé-rìlì
1153	风浪	fēnglàng
1154	风力	fēnglì
1155	风流	fēngliú
1156	风貌	fēngmào
1157	风气	fēngqì
1158	风情	fēngqíng
1159	风趣	fēngqù
1160	风沙	fēngshā
1161	风尚	fēngshàng
1162	风水	fēng·shuǐ
1163	风味	fēngwèi
1164	风雨	fēngyǔ
1165	风云	fēngyún
1166	风筝	fēngzheng
1167	封顶	fēngdǐng
1168	封建	fēngjiàn
1169	封面	fēngmiàn
1170	封锁	fēngsuǒ
1171	疯子	fēngzi
1172	峰回路转	fēnghuí-lùzhuǎn
1173	蜂蜜	fēngmì
1174	逢	féng
1175	缝	féng
1176	缝合	fénghé
1177	讽刺	fěngcì
1178	凤凰	fènghuáng
1179	缝	fèng
1180	否决	fǒujué
1181	孵化	fūhuà
1182	敷	fū
1183	扶持	fúchí
1184	服饰	fúshì
1185	服务器	fúwùqì
1186	服用	fúyòng
1187	俘获	fúhuò
1188	俘虏	fúlǔ
1189	浮力	fúlì
1190	浮现	fúxiàn
1191	浮躁	fúzào
1192	辐射	fúshè
1193	福气	fúqi
1194	抚摸	fǔmō
1195	抚恤	fǔxù
1196	抚养	fǔyǎng
1197	抚养费	fǔyǎngfèi
1198	斧子	fǔzi
1199	俯首	fǔshǒu
1200	辅导	fǔdǎo
1201	腐败	fǔbài
1202	腐化	fǔhuà
1203	腐烂	fǔlàn
1204	腐蚀	fǔshí
1205	腐朽	fǔxiǔ
1206	付费	fùfèi
1207	付款	fùkuǎn
1208	负面	fùmiàn
1209	负有	fùyǒu
1210	附	fù
1211	附带	fùdài
1212	附和	fùhè
1213	附加	fùjiā
1214	附属	fùshǔ
1215	赴	fù
1216	复查	fùchá
1217	复发	fùfā
1218	复合	fùhé
1219	复活	fùhuó
1220	复兴	fùxīng
1221	复原	fù//yuán
1222	副作用	fùzuòyòng
1223	赋予	fùyǔ
1224	富含	fùhán
1225	富豪	fùháo
1226	富强	fùqiáng
1227	富翁	fùwēng
1228	富裕	fùyù
1229	富足	fùzú
1230	腹部	fùbù

1231 腹泻 fùxiè
1232 覆盖 fùgài
1233 该（代） gāi
1234 改版 gǎi//bǎn
1235 改编 gǎibiān
1236 改动 gǎidòng
1237 改革开放 gǎigé kāifàng
1238 改良 gǎiliáng
1239 改名 gǎimíng
1240 改日 gǎirì
1241 改为 gǎiwéi
1242 改邪归正 gǎixié-guīzhèng
1243 钙 gài
1244 盖子 gàizi
1245 概况 gàikuàng
1246 概率 gàilǜ
1247 概论 gàilùn
1248 干戈 gāngē
1249 干旱 gānhàn
1250 干燥 gānzào
1251 甘心 gānxīn
1252 肝脏 gānzàng
1253 尴尬 gāngà
1254 赶赴 gǎnfù
1255 赶往 gǎnwǎng
1256 敢情 gǎnqing
1257 感（责任感） gǎn (zérèngǎn)
1258 感触 gǎnchù
1259 感恩 gǎn//ēn
1260 感激 gǎnjī
1261 感慨 gǎnkǎi
1262 感染 gǎnrǎn
1263 感染力 gǎnrǎnlì
1264 感叹 gǎntàn
1265 感性 gǎnxìng
1266 干部 gànbù
1267 干事 gànshi
1268 刚毅 gāngyì
1269 纲领 gānglǐng
1270 纲要 gāngyào
1271 钢 gāng
1272 缸 gāng
1273 港 gǎng
1274 杠铃 gànglíng
1275 高昂 gāo'áng
1276 高傲 gāo'ào
1277 高超 gāochāo
1278 高低 gāodī
1279 高调 gāodiào
1280 高额 gāo'é
1281 高尔夫球 gāo'ěrfūqiú
1282 高峰期 gāofēngqī
1283 高贵 gāoguì
1284 高空 gāokōng
1285 高龄 gāolíng
1286 高明 gāomíng
1287 高山 gāoshān
1288 高效 gāoxiào
1289 高新技术 gāoxīn-jìshù
1290 高血压 gāoxuèyā
1291 高压 gāoyā
1292 高雅 gāoyǎ
1293 高涨 gāozhǎng
1294 搞鬼 gǎo//guǐ
1295 搞笑 gǎoxiào
1296 告 gào
1297 告辞 gàocí
1298 告诫 gàojiè
1299 告示 gàoshi
1300 告知 gàozhī
1301 告状 gào//zhuàng
1302 戈壁 gēbì
1303 胳膊 gēbo
1304 鸽子 gēzi
1305 搁 gē
1306 搁浅 gē//qiǎn
1307 搁置 gēzhì
1308 割 gē
1309 歌剧 gējù
1310 歌颂 gēsòng
1311 歌舞 gēwǔ
1312 歌咏 gēyǒng
1313 革命 gémìng
1314 格 gé

1315	格格不入	gégé-búrù
1316	格局	géjú
1317	格式	géshi
1318	隔阂	géhé
1319	隔离	gélí
1320	个案	gè'àn
1321	个头ル	gètóur
1322	各奔前程	gèbènqiánchéng
1323	各式各样	gèshì-gèyàng
1324	根基	gēnjī
1325	根深蒂固	gēnshēn-dìgù
1326	根源	gēnyuán
1327	根治	gēnzhì
1328	跟不上	gēn bu shàng
1329	跟上	gēnshang
1330	跟踪	gēnzōng
1331	更改	gēnggǎi
1332	更衣室	gēngyīshì
1333	耕地	gēngdì
1334	耿直	gěngzhí
1335	工地	gōngdì
1336	工会	gōnghuì
1337	工科	gōngkē
1338	工商界	gōngshāngjiè
1339	工序	gōngxù
1340	工整	gōngzhěng
1341	工作量	gōngzuòliàng
1342	弓	gōng
1343	公安局	gōng'ānjú
1344	公车	gōngchē
1345	公道	gōngdao
1346	公费	gōngfèi
1347	公共场所	gōnggòng chǎngsuǒ
1348	公关	gōngguān
1349	公函	gōnghán
1350	公积金	gōngjījīn
1351	公开信	gōngkāixìn
1352	公款	gōngkuǎn
1353	公立	gōnglì
1354	公墓	gōngmù
1355	公仆	gōngpú
1356	公顷	gōngqǐng
1357	公然	gōngrán
1358	公示	gōngshì
1359	公事	gōngshì
1360	公务	gōngwù
1361	公益	gōngyì
1362	公益性	gōngyìxìng
1363	公用	gōngyòng
1364	公寓	gōngyù
1365	公约	gōngyuē
1366	公证	gōngzhèng
1367	公职	gōngzhí
1368	功	gōng
1369	功臣	gōngchén
1370	功底	gōngdǐ
1371	功劳	gōngláo
1372	功力	gōnglì
1373	功率	gōnglǜ
1374	功效	gōngxiào
1375	攻	gōng
1376	攻读	gōngdú
1377	攻关	gōngguān
1378	供	gōng
1379	供不应求	gōngbúyìngqiú
1380	供暖	gōngnuǎn
1381	供求	gōngqiú
1382	宫殿	gōngdiàn
1383	宫廷	gōngtíng
1384	恭维	gōng·wéi
1385	恭喜	gōngxǐ
1386	拱	gǒng
1387	共鸣	gòngmíng
1388	共识	gòngshí
1389	共同体	gòngtóngtǐ
1390	共性	gòngxìng
1391	供奉	gòngfèng
1392	勾	gōu
1393	勾画	gōuhuà
1394	勾结	gōujié
1395	钩	gōu
1396	钩子	gōuzi
1397	构思	gòusī
1398	构想	gòuxiǎng

1399	购	gòu
1400	够呛	gòuqiàng
1401	估算	gūsuàn
1402	沽名钓誉	gūmíng-diàoyù
1403	孤单	gūdān
1404	孤立	gūlì
1405	孤零零	gūlínglíng
1406	孤陋寡闻	gūlòu-guǎwén
1407	辜负	gūfù
1408	古董	gǔdǒng
1409	古怪	gǔguài
1410	古迹	gǔjì
1411	古今中外	gǔjīn-zhōngwài
1412	古朴	gǔpǔ
1413	古人	gǔrén
1414	股份	gǔfèn
1415	股民	gǔmín
1416	股市	gǔshì
1417	骨干	gǔgàn
1418	骨气	gǔqì
1419	骨折	gǔzhé
1420	鼓动	gǔdòng
1421	鼓舞	gǔwǔ
1422	固然	gùrán
1423	固执	gùzhi
1424	故	gù
1425	顾不得	gùbu·dé
1426	顾不上	gùbushàng
1427	顾及	gùjí
1428	顾虑	gùlǜ
1429	顾全大局	gùquán-dàjú
1430	雇	gù
1431	雇佣	gùyōng
1432	雇员	gùyuán
1433	雇主	gùzhǔ
1434	瓜分	guāfēn
1435	瓜子	guāzǐ
1436	刮风	guā fēng
1437	寡妇	guǎfu
1438	挂钩	guàgōu
1439	挂号	guà//hào
1440	挂念	guàniàn
1441	挂失	guà//shī
1442	乖	guāi
1443	乖巧	guāiqiǎo
1444	拐弯	guǎi//wān
1445	拐杖	guǎizhàng
1446	怪不得	guàibude
1447	怪物	guàiwu
1448	怪异	guàiyì
1449	关掉	guāndiào
1450	关节	guānjié
1451	关税	guānshuì
1452	关头	guāntóu
1453	关照	guānzhào
1454	观测	guāncè
1455	观感	guāngǎn
1456	观摩	guānmó
1457	观赏	guānshǎng
1458	观望	guānwàng
1459	官兵	guānbīng
1460	官吏	guānlì
1461	官僚	guānliáo
1462	官僚主义	guānliáo zhǔyì
1463	官员	guānyuán
1464	棺材	guāncai
1465	管家	guǎnjiā
1466	管教	guǎnjiào
1467	管理费	guǎnlǐfèi
1468	管辖	guǎnxiá
1469	管用	guǎn//yòng
1470	管子	guǎnzi
1471	贯彻	guànchè
1472	贯穿	guànchuān
1473	贯通	guàntōng
1474	惯	guàn
1475	惯例	guànlì
1476	惯性	guànxìng
1477	灌	guàn
1478	灌溉	guàngài
1479	灌输	guànshū
1480	罐	guàn
1481	罐头	guàntou
1482	光彩	guāngcǎi

1483	光碟	guāngdié
1484	光顾	guānggù
1485	光滑	guānghuá
1486	光环	guānghuán
1487	光缆	guānglǎn
1488	光芒	guāngmáng
1489	光明磊落	guāngmíng-lěiluò
1490	光泽	guāngzé
1491	广义	guǎngyì
1492	归根到底	guīgēn-dàodǐ
1493	归还	guīhuán
1494	归结	guījié
1495	归来	guīlái
1496	归纳	guīnà
1497	归属	guīshǔ
1498	归宿	guīsù
1499	龟	guī
1500	规格	guīgé
1501	规矩	guīju
1502	闺女	guīnü
1503	瑰宝	guībǎo
1504	轨迹	guǐjì
1505	柜台	guìtái
1506	贵宾	guìbīn
1507	贵重	guìzhòng
1508	贵族	guìzú
1509	桂花	guìhuā
1510	滚动	gǔndòng
1511	棍	gùn
1512	棍子	gùnzi
1513	国宝	guóbǎo
1514	国防	guófáng
1515	国画	guóhuà
1516	国徽	guóhuī
1517	国情	guóqíng
1518	国土	guótǔ
1519	国学	guóxué
1520	国有	guóyǒu
1521	果断	guǒduàn
1522	果园	guǒyuán
1523	果真	guǒzhēn
1524	裹	guǒ
1525	过半	guòbàn
1526	过不去	guòbuqù
1527	过错	guòcuò
1528	过道	guòdào
1529	过关	guò//guān
1530	过奖	guòjiǎng
1531	过节	guò//jié
1532	过境	guò//jìng
1533	过滤	guòlǜ
1534	过期	guò//qī
1535	过日子	guò rìzi
1536	过剩	guòshèng
1537	过失	guòshī
1538	过头	guò//tóu
1539	过往	guòwǎng
1540	过意不去	guòyìbúqù
1541	过瘾	guò//yǐn
1542	过硬	guò//yìng
1543	过早	guò zǎo
1544	海岸	hǎi'àn
1545	海拔	hǎibá
1546	海滨	hǎibīn
1547	海盗	hǎidào
1548	海量	hǎiliàng
1549	海绵	hǎimián
1550	海面	hǎimiàn
1551	海内外	hǎi nèiwài
1552	海滩	hǎitān
1553	海峡	hǎixiá
1554	海啸	hǎixiào
1555	海域	hǎiyù
1556	海运	hǎiyùn
1557	海藻	hǎizǎo
1558	骇人听闻	hàiréntīngwén
1559	害虫	hàichóng
1560	害臊	hài//sào
1561	害羞	hài//xiū
1562	酣畅	hānchàng
1563	酣睡	hānshuì
1564	含糊	hánhu
1565	含蓄	hánxù
1566	函授	hánshòu

1567	涵盖	hángài
1568	涵义	hányì
1569	罕见	hǎnjiàn
1570	汗水	hànshuǐ
1571	旱	hàn
1572	旱灾	hànzāi
1573	捍卫	hànwèi
1574	焊	hàn
1575	行家	hángjia
1576	行列	hángliè
1577	行情	hángqíng
1578	航海	hánghǎi
1579	航天	hángtiān
1580	航天员	hángtiānyuán
1581	航行	hángxíng
1582	航运	hángyùn
1583	毫不	háo bù
1584	毫不犹豫	háo bù yóuyù
1585	毫无	háo wú
1586	豪华	háohuá
1587	好比	hǎobǐ
1588	好歹	hǎodǎi
1589	好感	hǎogǎn
1590	好坏	hǎohuài
1591	好家伙	hǎojiāhuo
1592	好评	hǎopíng
1593	好说	hǎoshuō
1594	好笑	hǎoxiào
1595	好心	hǎoxīn
1596	好心人	hǎoxīnrén
1597	好意	hǎoyì
1598	好在	hǎozài
1599	号称	hàochēng
1600	好客	hàokè
1601	好奇心	hàoqíxīn
1602	耗	hào
1603	耗费	hàofèi
1604	耗时	hàoshí
1605	浩劫	hàojié
1606	呵护	hēhù
1607	禾苗	hémiáo
1608	合唱	héchàng
1609	合乎	héhū
1610	合伙	héhuǒ
1611	合计	héjì
1612	合情合理	héqíng-hélǐ
1613	合影	hé//yǐng
1614	合资	hézī
1615	合作社	hézuòshè
1616	何必	hébì
1617	何处	hé chù
1618	何苦	hékǔ
1619	何况	hékuàng
1620	何时	hé shí
1621	和蔼	hé'ǎi
1622	和解	héjiě
1623	和睦	hémù
1624	和平共处	hépíng gòngchǔ
1625	和气	héqi
1626	和尚	héshang
1627	河流	héliú
1628	河畔	hépàn
1629	荷花	héhuā
1630	核	hé
1631	核电站	hédiànzhàn
1632	核对	héduì
1633	核能	hénéng
1634	核实	héshí
1635	核桃	hétao
1636	核武器	héwǔqì
1637	贺电	hèdiàn
1638	贺信	hèxìn
1639	喝彩	hè//cǎi
1640	赫然	hèrán
1641	鹤立鸡群	hèlìjīqún
1642	黑白	hēibái
1643	黑客	hēikè
1644	黑马	hēimǎ
1645	黑手	hēishǒu
1646	黑心	hēixīn
1647	嘿	hēi
1648	痕迹	hénjì
1649	恨不得	hènbude
1650	哼	hēng

1651	横七竖八	héngqī-shùbā
1652	横向	héngxiàng
1653	横	hèng
1654	轰	hōng
1655	轰动	hōngdòng
1656	轰炸	hōngzhà
1657	哄	hōng
1658	哄堂大笑	hōngtáng-dàxiào
1659	烘干	hōnggān
1660	烘托	hōngtuō
1661	弘扬	hóngyáng
1662	红灯	hóngdēng
1663	红火	hónghuo
1664	红扑扑	hóngpūpū
1665	红润	hóngrùn
1666	红薯	hóngshǔ
1667	红眼	hóngyǎn
1668	宏观	hóngguān
1669	宏伟	hóngwěi
1670	洪亮	hóngliàng
1671	哄	hǒng
1672	哄	hòng
1673	喉咙	hóu·lóng
1674	吼	hǒu
1675	后备	hòubèi
1676	后备箱	hòubèixiāng
1677	后代	hòudài
1678	后盾	hòudùn
1679	后顾之忧	hòugùzhīyōu
1680	后期	hòuqī
1681	后勤	hòuqín
1682	后人	hòurén
1683	后台	hòutái
1684	后退	hòutuì
1685	后续	hòuxù
1686	后遗症	hòuyízhèng
1687	后裔	hòuyì
1688	后者	hòuzhě
1689	厚道	hòudao
1690	厚度	hòudù
1691	候选人	hòuxuǎnrén
1692	呼风唤雨	hūfēng-huànyǔ
1693	呼唤	hūhuàn
1694	呼救	hūjiù
1695	呼声	hūshēng
1696	呼应	hūyìng
1697	呼吁	hūyù
1698	忽高忽低	hūgāo-hūdī
1699	忽悠	hūyou
1700	胡闹	húnào
1701	胡说	húshuō
1702	胡思乱想	húsī-luànxiǎng
1703	湖泊	húpō
1704	糊	hú
1705	糊涂	hútu
1706	互补	hùbǔ
1707	互访	hùfǎng
1708	互信	hùxìn
1709	互助	hùzhù
1710	护理	hùlǐ
1711	花瓣	huābàn
1712	花卉	huāhuì
1713	花纹	huāwén
1714	花样	huāyàng
1715	划算	huásuàn
1716	华丽	huálì
1717	华侨	huáqiáo
1718	华裔	huáyì
1719	哗变	huábiàn
1720	哗然	huárán
1721	滑冰	huábīng
1722	滑稽	huá·jī
1723	滑梯	huátī
1724	滑雪	huáxuě
1725	化肥	huàféi
1726	化身	huàshēn
1727	化纤	huàxiān
1728	化险为夷	huàxiǎnwéiyí
1729	化验	huàyàn
1730	化妆	huà//zhuāng
1731	划时代	huàshídài
1732	画册	huàcè
1733	画龙点睛	huàlóng-diǎnjīng
1734	画蛇添足	huàshé-tiānzú

1735	画展	huàzhǎn
1736	话费	huàfèi
1737	话筒	huàtǒng
1738	话语	huàyǔ
1739	怀抱	huáibào
1740	怀旧	huáijiù
1741	怀里	huái li
1742	怀孕	huái//yùn
1743	怀着	huáizhe
1744	槐树	huáishù
1745	坏事	huàishì
1746	欢呼	huānhū
1747	欢聚	huānjù
1748	欢快	huānkuài
1749	欢声笑语	huānshēng-xiàoyǔ
1750	还款	huán kuǎn
1751	还原	huán//yuán
1752	环球	huánqiú
1753	环绕	huánrào
1754	缓	huǎn
1755	缓和	huǎnhé
1756	缓缓	huǎnhuǎn
1757	缓慢	huǎnmàn
1758	幻觉	huànjué
1759	幻影	huànyǐng
1760	换成	huànchéng
1761	换取	huànqǔ
1762	换位	huànwèi
1763	换言之	huànyánzhī
1764	唤起	huànqǐ
1765	患	huàn
1766	患病	huànbìng
1767	患有	huànyǒu
1768	焕发	huànfā
1769	荒	huāng
1770	荒诞	huāngdàn
1771	荒凉	huāngliáng
1772	荒谬	huāngmiù
1773	慌乱	huāngluàn
1774	慌张	huāng·zhāng
1775	皇宫	huánggōng
1776	皇后	huánghòu
1777	皇上	huángshang
1778	皇室	huángshì
1779	黄昏	huánghūn
1780	恍然大悟	huǎngrán-dàwù
1781	晃	huǎng
1782	谎话	huǎnghuà
1783	谎言	huǎngyán
1784	晃	huàng
1785	晃荡	huàngdang
1786	灰	huī
1787	灰尘	huīchén
1788	灰心	huī//xīn
1789	挥	huī
1790	辉煌	huīhuáng
1791	回归	huíguī
1792	回扣	huíkòu
1793	回馈	huíkuì
1794	回落	huíluò
1795	回升	huíshēng
1796	回首	huíshǒu
1797	回味	huíwèi
1798	回想	huíxiǎng
1799	回忆录	huíyìlù
1800	悔恨	huǐhèn
1801	毁坏	huǐhuài
1802	毁灭	huǐmiè
1803	汇合	huìhé
1804	汇集	huìjí
1805	汇聚	huìjù
1806	会场	huìchǎng
1807	会面	huì//miàn
1808	会晤	huìwù
1809	会意	huìyì
1810	会诊	huì//zhěn
1811	绘声绘色	huìshēng-huìsè
1812	贿赂	huìlù
1813	昏迷	hūnmí
1814	婚纱	hūnshā
1815	婚姻	hūnyīn
1816	浑身	húnshēn
1817	魂	hún
1818	混凝土	hùnníngtǔ

1819	混淆	hùnxiáo
1820	混浊	hùnzhuó
1821	豁	huō
1822	豁出去	huō∥chuqu
1823	活该	huógāi
1824	活期	huóqī
1825	活儿	huór
1826	火暴	huǒbào
1827	火锅	huǒguō
1828	火候	huǒhou
1829	火花	huǒhuā
1830	火炬	huǒjù
1831	火辣辣	huǒlàlà
1832	火热	huǒrè
1833	火山	huǒshān
1834	火速	huǒsù
1835	火焰	huǒyàn
1856	火药	huǒyào
1837	伙食	huǒ·shí
1838	或多或少	huòduō-huòshǎo
1839	货币	huòbì
1840	货车	huòchē
1841	货物	huòwù
1842	货运	huòyùn
1843	获胜	huòshèng
1844	获悉	huòxī
1845	祸害	huòhai
1846	霍乱	huòluàn
1847	豁达	huòdá
1848	几率	jīlǜ
1849	讥笑	jīxiào
1850	饥饿	jī'è
1851	机舱	jīcāng
1852	机动	jīdòng
1853	机灵	jīling
1854	机密	jīmì
1855	机智	jīzhì
1856	肌肤	jīfū
1857	积	jī
1858	积淀	jīdiàn
1859	积蓄	jīxù
1860	基本功	jīběngōng
1861	基层	jīcéng
1862	基因	jīyīn
1863	基于	jīyú
1864	基准	jīzhǔn
1865	畸形	jīxíng
1866	激发	jīfā
1867	激光	jīguāng
1868	激化	jīhuà
1869	激活	jīhuó
1870	激励	jīlì
1871	激起	jīqǐ
1872	激素	jīsù
1873	及	jí
1874	及其	jí qí
1875	及早	jízǎo
1876	吉普	jípǔ
1877	吉他	jítā
1878	吉祥物	jíxiángwù
1879	级别	jíbié
1880	极度	jídù
1881	极力	jílì
1882	极少数	jí shǎoshù
1883	极为	jíwéi
1884	极限	jíxiàn
1885	即	jí
1886	即便	jíbiàn
1887	即可	jíkě
1888	急剧	jíjù
1889	急迫	jípò
1890	急性	jíxìng
1891	急需	jíxū
1892	急于	jíyú
1893	急诊	jízhěn
1894	急转弯	jízhuǎnwān
1895	棘手	jíshǒu
1896	集会	jíhuì
1897	集结	jíjié
1898	集邮	jí∥yóu
1899	集装箱	jízhuāngxiāng
1900	集资	jízī
1901	嫉妒	jídù
1902	挤压	jǐyā

1903	脊梁	jǐ·liáng
1904	计	jì
1905	计策	jìcè
1906	计较	jìjiào
1907	计时	jìshí
1908	记号	jìhao
1909	记忆犹新	jìyì-yóuxīn
1910	纪录片	jìlùpiàn
1911	纪念碑	jìniànbēi
1912	纪念馆	jìniànguǎn
1913	纪念日	jìniànrì
1914	纪实	jìshí
1915	技艺	jìyì
1916	忌	jì
1917	忌讳	jì·huì
1918	忌口	jì//kǒu
1919	剂	jì
1920	迹象	jìxiàng
1921	继	jì
1922	继而	jì'ér
1923	继父	jìfù
1924	继母	jìmǔ
1925	祭	jì
1926	祭奠	jìdiàn
1927	祭祀	jìsì
1928	寄托	jìtuō
1929	寂静	jìjìng
1930	寂寞	jìmò
1931	加紧	jiājǐn
1932	加剧	jiājù
1933	加深	jiāshēn
1934	加重	jiāzhòng
1935	佳节	jiājié
1936	家伙	jiāhuo
1937	家家户户	jiājiāhùhù
1938	家教	jiājiào
1939	家境	jiājìng
1940	家禽	jiāqín
1941	家用	jiāyòng
1942	家喻户晓	jiāyù-hùxiǎo
1943	家政	jiāzhèng
1944	家族	jiāzú
1945	嘉年华	jiāniánhuá
1946	假定	jiǎdìng
1947	假冒	jiǎmào
1948	假设	jiǎshè
1949	假使	jiǎshǐ
1950	假装	jiǎzhuāng
1951	价位	jiàwèi
1952	价值观	jiàzhíguān
1953	驾	jià
1954	驾车	jià chē
1955	驾驭	jiàyù
1956	架势	jiàshi
1957	架子	jiàzi
1958	嫁	jià
1959	嫁妆	jiàzhuang
1960	尖端	jiānduān
1961	尖锐	jiānruì
1962	奸诈	jiānzhà
1963	歼灭	jiānmiè
1964	坚持不懈	jiānchí-búxiè
1965	坚韧	jiānrèn
1966	坚实	jiānshí
1967	坚守	jiānshǒu
1968	坚信	jiānxìn
1969	坚硬	jiānyìng
1970	肩膀	jiānbǎng
1971	肩负	jiānfù
1972	艰巨	jiānjù
1973	艰苦奋斗	jiānkǔ-fèndòu
1974	艰险	jiānxiǎn
1975	艰辛	jiānxīn
1976	监察	jiānchá
1977	监管	jiānguǎn
1978	监护	jiānhù
1979	监控	jiānkòng
1980	监视	jiānshì
1981	监狱	jiānyù
1982	兼	jiān
1983	兼顾	jiāngù
1984	兼任	jiānrèn
1985	兼容	jiānróng
1986	兼职	jiānzhí

1987 煎 jiān
1988 拣 jiǎn
1989 检察 jiǎnchá
1990 检讨 jiǎntǎo
1991 减免 jiǎnmiǎn
1992 减弱 jiǎnruò
1993 减速 jiǎn∥sù
1994 减压 jiǎnyā
1995 简称 jiǎnchēng
1996 简短 jiǎnduǎn
1997 简化 jiǎnhuà
1998 简洁 jiǎnjié
1999 简陋 jiǎnlòu
2000 简体字 jiǎntǐzì
2001 简要 jiǎnyào
2002 简易 jiǎnyì
2003 见解 jiànjiě
2004 见钱眼开 jiànqián-yǎnkāi
2005 见仁见智 jiànrén-jiànzhì
2006 见识 jiànshi
2007 见外 jiànwài
2008 见效 jiànxiào
2009 见义勇为 jiànyì-yǒngwéi
2010 见证 jiànzhèng
2011 间谍 jiàndié
2012 间断 jiànduàn
2013 间隔 jiàngé
2014 间隙 jiànxì
2015 建交 jiàn∥jiāo
2016 建树 jiànshù
2017 建筑师 jiànzhùshī
2018 建筑物 jiànzhùwù
2019 贱 jiàn
2020 健美 jiànměi
2021 健壮 jiànzhuàng
2022 溅 jiàn
2023 鉴别 jiànbié
2024 鉴赏 jiànshǎng
2025 鉴于 jiànyú
2026 姜 jiāng
2027 僵 jiāng
2028 僵化 jiānghuà
2029 僵局 jiāngjú
2030 讲解 jiǎngjiě
2031 讲述 jiǎngshù
2032 讲学 jiǎng∥xué
2033 奖杯 jiǎngbēi
2034 奖牌 jiǎngpái
2035 奖品 jiǎngpǐn
2036 奖项 jiǎngxiàng
2037 降临 jiànglín
2038 交叉 jiāochā
2039 交锋 jiāo∥fēng
2040 交付 jiāofù
2041 交集 jiāojí
2042 交接 jiāojiē
2043 交界 jiāojiè
2044 交纳 jiāonà
2045 交情 jiāoqing
2046 交涉 jiāoshè
2047 交谈 jiāotán
2048 交替 jiāotì
2049 交头接耳 jiāotóu-jiē'ěr
2050 交响乐 jiāoxiǎngyuè
2051 郊外 jiāowài
2052 郊游 jiāoyóu
2053 浇 jiāo
2054 娇惯 jiāoguàn
2055 娇气 jiāo·qì
2056 胶囊 jiāonáng
2057 胶片 jiāopiàn
2058 焦 jiāo
2059 焦急 jiāojí
2060 焦距 jiāojù
2061 焦虑 jiāolǜ
2062 焦躁 jiāozào
2063 礁石 jiāoshí
2064 嚼 jiáo
2065 角落 jiǎoluò
2066 狡猾 jiǎohuá
2067 绞 jiǎo
2068 矫正 jiǎozhèng
2069 搅 jiǎo
2070 搅拌 jiǎobàn

2071	缴	jiǎo
2072	缴费	jiǎofèi
2073	缴纳	jiǎonà
2074	叫板	jiào//bǎn
2075	叫好	jiào//hǎo
2076	轿车	jiàochē
2077	较劲	jiào//jìn
2078	较量	jiàoliàng
2079	教科书	jiàokēshū
2080	教条	jiàotiáo
2081	教养	jiàoyǎng
2082	阶层	jiēcéng
2083	阶级	jiējí
2084	阶梯	jiētī
2085	皆	jiē
2086	结	jiē
2087	结果	jiē//guǒ
2088	接班	jiē//bān
2089	接班人	jiēbānrén
2090	接二连三	jiē'èr-liánsān
2091	接轨	jiē//guǐ
2092	接济	jiējì
2093	接见	jiējiàn
2094	接力	jiēlì
2095	接纳	jiēnà
2096	接手	jiēshǒu
2097	接送	jiēsòng
2098	接替	jiētì
2099	接听	jiētīng
2100	接通	jiētōng
2101	揭发	jiēfā
2102	揭露	jiēlù
2103	揭示	jiēshì
2104	揭晓	jiēxiǎo
2105	节俭	jiéjiǎn
2106	节气	jié·qì
2107	节水	jiéshuǐ
2108	节衣缩食	jiéyī-suōshí
2109	劫	jié
2110	劫持	jiéchí
2111	洁净	jiéjìng
2112	结冰	jiébīng
2113	结晶	jiéjīng
2114	结局	jiéjú
2115	结识	jiéshí
2116	结尾	jiéwěi
2117	截	jié
2118	截然不同	jiérán-bùtóng
2119	竭尽全力	jiéjìn-quánlì
2120	竭力	jiélì
2121	解答	jiědá
2122	解读	jiědú
2123	解雇	jiěgù
2124	解救	jiějiù
2125	解剖	jiěpōu
2126	解散	jiěsàn
2127	解体	jiětǐ
2128	解脱	jiětuō
2129	解围	jiě//wéi
2130	解析	jiěxī
2131	介入	jièrù
2132	介意	jiè//yì
2133	介于	jièyú
2134	戒备	jièbèi
2135	戒烟	jiè yān
2136	戒指	jièzhi
2137	届时	jièshí
2138	界定	jièdìng
2139	界限	jièxiàn
2140	界线	jièxiàn
2141	借口	jièkǒu
2142	借条	jiètiáo
2143	借用	jièyòng
2144	借助	jièzhù
2145	金属	jīnshǔ
2146	金子	jīnzi
2147	金字塔	jīnzìtǎ
2148	津津有味	jīnjīn-yǒuwèi
2149	津贴	jīntiē
2150	筋	jīn
2151	禁不住	jīnbuzhù
2152	仅次于	jǐn cì yú
2153	尽	jǐn
2154	尽早	jǐnzǎo

2155	紧凑	jǐncòu
2156	紧接着	jǐn jiēzhe
2157	紧迫	jǐnpò
2158	紧缺	jǐnquē
2159	紧缩	jǐnsuō
2160	锦旗	jǐnqí
2161	谨慎	jǐnshèn
2162	尽情	jìnqíng
2163	尽头	jìntóu
2164	进场	jìnchǎng
2165	进程	jìnchéng
2166	进出	jìnchū
2167	进出口	jìn-chūkǒu
2168	进度	jìndù
2169	进而	jìn'ér
2170	进修	jìnxiū
2171	近年来	jìnnián lái
2172	劲头	jìntóu
2173	晋升	jìnshēng
2174	浸泡	jìnpào
2175	禁忌	jìnjì
2176	禁区	jìnqū
2177	茎	jīng
2178	经	jīng
2179	经度	jīngdù
2180	经久不息	jīngjiǔ-bùxī
2181	经贸	jīngmào
2182	经商	jīng//shāng
2183	经受	jīngshòu
2184	荆棘	jīngjí
2185	惊	jīng
2186	惊诧	jīngchà
2187	惊慌	jīnghuāng
2188	惊慌失措	jīnghuāng-shīcuò
2189	惊奇	jīngqí
2190	惊叹	jīngtàn
2191	惊天动地	jīngtiān-dòngdì
2192	惊险	jīngxiǎn
2193	惊心动魄	jīngxīn-dòngpò
2194	惊醒	jīngxǐng
2195	惊讶	jīngyà
2196	晶莹	jīngyíng
2197	兢兢业业	jīngjīngyèyè
2198	精打细算	jīngdǎ-xìsuàn
2199	精华	jīnghuá
2200	精简	jīngjiǎn
2201	精练	jīngliàn
2202	精妙	jīngmiào
2203	精明	jīngmíng
2204	精疲力竭	jīngpí-lìjié
2205	精确	jīngquè
2206	精神病	jīngshénbìng
2207	精髓	jīngsuǐ
2208	精通	jīngtōng
2209	精细	jīngxì
2210	精心	jīngxīn
2211	精益求精	jīngyìqiújīng
2212	精英	jīngyīng
2213	精致	jīngzhì
2214	颈部	jǐngbù
2215	景观	jǐngguān
2216	景区	jǐngqū
2217	警车	jǐngchē
2218	警官	jǐngguān
2219	警惕	jǐngtì
2220	警钟	jǐngzhōng
2221	净化	jìnghuà
2222	竞技	jìngjì
2223	竞相	jìngxiāng
2224	竞选	jìngxuǎn
2225	竟	jìng
2226	竟敢	jìnggǎn
2227	敬	jìng
2228	敬爱	jìng'ài
2229	敬而远之	jìng'éryuǎnzhī
2230	敬酒	jìngjiǔ
2231	敬礼	jìng//lǐ
2232	敬佩	jìngpèi
2233	敬请	jìngqǐng
2234	敬业	jìngyè
2235	敬意	jìngyì
2236	敬重	jìngzhòng
2237	静止	jìngzhǐ
2238	境地	jìngdì

2239 境界 jìngjiè
2240 境内 jìngnèi
2241 境外 jìngwài
2242 境遇 jìngyù
2243 窘迫 jiǒngpò
2244 纠缠 jiūchán
2245 揪 jiū
2246 久违 jiǔwéi
2247 久仰 jiǔyǎng
2248 酒精 jiǔjīng
2249 酒楼 jiǔlóu
2250 救护车 jiùhùchē
2251 救济 jiùjì
2252 救治 jiùzhì
2253 就餐 jiùcān
2254 就地 jiùdì
2255 就读 jiùdú
2256 就近 jiùjìn
2257 就任 jiùrèn
2258 就医 jiù//yī
2259 就诊 jiù//zhěn
2260 就职 jiù//zhí
2261 就座 jiù//zuò
2262 舅舅 jiùjiu
2263 拘留 jūliú
2264 拘束 jūshù
2265 居高临下 jūgāo-línxià
2266 居民楼 jūmínlóu
2267 鞠躬 jū//gōng
2268 局部 júbù
2269 局势 júshì
2270 局限 júxiàn
2271 菊花 júhuā
2272 橘子 júzi
2273 沮丧 jǔsàng
2274 举报 jǔbào
2275 举措 jǔcuò
2276 举例 jǔ//lì
2277 举世闻名 jǔshì-wénmíng
2278 举世无双 jǔshì-wúshuāng
2279 举世瞩目 jǔshì-zhǔmù
2280 举一反三 jǔyī-fǎnsān
2281 举止 jǔzhǐ
2282 举重 jǔzhòng
2283 巨额 jù'é
2284 巨人 jùrén
2285 巨头 jùtóu
2286 巨星 jùxīng
2287 巨型 jùxíng
2288 剧烈 jùliè
2289 剧目 jùmù
2290 剧情 jùqíng
2291 剧团 jùtuán
2292 剧院 jùyuàn
2293 剧组 jùzǔ
2294 据此 jùcǐ
2295 据悉 jùxī
2296 距 jù
2297 锯 jù
2298 聚集 jùjí
2299 聚精会神 jùjīng-huìshén
2300 捐献 juānxiàn
2301 卷入 juǎnrù
2302 卷子 juànzi
2303 圈 juàn
2304 决议 juéyì
2305 诀别 juébié
2306 诀窍 juéqiào
2307 角逐 juézhú
2308 觉醒 juéxǐng
2309 绝技 juéjì
2310 绝缘 juéyuán
2311 绝招 juézhāo
2312 倔强 juéjiàng
2313 崛起 juéqǐ
2314 爵士 juéshì
2315 倔 juè
2316 军官 jūnguān
2317 均衡 jūnhéng
2318 均匀 jūnyún
2319 君子 jūnzǐ
2320 俊 jùn
2321 俊俏 jùnqiào
2322 骏马 jùnmǎ

2323 竣工 jùngōng
2324 卡车 kǎchē
2325 卡片 kǎpiàn
2326 卡通 kǎtōng
2327 开办 kāibàn
2328 开采 kāicǎi
2329 开场 kāi//chǎng
2330 开场白 kāichǎngbái
2331 开除 kāichú
2332 开动 kāidòng
2333 开发区 kāifāqū
2334 开发商 kāifāshāng
2335 开工 kāi//gōng
2336 开垦 kāikěn
2337 开口 kāi//kǒu
2338 开阔 kāikuò
2339 开朗 kāilǎng
2340 开辟 kāipì
2341 开启 kāiqǐ
2342 开枪 kāi qiāng
2343 开天辟地 kāitiān-pìdì
2344 开拓 kāituò
2345 开销 kāi·xiāo
2346 开张 kāi//zhāng
2347 开支 kāizhī
2348 凯歌 kǎigē
2349 楷模 kǎimó
2350 刊登 kāndēng
2351 刊物 kānwù
2352 看护 kānhù
2353 勘探 kāntàn
2354 堪称 kānchēng
2355 侃大山 kǎn dàshān
2356 砍 kǎn
2357 看得出 kàndechū
2358 看热闹 kàn rènao
2359 看似 kànsì
2360 看台 kàntái
2361 看样子 kàn yàngzi
2362 看中 kàn//zhòng
2363 看重 kànzhòng
2364 慷慨 kāngkǎi
2365 扛 káng
2366 抗衡 kànghéng
2367 抗拒 kàngjù
2368 抗生素 kàngshēngsù
2369 抗争 kàngzhēng
2370 考量 kǎo·liáng
2371 烤 kǎo
2372 靠拢 kàolǒng
2373 苛刻 kēkè
2374 科幻 kēhuàn
2375 科目 kēmù
2376 科普 kēpǔ
2377 磕 kē
2378 壳 ké
2379 咳嗽 késou
2380 可悲 kěbēi
2381 可不是 kěbú·shi
2382 可乘之机 kěchéngzhījī
2383 可耻 kěchǐ
2384 可歌可泣 kěgē-kěqì
2385 可观 kěguān
2386 可贵 kěguì
2387 可口 kěkǒu
2388 可谓 kěwèi
2389 可恶 kěwù
2390 可想而知 kěxiǎng'érzhī
2391 可笑 kěxiào
2392 可信 kěxìn
2393 可行 kěxíng
2394 可疑 kěyí
2395 克隆 kèlóng
2396 克制 kèzhì
2397 刻苦 kèkǔ
2398 刻意 kèyì
2399 刻舟求剑 kèzhōu-qiújiàn
2400 客房 kèfáng
2401 客机 kèjī
2402 客流 kèliú
2403 客运 kèyùn
2404 恳求 kěnqiú
2405 啃 kěn
2406 坑 kēng

2407 空荡荡 kōngdàngdàng
2408 空难 kōngnàn
2409 空前 kōngqián
2410 空想 kōngxiǎng
2411 空虚 kōngxū
2412 恐怖 kǒngbù
2413 恐吓 kǒnghè
2414 恐慌 kǒnghuāng
2415 恐惧 kǒngjù
2416 恐龙 kǒnglóng
2417 空白 kòngbái
2418 空地 kòngdì
2419 空隙 kòngxì
2420 控告 kònggào
2421 抠 kōu
2422 口碑 kǒubēi
2423 口才 kǒucái
2424 口吃 kǒuchī
2425 口感 kǒugǎn
2426 口径 kǒujìng
2427 口令 kǒulìng
2428 口气 kǒu·qì
2429 口腔 kǒuqiāng
2430 口哨 kǒushào
2431 口水 kǒushuǐ
2432 口头 kǒutóu
2433 口味 kǒuwèi
2434 口香糖 kǒuxiāngtáng
2435 口音 kǒuyīn
2436 口罩 kǒuzhào
2437 口子 kǒuzi
2438 扣除 kòuchú
2439 扣留 kòuliú
2440 扣人心弦 kòurénxīnxián
2441 扣押 kòuyā
2442 枯燥 kūzào
2443 哭泣 kūqì
2444 哭笑不得 kūxiào-bùdé
2445 窟窿 kūlong
2446 苦力 kǔlì
2447 苦练 kǔ liàn
2448 苦难 kǔnàn
2449 苦恼 kǔnǎo
2450 苦笑 kǔxiào
2451 苦心 kǔxīn
2452 酷似 kùsì
2453 夸 kuā
2454 夸大 kuādà
2455 夸奖 kuājiǎng
2456 夸夸其谈 kuākuā-qítán
2457 夸耀 kuāyào
2458 夸张 kuāzhāng
2459 垮 kuǎ
2460 挎 kuà
2461 跨国 kuàguó
2462 跨越 kuàyuè
2463 快捷 kuàijié
2464 宽敞 kuānchang
2465 宽泛 kuānfàn
2466 宽厚 kuānhòu
2467 宽容 kuānróng
2468 宽恕 kuānshù
2469 宽松 kuān·sōng
2470 款式 kuǎnshì
2471 款项 kuǎnxiàng
2472 筐 kuāng
2473 狂欢 kuánghuān
2474 狂欢节 kuánghuānjié
2475 狂热 kuángrè
2476 旷课 kuàng∥kè
2477 况且 kuàngqiě
2478 矿藏 kuàngcáng
2479 框 kuàng
2480 框架 kuàngjià
2481 亏本 kuī∥běn
2482 亏损 kuīsǔn
2483 昆虫 kūnchóng
2484 捆 kǔn
2485 困惑 kùnhuò
2486 困境 kùnjìng
2487 扩 kuò
2488 扩建 kuòjiàn
2489 扩散 kuòsàn
2490 扩张 kuòzhāng

2491	括弧	kuòhú
2492	阔绰	kuòchuò
2493	拉动	lādòng
2494	拉拢	lā·lǒng
2495	拉锁	lāsuǒ
2496	啦啦队	lālāduì
2497	喇叭	lǎba
2498	腊月	làyuè
2499	蜡	là
2500	蜡烛	làzhú
2501	辣椒	làjiāo
2502	来宾	láibīn
2503	来电	láidiàn
2504	来访	láifǎng
2505	来回	láihuí
2506	来历	láilì
2507	来临	láilín
2508	来龙去脉	láilóng-qùmài
2509	来年	láinián
2510	来源于	láiyuán yú
2511	拦	lán
2512	栏	lán
2513	栏杆	lángān
2514	蓝图	lántú
2515	揽	lǎn
2516	缆车	lǎnchē
2517	懒得	lǎnde
2518	懒惰	lǎnduò
2519	滥用	lànyòng
2520	狼	láng
2521	狼狈	lángbèi
2522	朗诵	lǎngsòng
2523	浪	làng
2524	捞	lāo
2525	劳动力	láodònglì
2526	劳累	láolèi
2527	劳务	láowù
2528	牢固	láogù
2529	牢记	láojì
2530	牢牢	láoláo
2531	唠叨	láodao
2532	老伴儿	lǎobànr
2533	老大	lǎodà
2534	老汉	lǎohàn
2535	老化	lǎohuà
2536	老人家	lǎorenjia
2537	老实说	lǎoshishuō
2538	老远	lǎo yuǎn
2539	老字号	lǎozìhao
2540	姥姥	lǎolao
2541	姥爷	lǎoye
2542	涝	lào
2543	乐意	lèyì
2544	乐园	lèyuán
2545	勒	lēi
2546	雷同	léitóng
2547	累积	lěijī
2548	累计	lěijì
2549	类别	lèibié
2550	棱角	léngjiǎo
2551	冷淡	lěngdàn
2552	冷冻	lěngdòng
2553	冷酷	lěngkù
2554	冷酷无情	lěngkù-wúqíng
2555	冷落	lěngluò
2556	冷门	lěngmén
2557	冷漠	lěngmò
2558	冷笑	lěngxiào
2559	冷战	lěngzhàn
2560	愣	lèng
2561	离谱儿	lí∥pǔr
2562	离奇	líqí
2563	离职	lí∥zhí
2564	黎明	límíng
2565	礼服	lǐfú
2566	礼品	lǐpǐn
2567	礼仪	lǐyí
2568	里程碑	lǐchéngbēi
2569	理睬	lǐcǎi
2570	理会	lǐhuì
2571	理科	lǐkē
2572	理念	lǐniàn
2573	理事	lǐshì
2574	理所当然	lǐsuǒdāngrán

2575	理性	lǐxìng
2576	理直气壮	lǐzhí-qìzhuàng
2577	力不从心	lìbùcóngxīn
2578	力度	lìdù
2579	力求	lìqiú
2580	力所能及	lìsuǒnéngjí
2581	力争	lìzhēng
2582	历程	lìchéng
2583	历届	lìjiè
2584	历经	lìjīng
2585	历来	lìlái
2586	历时	lìshí
2587	立方	lìfāng
2588	立方米	lìfāngmǐ
2589	立功	lì∥gōng
2590	立交桥	lìjiāoqiáo
2591	立体	lìtǐ
2592	立足	lìzú
2593	励志	lìzhì
2594	利害	lìhài
2595	利率	lìlǜ
2596	利索	lìsuo
2597	粒	lì
2598	连滚带爬	liángǔn-dàipá
2599	连绵	liánmián
2600	连任	liánrèn
2601	连锁	liánsuǒ
2602	连锁店	liánsuǒdiàn
2603	连夜	liányè
2604	怜惜	liánxī
2605	帘子	liánzi
2606	莲子	liánzǐ
2607	联邦	liánbāng
2608	联欢	liánhuān
2609	联网	lián∥wǎng
2610	廉价	liánjià
2611	廉洁	liánjié
2612	廉正	liánzhèng
2613	廉政	liánzhèng
2614	脸颊	liǎnjiá
2615	炼	liàn
2616	恋恋不舍	liànliàn-bùshě
2617	良	liáng
2618	良心	liángxīn
2619	良性	liángxìng
2620	凉爽	liángshuǎng
2621	两口子	liǎngkǒuzi
2622	两栖	liǎngqī
2623	亮点	liàngdiǎn
2624	亮丽	liànglì
2625	亮相	liàng∥xiàng
2626	谅解	liàngjiě
2627	辽阔	liáokuò
2628	疗法	liáofǎ
2629	疗效	liáoxiào
2630	寥寥无几	liáoliáo-wújǐ
2631	潦草	liáocǎo
2632	了结	liǎojié
2633	了却	liǎoquè
2634	料到	liàodào
2635	料理	liàolǐ
2636	咧嘴	liě∥zuǐ
2637	列举	lièjǔ
2638	劣势	lièshì
2639	劣质	lièzhì
2640	烈士	lièshì
2641	猎犬	lièquǎn
2642	猎人	lièrén
2643	裂缝	lièfèng
2644	裂痕	lièhén
2645	拎	līn
2646	邻国	línguó
2647	临	lín
2648	临床	línchuáng
2649	临街	línjiē
2650	临近	línjìn
2651	淋	lín
2652	灵	líng
2653	灵感	línggǎn
2654	灵魂	línghún
2655	灵机一动	língjī-yídòng
2656	灵敏	língmǐn
2657	灵巧	língqiǎo
2658	灵通	língtōng

2659	凌晨	língchén
2660	零花钱	línghuāqián
2661	零件	língjiàn
2662	零钱	língqián
2663	零售	língshòu
2664	领队	lǐngduì
2665	领会	lǐnghuì
2666	领军	lǐngjūn
2667	领略	lǐnglüè
2668	领事	lǐngshì
2669	领事馆	lǐngshìguǎn
2670	领土	lǐngtǔ
2671	领悟	lǐngwù
2672	领养	lǐngyǎng
2673	领域	lǐngyù
2674	溜	liū
2675	溜达	liūda
2676	浏览	liúlǎn
2677	浏览器	liúlǎnqì
2678	留恋	liúliàn
2679	留念	liúniàn
2680	留神	liú∥shén
2681	留心	liú∥xīn
2682	留意	liú∥yì
2683	流畅	liúchàng
2684	流程	liúchéng
2685	流浪	liúlàng
2686	流泪	liúlèi
2687	流量	liúliàng
2688	流露	liúlù
2689	流氓	liúmáng
2690	流入	liúrù
2691	流失	liúshī
2692	流水	liúshuǐ
2693	流淌	liútǎng
2694	流向	liúxiàng
2695	流血	liúxuè
2696	流域	liúyù
2697	流转	liúzhuǎn
2698	柳树	liǔshù
2699	遛	liù
2700	龙舟	lóngzhōu
2701	聋	lóng
2702	聋人	lóngrén
2703	笼子	lóngzi
2704	隆重	lóngzhòng
2705	垄断	lǒngduàn
2706	笼统	lǒngtǒng
2707	笼罩	lǒngzhào
2708	搂	lǒu
2709	露面	lòu∥miàn
2710	芦花	lúhuā
2711	炉灶	lúzào
2712	炉子	lúzi
2713	卤味	lǔwèi
2714	鲁莽	lǔmǎng
2715	录制	lùzhì
2716	鹿	lù
2717	路程	lùchéng
2718	路灯	lùdēng
2719	路段	lùduàn
2720	路况	lùkuàng
2721	路面	lùmiàn
2722	路人	lùrén
2723	路途	lùtú
2724	路子	lùzi
2725	露天	lùtiān
2726	旅程	lǚchéng
2727	旅途	lǚtú
2728	铝	lǚ
2729	屡	lǚ
2730	屡次	lǚcì
2731	缕	lǚ
2732	履行	lǚxíng
2733	率（成功率）	lǜ (chénggōnglǜ)
2734	绿灯	lǜdēng
2735	绿地	lǜdì
2736	孪生	luánshēng
2737	卵	luǎn
2738	乱七八糟	luànqībāzāo
2739	掠夺	lüèduó
2740	略	lüè
2741	略微	lüèwēi
2742	抡	lūn

2743 伦理 lúnlǐ
2744 轮换 lúnhuàn
2745 轮廓 lúnkuò
2746 轮流 lúnliú
2747 轮胎 lúntāi
2748 论述 lùnshù
2749 论坛 lùntán
2750 论证 lùnzhèng
2751 罗 luó
2752 萝卜 luóbo
2753 螺丝 luósī
2754 裸 luǒ
2755 裸露 luǒlù
2756 络绎不绝 luòyì-bùjué
2757 落差 luòchā
2758 落地 luò//dì
2759 落户 luò//hù
2760 落下 luòxia
2761 麻（名） má
2762 麻（形） má
2763 麻痹 mábì
2764 麻将 májiàng
2765 麻辣 málà
2766 麻木 mámù
2767 麻醉 mázuì
2768 马后炮 mǎhòupào
2769 马虎 mǎhu
2770 马力 mǎlì
2771 马桶 mǎtǒng
2772 马戏 mǎxì
2773 码（动） mǎ
2774 码（量） mǎ
2775 埋藏 máicáng
2776 埋伏 mái·fú
2777 埋没 máimò
2778 买不起 mǎi bu qǐ
2779 迈 mài
2780 迈进 màijìn
2781 卖弄 màinong
2782 脉搏 màibó
2783 脉络 màiluò
2784 埋怨 mányuàn
2785 蛮 mán
2786 瞒 mán
2787 满怀 mǎnhuái
2788 蔓延 mànyán
2789 漫 màn
2790 漫游 mànyóu
2791 慢慢来 mànmàn lái
2792 慢性 mànxìng
2793 忙活 mánghuo
2794 忙碌 mánglù
2795 忙乱 mángluàn
2796 盲目 mángmù
2797 茫然 mángrán
2798 矛头 máotóu
2799 茅台（酒） Máotái(jiǔ)
2800 茂密 màomì
2801 茂盛 màoshèng
2802 冒充 màochōng
2803 冒犯 màofàn
2804 冒昧 màomèi
2805 冒险 mào//xiǎn
2806 没劲 méijìn
2807 没说的 méishuōde
2808 没完没了 méiwán-méiliǎo
2809 没意思 méi yìsi
2810 没辙 méi//zhé
2811 没准儿 méi//zhǔnr
2812 玫瑰 méigui
2813 枚 méi
2814 眉开眼笑 méikāi-yǎnxiào
2815 眉毛 méimao
2816 煤矿 méikuàng
2817 煤炭 méitàn
2818 每当 měidāng
2819 每逢 měiféng
2820 美德 měidé
2821 美观 měiguān
2822 美化 měihuà
2823 美景 měijǐng
2824 美满 měimǎn
2825 美妙 měimiào
2826 美人 měirén

2827	美味	měiwèi
2828	美中不足	měizhōng-bùzú
2829	美滋滋	měizīzī
2830	魅力	mèilì
2831	闷	mēn
2832	门当户对	méndāng-hùduì
2833	门槛	ménkǎn
2834	门铃	ménlíng
2835	门路	ménlu
2836	闷	mèn
2837	萌发	méngfā
2838	萌芽	méngyá
2839	盟友	méngyǒu
2840	朦胧	ménglóng
2841	猛烈	měngliè
2842	猛然	měngrán
2843	梦幻	mènghuàn
2844	弥补	míbǔ
2845	弥漫	mímàn
2846	迷惑	mí·huò
2847	迷惑不解	míhuò-bùjiě
2848	迷恋	míliàn
2849	迷路	mí//lù
2850	迷失	míshī
2851	谜	mí
2852	谜底	mídǐ
2853	谜团	mítuán
2854	谜语	míyǔ
2855	秘方	mìfāng
2856	秘诀	mìjué
2857	密不可分	mìbùkěfēn
2858	密度	mìdù
2859	密封	mìfēng
2860	密集	mìjí
2861	蜜	mì
2862	蜜蜂	mìfēng
2863	蜜月	mìyuè
2864	棉花	mián·huā
2865	免	miǎn
2866	免不了	miǎnbuliǎo
2867	免除	miǎnchú
2868	免疫	miǎnyì
2869	免职	miǎn//zhí
2870	勉强	miǎnqiǎng
2871	缅怀	miǎnhuái
2872	面部	miànbù
2873	面粉	miànfěn
2874	面红耳赤	miànhóng-ěrchì
2875	面面俱到	miànmiàn-jùdào
2876	面目全非	miànmù-quánfēi
2877	苗	miáo
2878	苗条	miáotiao
2879	苗头	miáotou
2880	描绘	miáohuì
2881	瞄准	miáo//zhǔn
2882	渺小	miǎoxiǎo
2883	庙	miào
2884	庙会	miàohuì
2885	灭绝	mièjué
2886	灭亡	mièwáng
2887	民办	mínbàn
2888	民俗	mínsú
2889	民用	mínyòng
2890	民众	mínzhòng
2891	敏捷	mǐnjié
2892	敏锐	mǐnruì
2893	名副其实	míngfùqíshí
2894	名贵	míngguì
2895	名利	mínglì
2896	名气	míngqi
2897	名声	míngshēng
2898	名言	míngyán
2899	名著	míngzhù
2900	明朗	mínglǎng
2901	明媚	míngmèi
2902	明智	míngzhì
2903	铭记	míngjì
2904	命（动）	mìng
2905	命名	mìng//míng
2906	命题	mìng//tí
2907	摸索	mō·suǒ
2908	模拟	mónǐ
2909	磨合	móhé
2910	磨难	mónàn

2911	磨损	mósǔn
2912	蘑菇	mógu
2913	魔鬼	móguǐ
2914	魔术	móshù
2915	抹	mǒ
2916	末日	mòrì
2917	没落	mòluò
2918	陌生	mòshēng
2919	莫非	mòfēi
2920	莫过于	mòguòyú
2921	莫名其妙	mòmíngqímiào
2922	漠然	mòrán
2923	墨	mò
2924	默读	mòdú
2925	默默无闻	mòmò-wúwén
2926	默契	mòqì
2927	谋害	móuhài
2928	谋求	móuqiú
2929	谋生	móushēng
2930	牡丹	mǔdan
2931	亩	mǔ
2932	木板	mùbǎn
2933	木材	mùcái
2934	木匠	mù·jiàng
2935	木偶	mù'ǒu
2936	目不转睛	mùbùzhuǎnjīng
2937	目瞪口呆	mùdèng-kǒudāi
2938	目的地	mùdìdì
2939	目睹	mùdǔ
2940	目录	mùlù
2941	目中无人	mùzhōng-wúrén
2942	沐浴露	mùyùlù
2943	牧场	mùchǎng
2944	牧民	mùmín
2945	募捐	mù∥juān
2946	墓碑	mùbēi
2947	墓地	mùdì
2948	幕	mù
2949	幕后	mùhòu
2950	穆斯林	mùsīlín
2951	拿手	náshǒu
2952	哪知道	nǎ zhīdào
2953	呐喊	nàhǎn
2954	纳闷儿	nà∥mènr
2955	纳入	nàrù
2956	纳税	nà∥shuì
2957	纳税人	nàshuìrén
2958	乃	nǎi
2959	乃至	nǎizhì
2960	耐	nài
2961	耐人寻味	nàirénxúnwèi
2962	耐性	nàixìng
2963	南瓜	nán·guā
2964	难处	nánchù
2965	难得一见	nándé yí jiàn
2966	难点	nándiǎn
2967	难怪	nánguài
2968	难关	nánguān
2969	难堪	nánkān
2970	难说	nánshuō
2971	难为情	nánwéiqíng
2972	难以想象	nányǐ-xiǎngxiàng
2973	难以置信	nányǐ-zhìxìn
2974	挠	náo
2975	恼羞成怒	nǎoxiū-chéngnù
2976	脑海	nǎohǎi
2977	脑筋	nǎojīn
2978	闹事	nào∥shì
2979	闹着玩儿	nàozhewánr
2980	内存	nèicún
2981	内阁	nèigé
2982	内涵	nèihán
2983	内行	nèiháng
2984	内幕	nèimù
2985	内向	nèixiàng
2986	内需	nèixū
2987	嫩	nèn
2988	能耗	nénghào
2989	能耐	néngnai
2990	能人	néngrén
2991	能源	néngyuán
2992	尼龙	nílóng
2993	泥潭	nítán
2994	泥土	nítǔ

2995	拟	nǐ
2996	拟定	nǐdìng
2997	逆	nì
2998	匿名	nìmíng
2999	年画	niánhuà
3000	年迈	niánmài
3001	年限	niánxiàn
3002	年薪	niánxīn
3003	年夜饭	niányèfàn
3004	年终	niánzhōng
3005	黏	nián
3006	念念不忘	niànniàn-búwàng
3007	念书	niàn∥shū
3008	念头	niàntou
3009	娘	niáng
3010	酿造	niàngzào
3011	鸟巢	niǎocháo
3012	尿	niào
3013	捏	niē
3014	拧	níng
3015	凝固	nínggù
3016	凝聚	níngjù
3017	拧	nǐng
3018	宁可	nìngkě
3019	宁愿	nìngyuàn
3020	扭曲	niǔqū
3021	扭头	niǔ∥tóu
3022	扭转	niǔzhuǎn
3023	纽带	niǔdài
3024	纽扣	niǔkòu
3025	农场	nóngchǎng
3026	农历	nónglì
3027	农民工	nóngmíngōng
3028	农作物	nóngzuòwù
3029	浓厚	nónghòu
3030	浓缩	nóngsuō
3031	浓郁	nóngyù
3032	浓重	nóngzhòng
3033	弄虚作假	nòngxū-zuòjiǎ
3034	奴隶	núlì
3035	女婿	nǚxu
3036	暖烘烘	nuǎnhōnghōng
3037	虐待	nüèdài
3038	挪	nuó
3039	诺言	nuòyán
3040	哦	ò
3041	殴打	ōudǎ
3042	呕吐	ǒutù
3043	趴	pā
3044	拍板	pāi∥bǎn
3045	拍卖	pāimài
3046	拍戏	pāi∥xì
3047	排斥	páichì
3048	排放	páifàng
3049	排练	páiliàn
3050	徘徊	páihuái
3051	牌照	páizhào
3052	派别	pàibié
3053	派遣	pàiqiǎn
3054	攀	pān
3055	攀升	pānshēng
3056	盘（动）	pán
3057	盘算	pánsuan
3058	判处	pànchǔ
3059	判定	pàndìng
3060	判决	pànjué
3061	盼	pàn
3062	叛逆	pànnì
3063	庞大	pángdà
3064	旁观	pángguān
3065	抛	pāo
3066	抛开	pāokāi
3067	抛弃	pāoqì
3068	刨	páo
3069	跑车	pǎochē
3070	跑道	pǎodào
3071	跑龙套	pǎo lóngtào
3072	泡沫	pàomò
3073	胚胎	pēitāi
3074	陪伴	péibàn
3075	陪葬	péizàng
3076	赔钱	péi∥qián
3077	佩服	pèi·fú
3078	配件	pèijiàn

3079 配偶 pèi'ǒu
3080 配送 pèisòng
3081 配音 pèi//yīn
3082 喷泉 pēnquán
3083 抨击 pēngjī
3084 烹调 pēngtiáo
3085 蓬勃 péngbó
3086 鹏程万里 péngchéng-wànlǐ
3087 膨胀 péngzhàng
3088 捧 pěng
3089 捧场 pěng//chǎng
3090 碰钉子 pèng dīngzi
3091 碰巧 pèngqiǎo
3092 碰上 pèngshang
3093 碰撞 pèngzhuàng
3094 批发 pīfā
3095 批判 pīpàn
3096 披露 pīlù
3097 劈 pī
3098 皮带 pídài
3099 疲惫 píbèi
3100 疲惫不堪 píbèi-bùkān
3101 疲倦 píjuàn
3102 疲劳 píláo
3103 脾 pí
3104 匹配 pǐpèi
3105 媲美 pìměi
3106 僻静 pìjìng
3107 譬如 pìrú
3108 譬如说 pìrú shuō
3109 片子 piānzi
3110 偏差 piānchā
3111 偏方 piānfāng
3112 偏见 piānjiàn
3113 偏僻 piānpì
3114 偏偏 piānpiān
3115 偏向 piānxiàng
3116 偏远 piānyuǎn
3117 篇幅 piān·fú
3118 片段 piànduàn
3119 骗人 piàn rén
3120 漂 piāo
3121 飘 piāo
3122 票房 piàofáng
3123 撇 piě
3124 拼搏 pīnbó
3125 拼命 pīn//mìng
3126 贫富 pín fù
3127 贫穷 pínqióng
3128 频率 pínlǜ
3129 频频 pínpín
3130 品尝 pǐncháng
3131 品德 pǐndé
3132 品位 pǐnwèi
3133 品行 pǐnxíng
3134 聘 pìn
3135 聘任 pìnrèn
3136 聘用 pìnyòng
3137 乒乓球 pīngpāngqiú
3138 平常心 píngchángxīn
3139 平淡 píngdàn
3140 平和 pínghé
3141 平价 píngjià
3142 平面 píngmiàn
3143 平民 píngmín
3144 平日 píngrì
3145 平息 píngxī
3146 评定 píngdìng
3147 评论员 pínglùnyuán
3148 评判 píngpàn
3149 评审 píngshěn
3150 评委 píngwěi
3151 凭借 píngjiè
3152 凭着 píngzhe
3153 凭证 píngzhèng
3154 瓶颈 píngjǐng
3155 萍水相逢 píngshuǐ-xiāngféng
3156 泼冷水 pō lěngshuǐ
3157 颇 pō
3158 迫不及待 pòbùjídài
3159 迫害 pòhài
3160 迫使 pòshǐ
3161 破案 pò//àn
3162 破除 pòchú

3163	破解	pòjiě
3164	破旧	pòjiù
3165	破裂	pòliè
3166	破灭	pòmiè
3167	破碎	pòsuì
3168	魄力	pòlì
3169	扑克	pūkè
3170	扑面而来	pūmiàn-érlái
3171	铺路	pū//lù
3172	菩萨	pú·sà
3173	朴实	pǔshí
3174	朴素	pǔsù
3175	普通人	pǔtōng rén
3176	谱	pǔ
3177	瀑布	pùbù
3178	七嘴八舌	qīzuǐ-bāshé
3179	沏	qī
3180	凄凉	qīliáng
3181	期盼	qīpàn
3182	欺骗	qīpiàn
3183	欺诈	qīzhà
3184	漆	qī
3185	齐心协力	qíxīn-xiélì
3186	其后	qíhòu
3187	其间	qíjiān
3188	奇花异草	qíhuā-yìcǎo
3189	奇迹	qíjì
3190	奇特	qítè
3191	歧视	qíshì
3192	祈祷	qídǎo
3193	棋	qí
3194	棋子	qízǐ
3195	旗袍	qípáo
3196	旗帜	qízhì
3197	乞丐	qǐgài
3198	乞求	qǐqiú
3199	乞讨	qǐtǎo
3200	岂有此理	qǐyǒucǐlǐ
3201	启迪	qǐdí
3202	启蒙	qǐméng
3203	启示	qǐshì
3204	起步	qǐbù
3205	起草	qǐ//cǎo
3206	起程	qǐchéng
3207	起初	qǐchū
3208	起伏	qǐfú
3209	起劲	qǐjìn
3210	起跑线	qǐpǎoxiàn
3211	起源	qǐyuán
3212	气愤	qìfèn
3213	气管	qìguǎn
3214	气馁	qìněi
3215	气派	qìpài
3216	气泡	qìpào
3217	气魄	qìpò
3218	气势	qìshì
3219	气味	qìwèi
3220	气息	qìxī
3221	气质	qìzhì
3222	迄今	qìjīn
3223	迄今为止	qìjīn-wéizhǐ
3224	契机	qìjī
3225	契约	qìyuē
3226	器材	qìcái
3227	器械	qìxiè
3228	掐	qiā
3229	卡	qiǎ
3230	卡子	qiǎzi
3231	洽谈	qiàtán
3232	恰到好处	qiàdào-hǎochù
3233	恰恰相反	qiàqià xiāngfǎn
3234	恰巧	qiàqiǎo
3235	恰如其分	qiàrú-qífèn
3236	千变万化	qiānbiàn-wànhuà
3237	千方百计	qiānfāng-bǎijì
3238	千家万户	qiānjiā-wànhù
3239	千军万马	qiānjūn-wànmǎ
3240	千钧一发	qiānjūn-yífà
3241	迁	qiān
3242	迁就	qiānjiù
3243	迁移	qiānyí
3244	牵扯	qiānchě
3245	牵挂	qiānguà
3246	牵涉	qiānshè

3247 牵头 qiān//tóu
3248 牵制 qiānzhì
3249 铅 qiān
3250 谦逊 qiānxùn
3251 签（名） qiān
3252 签署 qiānshǔ
3253 前辈 qiánbèi
3254 前不久 qiánbùjiǔ
3255 前赴后继 qiánfù-hòujì
3256 前期 qiánqī
3257 前任 qiánrèn
3258 前所未有 qiánsuǒwèiyǒu
3259 前台 qiántái
3260 前无古人 qiánwúgǔrén
3261 前夕 qiánxī
3262 前线 qiánxiàn
3263 前沿 qiányán
3264 前仰后合 qiányǎng-hòuhé
3265 前者 qiánzhě
3266 虔诚 qiánchéng
3267 钱财 qiáncái
3268 钳子 qiánzi
3269 潜能 qiánnéng
3270 潜水 qiánshuǐ
3271 潜艇 qiántǐng
3272 潜移默化 qiányí-mòhuà
3273 潜在 qiánzài
3274 谴责 qiǎnzé
3275 欠缺 qiànquē
3276 欠条 qiàntiáo
3277 歉意 qiànyì
3278 呛 qiāng
3279 枪毙 qiāngbì
3280 腔 qiāng
3281 强加 qiángjiā
3282 强劲 qiángjìng
3283 强项 qiángxiàng
3284 强行 qiángxíng
3285 强硬 qiángyìng
3286 强占 qiángzhàn
3287 强制 qiángzhì
3288 抢夺 qiǎngduó
3289 抢劫 qiǎngjié
3290 抢眼 qiǎngyǎn
3291 敲边鼓 qiāo biāngǔ
3292 敲诈 qiāozhà
3293 乔装 qiáozhuāng
3294 瞧不起 qiáobuqǐ
3295 巧合 qiǎohé
3296 窍门 qiàomén
3297 翘 qiào
3298 撬 qiào
3299 切除 qiēchú
3300 切断 qiēduàn
3301 切割 qiēgē
3302 且（副） qiě
3303 且（连） qiě
3304 切身 qièshēn
3305 窃取 qièqǔ
3306 钦佩 qīnpèi
3307 侵害 qīnhài
3308 侵略 qīnlüè
3309 侵权 qīnquán
3310 侵占 qīnzhàn
3311 亲和力 qīnhélì
3312 亲近 qīnjìn
3313 亲朋好友 qīnpéng-hǎoyǒu
3314 亲戚 qīnqi
3315 亲情 qīnqíng
3316 亲热 qīnrè
3317 亲身 qīnshēn
3318 亲生 qīnshēng
3319 亲手 qīnshǒu
3320 亲友 qīnyǒu
3321 勤工俭学 qíngōng-jiǎnxué
3322 勤快 qínkuai
3323 勤劳 qínláo
3324 寝室 qǐnshì
3325 青春期 qīngchūnqī
3326 青蛙 qīngwā
3327 轻而易举 qīng'éryìjǔ
3328 轻蔑 qīngmiè
3329 轻微 qīngwēi
3330 轻型 qīngxíng

3331 倾家荡产 qīngjiā-dàngchǎn
3332 倾诉 qīngsù
3333 倾听 qīngtīng
3334 倾销 qīngxiāo
3335 倾斜 qīngxié
3336 清除 qīngchú
3337 清脆 qīngcuì
3338 清单 qīngdān
3339 清淡 qīngdàn
3340 清静 qīngjìng
3341 清凉 qīngliáng
3342 清明 qīngmíng
3343 清晰 qīngxī
3344 清新 qīngxīn
3345 清真寺 qīngzhēnsì
3346 情 qíng
3347 情报 qíngbào
3348 情不自禁 qíngbúzìjīn
3349 情调 qíngdiào
3350 情怀 qínghuái
3351 情结 qíngjié
3352 情侣 qínglǚ
3353 情人 qíngrén
3354 情谊 qíngyì
3355 情愿 qíngyuàn
3356 请柬 qǐngjiǎn
3357 请帖 qǐngtiě
3358 庆典 qìngdiǎn
3359 庆贺 qìnghè
3360 庆幸 qìngxìng
3361 丘陵 qiūlíng
3362 囚犯 qiúfàn
3363 求婚 qiú//hūn
3364 求救 qiújiù
3365 求学 qiúxué
3366 求医 qiúyī
3367 求证 qiúzhèng
3368 求助 qiúzhù
3369 曲线 qūxiàn
3370 曲折 qūzhé
3371 驱动 qūdòng
3372 驱逐 qūzhú
3373 屈服 qūfú
3374 趋于 qūyú
3375 曲 qǔ
3376 取代 qǔdài
3377 取缔 qǔdì
3378 取而代之 qǔ'érdàizhī
3379 取经 qǔ//jīng
3380 取决于 qǔjué yú
3381 取暖 qǔnuǎn
3382 取胜 qǔshèng
3383 取笑 qǔxiào
3384 娶 qǔ
3385 去除 qùchú
3386 去处 qùchù
3387 去向 qùxiàng
3388 趣味 qùwèi
3389 圈套 quāntào
3390 圈子 quānzi
3391 权衡 quánhéng
3392 权威 quánwēi
3393 权益 quányì
3394 全长 quáncháng
3395 全程 quánchéng
3396 全方位 quánfāngwèi
3397 全局 quánjú
3398 全力以赴 quánlìyǐfù
3399 全能 quánnéng
3400 全文 quánwén
3401 全心全意 quánxīn-quányì
3402 拳 quán
3403 拳头 quán·tóu
3404 劝告 quàngào
3405 劝说 quànshuō
3406 劝阻 quànzǔ
3407 缺口 quēkǒu
3408 缺失 quēshī
3409 缺席 quē//xí
3410 确切 quèqiè
3411 确信 quèxìn
3412 确凿 quèzáo
3413 确诊 quèzhěn
3414 燃放 ránfàng

3415	燃气	ránqì
3416	燃油	rányóu
3417	嚷	rǎng
3418	让步	ràng//bù
3419	饶	ráo
3420	饶恕	ráoshù
3421	扰乱	rǎoluàn
3422	绕行	ràoxíng
3423	惹	rě
3424	热潮	rècháo
3425	热带	rèdài
3426	热气	rèqì
3427	热气球	rèqìqiú
3428	热腾腾	rèténgténg
3429	热衷	rèzhōng
3430	人次	réncì
3431	人道	réndào
3432	人格	réngé
3433	人工智能	réngōng-zhìnéng
3434	人均	rénjūn
3435	人品	rénpǐn
3436	人气	rénqì
3437	人情	rénqíng
3438	人身	rénshēn
3439	人事	rénshì
3440	人手	rénshǒu
3441	人体	réntǐ
3442	人为	rénwéi
3443	人文	rénwén
3444	人行道	rénxíngdào
3445	人性	rénxìng
3446	人选	rénxuǎn
3447	人缘儿	rényuánr
3448	人造	rénzào
3449	人质	rénzhì
3450	仁慈	réncí
3451	忍饥挨饿	rěnjī-ái'è
3452	忍耐	rěnnài
3453	忍心	rěn//xīn
3454	认错	rèn//cuò
3455	认证	rènzhèng
3456	认知	rènzhī
3457	任命	rènmìng
3458	任期	rènqī
3459	任人宰割	rènrén-zǎigē
3460	任意	rènyì
3461	任职	rèn//zhí
3462	韧性	rènxìng
3463	日程	rìchéng
3464	日复一日	rìfùyírì
3465	日后	rìhòu
3466	日前	rìqián
3467	日趋	rìqū
3468	日新月异	rìxīn-yuèyì
3469	日益	rìyì
3470	荣获	rónghuò
3471	荣幸	róngxìng
3472	荣誉	róngyù
3473	容光焕发	róngguāng-huànfā
3474	容量	róngliàng
3475	容纳	róngnà
3476	容忍	róngrěn
3477	容许	róngxǔ
3478	容颜	róngyán
3479	溶解	róngjiě
3480	融	róng
3481	融化	rónghuà
3482	融洽	róngqià
3483	冗长	rǒngcháng
3484	柔和	róuhé
3485	柔软	róuruǎn
3486	揉	róu
3487	如果说	rúguǒ shuō
3488	如实	rúshí
3489	如意	rú//yì
3490	如愿以偿	rúyuànyǐcháng
3491	如醉如痴	rúzuì-rúchī
3492	儒家	Rújiā
3493	儒学	rúxué
3494	入场	rù//chǎng
3495	入场券	rùchǎngquàn
3496	入境	rù//jìng
3497	入侵	rùqīn
3498	入手	rùshǒu

3499	入选	rùxuǎn
3500	软弱	ruǎnruò
3501	软实力	ruǎnshílì
3502	瑞雪	ruìxuě
3503	润	rùn
3504	若干	ruògān
3505	弱点	ruòdiǎn
3506	弱势	ruòshì
3507	撒	sā
3508	撒谎	sā//huǎng
3509	赛车	sàichē
3510	赛跑	sàipǎo
3511	三番五次	sānfān-wǔcì
3512	三角	sānjiǎo
3513	三维	sānwéi
3514	散布	sànbù
3515	散发	sànfā
3516	桑拿	sāngná
3517	嗓子	sǎngzi
3518	丧生	sàng//shēng
3519	骚乱	sāoluàn
3520	骚扰	sāorǎo
3521	扫除	sǎochú
3522	扫描	sǎomiáo
3523	扫墓	sǎo//mù
3524	扫兴	sǎo//xìng
3525	嫂子	sǎozi
3526	僧人	sēngrén
3527	杀害	shāhài
3528	杀手	shāshǒu
3529	沙龙	shālóng
3530	沙滩	shātān
3531	纱	shā
3532	刹车	shāchē
3533	砂糖	shātáng
3534	鲨鱼	shāyú
3535	傻瓜	shǎguā
3536	筛	shāi
3537	筛选	shāixuǎn
3538	晒太阳	shài tàiyáng
3539	山川	shānchuān
3540	山顶	shāndǐng
3541	山冈	shāngāng
3542	山岭	shānlǐng
3543	山路	shānlù
3544	山寨	shānzhài
3545	删	shān
3546	删除	shānchú
3547	煽动	shāndòng
3548	闪烁	shǎnshuò
3549	善	shàn
3550	善意	shànyì
3551	擅长	shàncháng
3552	擅自	shànzì
3553	膳食	shànshí
3554	赡养	shànyǎng
3555	伤残	shāngcán
3556	伤感	shānggǎn
3557	伤痕	shānghén
3558	伤脑筋	shāng nǎojīn
3559	伤势	shāngshì
3560	商贩	shāngfàn
3561	商贾	shānggǔ
3562	商讨	shāngtǎo
3563	上报	shàngbào
3564	上场	shàng//chǎng
3565	上方	shàngfāng
3566	上岗	shàng//gǎng
3567	上火	shàng//huǒ
3568	上空	shàngkōng
3569	上流	shàngliú
3570	上期	shàng qī
3571	上任	shàng//rèn
3572	上述	shàngshù
3573	上司	shàngsi
3574	上诉	shàngsù
3575	上调	shàngtiáo
3576	上头	shàngtou
3577	上限	shàngxiàn
3578	上旬	shàngxún
3579	上瘾	shàng//yǐn
3580	上映	shàngyìng
3581	上游	shàngyóu
3582	尚	shàng

3583	尚未	shàngwèi
3584	捎	shāo
3585	烧毁	shāohuǐ
3586	烧烤	shāokǎo
3587	稍后	shāohòu
3588	稍候	shāohòu
3589	稍稍	shāoshāo
3590	少不了	shǎobuliǎo
3591	少见	shǎojiàn
3592	少量	shǎoliàng
3593	少有	shǎoyǒu
3594	少林寺	Shàolín Sì
3595	少女	shàonǚ
3596	奢侈	shēchǐ
3597	奢望	shēwàng
3598	设	shè
3599	设定	shèdìng
3600	设法	shèfǎ
3601	社会主义	shèhuì zhǔyì
3602	社交	shèjiāo
3603	社论	shèlùn
3604	社团	shètuán
3605	涉嫌	shèxián
3606	摄氏度	shèshìdù
3607	谁知道	shéi zhīdào
3608	申办	shēnbàn
3609	申报	shēnbào
3610	申领	shēnlǐng
3611	伸手	shēn//shǒu
3612	伸缩	shēnsuō
3613	伸张	shēnzhāng
3614	身不由己	shēnbùyóujǐ
3615	身价	shēnjià
3616	身躯	shēnqū
3617	身心	shēnxīn
3618	身影	shēnyǐng
3619	身子	shēnzi
3620	绅士	shēnshì
3621	深奥	shēn'ào
3622	深切	shēnqiè
3623	深情	shēnqíng
3624	深入人心	shēnrù-rénxīn
3625	深受	shēnshòu
3626	深思	shēnsī
3627	深信	shēnxìn
3628	深夜	shēnyè
3629	深远	shēnyuǎn
3630	神气	shén·qì
3631	神圣	shénshèng
3632	神态	shéntài
3633	神仙	shén·xiān
3634	审	shěn
3635	审定	shěndìng
3636	审核	shěnhé
3637	审美	shěnměi
3638	审判	shěnpàn
3639	审批	shěnpī
3640	审视	shěnshì
3641	肾	shèn
3642	甚至于	shènzhìyú
3643	渗	shèn
3644	渗透	shèntòu
3645	慎重	shènzhòng
3646	升温	shēngwēn
3647	生机	shēngjī
3648	生理	shēnglǐ
3649	生命线	shēngmìngxiàn
3650	生怕	shēngpà
3651	生平	shēngpíng
3652	生前	shēngqián
3653	生死	shēngsǐ
3654	生态	shēngtài
3655	生物	shēngwù
3656	生效	shēng//xiào
3657	生涯	shēngyá
3658	生硬	shēngyìng
3659	生育	shēngyù
3660	声称	shēngchēng
3661	声望	shēngwàng
3662	声誉	shēngyù
3663	牲畜	shēngchù
3664	绳子	shéngzi
3665	省略	shěnglüè
3666	省事	shěng//shì

3667	圣贤	shèngxián
3668	胜出	shèngchū
3669	胜任	shèngrèn
3670	盛大	shèngdà
3671	盛会	shènghuì
3672	盛开	shèngkāi
3673	盛气凌人	shèngqì-língrén
3674	剩余	shèngyú
3675	尸体	shītǐ
3676	失传	shīchuán
3677	失控	shīkòng
3678	失利	shī//lì
3679	失恋	shī//liàn
3680	失灵	shīlíng
3681	失落	shīluò
3682	失眠	shī//mián
3683	失明	shī//míng
3684	失效	shī//xiào
3685	失业率	shīyèlǜ
3686	失踪	shī//zōng
3687	师范	shīfàn
3688	师长	shīzhǎng
3689	师资	shīzī
3690	狮子	shīzi
3691	施工	shī//gōng
3692	施加	shījiā
3693	施行	shīxíng
3694	施压	shīyā
3695	湿度	shīdù
3696	湿润	shīrùn
3697	十字路口	shízì lùkǒu
3698	时不时	shíbùshí
3699	时段	shíduàn
3700	时隔	shí gé
3701	时好时坏	shíhǎo-shíhuài
3702	时间表	shíjiānbiǎo
3703	时空	shíkōng
3704	时髦	shímáo
3705	时尚	shíshàng
3706	时速	shísù
3707	识别	shíbié
3708	实地	shídì
3709	实话	shíhuà
3710	实话实说	shíhuà-shíshuō
3711	实况	shíkuàng
3712	实事求是	shíshì-qiúshì
3713	实体	shítǐ
3714	实物	shíwù
3715	实质	shízhì
3716	食宿	shísù
3717	食用	shíyòng
3718	史无前例	shǐwúqiánlì
3719	使唤	shǐhuan
3720	使命	shǐmìng
3721	使者	shǐzhě
3722	士气	shìqì
3723	示威	shìwēi
3724	示意	shìyì
3725	世代	shìdài
3726	世故	shìgu
3727	世界级	shìjiè jí
3728	世袭	shìxí
3729	市场经济	shìchǎng jīngjì
3730	势必	shìbì
3731	势不可当	shìbùkědāng
3732	势头	shìtou
3733	事迹	shìjì
3734	事态	shìtài
3735	事务	shìwù
3736	事务所	shìwùsuǒ
3737	事项	shìxiàng
3738	事宜	shìyí
3739	侍候	shìhòu
3740	试探	shìtan
3741	试行	shìxíng
3742	试用	shìyòng
3743	试用期	shìyòngqī
3744	视察	shìchá
3745	视角	shìjiǎo
3746	视觉	shìjué
3747	视力	shìlì
3748	视线	shìxiàn
3749	视野	shìyě
3750	柿子	shìzi

3751	是非	shìfēi
3752	适度	shìdù
3753	适量	shìliàng
3754	适时	shìshí
3755	适宜	shìyí
3756	逝世	shìshì
3757	释放	shìfàng
3758	嗜好	shìhào
3759	收复	shōufù
3760	收据	shōujù
3761	收敛	shōuliǎn
3762	收留	shōuliú
3763	收买	shōumǎi
3764	收视率	shōushìlǜ
3765	收缩	shōusuō
3766	收支	shōuzhī
3767	手臂	shǒubì
3768	手册	shǒucè
3769	手动	shǒudòng
3770	手脚	shǒujiǎo
3771	手帕	shǒupà
3772	手枪	shǒuqiāng
3773	手势	shǒushì
3774	手术室	shǒushùshì
3775	手头	shǒutóu
3776	手腕	shǒuwàn
3777	手艺	shǒuyì
3778	手掌	shǒuzhǎng
3779	守候	shǒuhòu
3780	守护	shǒuhù
3781	守株待兔	shǒuzhū-dàitù
3782	首创	shǒuchuàng
3783	首府	shǒufǔ
3784	首批	shǒupī
3785	首饰	shǒu·shì
3786	首要	shǒuyào
3787	寿命	shòumìng
3788	受过	shòu//guò
3789	受害	shòu//hài
3790	受害人	shòuhàirén
3791	受贿	shòu//huì
3792	受惊	shòu//jīng
3793	受苦	shòu//kǔ
3794	受理	shòulǐ
3795	受骗	shòu//piàn
3796	受益	shòuyì
3797	授权	shòuquán
3798	授予	shòuyǔ
3799	售价	shòujià
3800	售票	shòupiào
3801	书橱	shūchú
3802	书籍	shūjí
3803	书记	shūjì
3804	书面	shūmiàn
3805	书写	shūxiě
3806	抒情	shūqíng
3807	枢纽	shūniǔ
3808	梳	shū
3809	梳理	shūlǐ
3810	梳子	shūzi
3811	舒畅	shūchàng
3812	疏导	shūdǎo
3813	疏忽	shūhu
3814	疏散	shūsàn
3815	疏通	shūtōng
3816	输家	shūjiā
3817	输送	shūsòng
3818	输血	shū//xuè
3819	输液	shū//yè
3820	赎	shú
3821	暑期	shǔqī
3822	属性	shǔxìng
3823	曙光	shǔguāng
3824	束缚	shùfù
3825	树立	shùlì
3826	树木	shùmù
3827	树梢	shùshāo
3828	树荫	shùyīn
3829	树枝	shùzhī
3830	竖	shù
3831	数额	shù'é
3832	数据库	shùjùkù
3833	刷新	shuāxīn
3834	耍	shuǎ

3835 耍赖 shuǎlài
3836 衰减 shuāijiǎn
3837 衰竭 shuāijié
3838 衰老 shuāilǎo
3839 衰弱 shuāiruò
3840 衰退 shuāituì
3841 摔跤 shuāi//jiāo
3842 甩 shuǎi
3843 率 shuài
3844 拴 shuān
3845 涮 shuàn
3846 双胞胎 shuāngbāotāi
3847 双边 shuāngbiān
3848 双重 shuāngchóng
3849 双向 shuāngxiàng
3850 双赢 shuāngyíng
3851 霜 shuāng
3852 爽快 shuǎngkuai
3853 水槽 shuǐcáo
3854 水稻 shuǐdào
3855 水管 shuǐguǎn
3856 水壶 shuǐhú
3857 水货 shuǐhuò
3858 水晶 shuǐjīng
3859 水利 shuǐlì
3860 水灵灵 shuǐlínglíng
3861 水龙头 shuǐlóngtóu
3862 水落石出 shuǐluò-shíchū
3863 水面 shuǐmiàn
3864 水手 shuǐshǒu
3865 水温 shuǐwēn
3866 水域 shuǐyù
3867 水源 shuǐyuán
3868 水涨船高 shuǐzhǎng-chuángāo
3869 水准 shuǐzhǔn
3870 税收 shuìshōu
3871 税务 shuìwù
3872 睡袋 shuìdài
3873 顺便 shùnbiàn
3874 顺差 shùnchā
3875 顺畅 shùnchàng
3876 顺从 shùncóng
3877 顺理成章 shùnlǐ-chéngzhāng
3878 顺路 shùnlù
3879 顺其自然 shùnqízìrán
3880 顺势 shùnshì
3881 顺手 shùnshǒu
3882 顺心 shùn//xīn
3883 顺应 shùnyìng
3884 顺着 shùnzhe
3885 瞬间 shùnjiān
3886 说白了 shuōbáile
3887 说不上 shuōbushàng
3888 说到底 shuōdàodǐ
3889 说道 shuōdao
3890 说干就干 shuō gàn jiù gàn
3891 说谎 shuō//huǎng
3892 说老实话 shuō lǎoshi huà
3893 说起来 shuō·qǐ·lái
3894 说情 shuō//qíng
3895 说闲话 shuō xiánhuà
3896 说真的 shuō zhēnde
3897 硕果 shuòguǒ
3898 司法 sīfǎ
3899 司空见惯 sīkōng-jiànguàn
3900 司令 sīlìng
3901 丝 sī
3902 丝绸 sīchóu
3903 丝毫 sīháo
3904 私房钱 sī·fángqián
3905 私家车 sījiāchē
3906 私立 sīlì
3907 私事 sīshì
3908 私下 sīxià
3909 私营 sīyíng
3910 私有 sīyǒu
3911 私自 sīzì
3912 思路 sīlù
3913 思念 sīniàn
3914 思前想后 sīqián-xiǎnghòu
3915 思索 sīsuǒ
3916 撕 sī
3917 死心 sǐ//xīn
3918 死心塌地 sǐxīn-tādì

3919	四合院	sìhéyuàn
3920	四季	sìjì
3921	四面八方	sìmiàn-bāfāng
3922	寺庙	sìmiào
3923	似曾相识	sìcéng-xiāngshí
3924	似是而非	sìshì-érfēi
3925	伺机	sìjī
3926	饲料	sìliào
3927	饲养	sìyǎng
3928	松绑	sōng//bǎng
3929	松弛	sōngchí
3930	耸立	sǒnglì
3931	送别	sòng//bié
3932	搜查	sōuchá
3933	搜集	sōují
3934	搜救	sōujiù
3935	搜寻	sōuxún
3936	艘	sōu
3937	苏醒	sūxǐng
3938	酥	sū
3939	俗	sú
3940	俗话	súhuà
3941	俗话说	súhuà shuō
3942	俗语	súyǔ
3943	诉苦	sù//kǔ
3944	诉说	sùshuō
3945	诉讼	sùsòng
3946	素	sù
3947	素不相识	sùbùxiāngshí
3948	素材	sùcái
3949	素描	sùmiáo
3950	素食	sùshí
3951	素养	sùyǎng
3952	塑造	sùzào
3953	蒜	suàn
3954	算计	suàn·jì
3955	算盘	suàn·pán
3956	算账	suàn//zhàng
3957	虽说	suīshuō
3958	随处可见	suíchù kě jiàn
3959	随大溜	suí dàliù
3960	随机	suíjī
3961	随即	suíjí
3962	随身	suíshēn
3963	随时随地	suíshí-suídì
3964	随心所欲	suíxīnsuǒyù
3965	遂心	suì//xīn
3966	隧道	suìdào
3967	损	sǔn
3968	损坏	sǔnhuài
3969	损人利己	sǔnrén-lìjǐ
3970	损伤	sǔnshāng
3971	缩	suō
3972	缩水	suō//shuǐ
3973	缩影	suōyǐng
3974	所属	suǒshǔ
3975	所谓	suǒwèi
3976	所作所为	suǒzuò-suǒwéi
3977	索赔	suǒpéi
3978	索取	suǒqǔ
3979	索性	suǒxìng
3980	锁定	suǒdìng
3981	他人	tārén
3982	塌	tā
3983	踏上	tàshang
3984	胎	tāi
3985	胎儿	tāi'ér
3986	台球	táiqiú
3987	太极	tàijí
3988	太极拳	tàijíquán
3989	太平	tàipíng
3990	泰斗	tàidǒu
3991	贪	tān
3992	贪婪	tānlán
3993	贪玩儿	tānwánr
3994	贪污	tānwū
3995	摊	tān
3996	瘫	tān
3997	瘫痪	tānhuàn
3998	坛	tán
3999	谈不上	tán bu shàng
4000	谈到	tándào
4001	谈论	tánlùn
4002	谈起	tánqǐ

4003	弹性	tánxìng
4004	痰	tán
4005	坦白	tǎnbái
4006	坦诚	tǎnchéng
4007	坦克	tǎnkè
4008	坦然	tǎnrán
4009	坦率	tǎnshuài
4010	毯子	tǎnzi
4011	炭	tàn
4012	探	tàn
4013	探测	tàncè
4014	探亲	tàn//qīn
4015	探求	tànqiú
4016	探望	tànwàng
4017	探险	tàn//xiǎn
4018	碳	tàn
4019	汤圆	tāngyuán
4020	堂	táng
4021	糖果	tángguǒ
4022	糖尿病	tángniàobìng
4023	倘若	tǎngruò
4024	淌	tǎng
4025	烫	tàng
4026	掏钱	tāo qián
4027	滔滔不绝	tāotāo-bùjué
4028	逃避	táobì
4029	逃生	táoshēng
4030	逃亡	táowáng
4031	陶瓷	táocí
4032	陶冶	táoyě
4033	陶醉	táozuì
4034	淘	táo
4035	淘气	táo//qì
4036	淘汰	táotài
4037	讨	tǎo
4038	讨好	tǎo//hǎo
4039	讨价还价	tǎojià-huánjià
4040	讨人喜欢	tǎo rén xǐhuan
4041	特产	tèchǎn
4042	特长	tècháng
4043	特例	tèlì
4044	特权	tèquán
4045	特邀	tèyāo
4046	特制	tèzhì
4047	特质	tèzhì
4048	腾	téng
4049	藤椅	téngyǐ
4050	剔除	tīchú
4051	梯子	tīzi
4052	提拔	tíbá
4053	提炼	tíliàn
4054	提名	tí//míng
4055	提速	tí//sù
4056	提心吊胆	tíxīn-diàodǎn
4057	提议	tíyì
4058	提早	tízǎo
4059	体谅	tǐliàng
4060	体面	tǐmiàn
4061	体能	tǐnéng
4062	体贴	tǐtiē
4063	体温	tǐwēn
4064	体系	tǐxì
4065	体制	tǐzhì
4066	体质	tǐzhì
4067	剃	tì
4068	替换	tìhuàn
4069	替身	tìshēn
4070	天长地久	tiāncháng-dìjiǔ
4071	天地	tiāndì
4072	天鹅	tiān'é
4073	天分	tiānfèn
4074	天赋	tiānfù
4075	天经地义	tiānjīng-dìyì
4076	天平	tiānpíng
4077	天桥	tiānqiáo
4078	天生	tiānshēng
4079	天使	tiānshǐ
4080	天线	tiānxiàn
4081	天性	tiānxìng
4082	天主教	Tiānzhǔjiào
4083	添加	tiānjiā
4084	甜美	tiánměi
4085	甜蜜	tiánmì
4086	甜头	tiántou

4087	填补	tiánbǔ
4088	填充	tiánchōng
4089	填写	tiánxiě
4090	舔	tiǎn
4091	挑剔	tiāoti
4092	条款	tiáokuǎn
4093	条例	tiáolì
4094	条约	tiáoyuē
4095	调侃	tiáokǎn
4096	调控	tiáokòng
4097	调料	tiáoliào
4098	调试	tiáoshì
4099	挑起	tiǎoqǐ
4100	挑衅	tiǎoxìn
4101	跳槽	tiào∥cáo
4102	跳动	tiàodòng
4103	跳伞	tiào∥sǎn
4104	跳跃	tiàoyuè
4105	贴近	tiējìn
4106	贴切	tiēqiè
4107	帖子	tiězi
4108	听从	tīngcóng
4109	听话	tīng∥huà
4110	停泊	tíngbó
4111	停车位	tíngchēwèi
4112	停电	tíngdiàn
4113	停顿	tíngdùn
4114	停放	tíngfàng
4115	停业	tíng∥yè
4116	通畅	tōngchàng
4117	通车	tōng∥chē
4118	通风	tōng∥fēng
4119	通告	tōnggào
4120	通缉	tōngjī
4121	通顺	tōngshùn
4122	通俗	tōngsú
4123	通通	tōngtōng
4124	通往	tōngwǎng
4125	通宵	tōngxiāo
4126	通行证	tōngxíngzhèng
4127	同伴	tóngbàn
4128	同步	tóngbù
4129	同等	tóngděng
4130	同感	tónggǎn
4131	同伙	tónghuǒ
4132	同类	tónglèi
4133	同盟	tóngméng
4134	同年	tóngnián
4135	同人	tóngrén
4136	同志	tóngzhì
4137	同舟共济	tóngzhōu-gòngjì
4138	铜	tóng
4139	统筹	tǒngchóu
4140	统统	tǒngtǒng
4141	统治	tǒngzhì
4142	捅	tǒng
4143	桶	tǒng
4144	筒	tǒng
4145	痛（副）	tòng
4146	痛心	tòngxīn
4147	偷看	tōukàn
4148	偷窥	tōukuī
4149	偷懒	tōu∥lǎn
4150	头部	tóubù
4151	头顶	tóudǐng
4152	头号	tóuhào
4153	头条	tóutiáo
4154	头头是道	tóutóu-shìdào
4155	头衔	tóuxián
4156	头晕	tóuyūn
4157	投奔	tóubèn
4158	投稿	tóu∥gǎo
4159	投机	tóujī
4160	投射	tóushè
4161	投身	tóushēn
4162	投降	tóuxiáng
4163	透彻	tòuchè
4164	透过	tòuguò
4165	透气	tòu∥qì
4166	透支	tòuzhī
4167	凸	tū
4168	凸显	tūxiǎn
4169	秃	tū
4170	突发	tūfā

4171 突击 tūjī
4172 突破口 tūpòkǒu
4173 突如其来 tūrú-qílái
4174 图表 túbiǎo
4175 图像 túxiàng
4176 图形 túxíng
4177 图纸 túzhǐ
4178 徒步 túbù
4179 涂 tú
4180 屠杀 túshā
4181 土匪 tǔfěi
4182 土壤 tǔrǎng
4183 土生土长 tǔshēng-tǔzhǎng
4184 团伙 tuánhuǒ
4185 团聚 tuánjù
4186 团员 tuányuán
4187 团圆 tuányuán
4188 推测 tuīcè
4189 推辞 tuīcí
4190 推断 tuīduàn
4191 推翻 tuī∥fān
4192 推荐 tuījiàn
4193 推理 tuīlǐ
4194 推敲 tuīqiāo
4195 推算 tuīsuàn
4196 推卸 tuīxiè
4197 推选 tuīxuǎn
4198 推移 tuīyí
4199 颓废 tuífèi
4200 退回 tuìhuí
4201 退却 tuìquè
4202 退让 tuìràng
4203 退缩 tuìsuō
4204 退休金 tuìxiūjīn
4205 退学 tuì∥xué
4206 退役 tuì∥yì
4207 屯 tún
4208 托付 tuōfù
4209 拖累 tuōlěi
4210 拖欠 tuōqiàn
4211 拖延 tuōyán
4212 脱节 tuō∥jié
4213 脱口而出 tuōkǒu’érchū
4214 脱落 tuōluò
4215 脱身 tuō∥shēn
4216 脱颖而出 tuōyǐng’érchū
4217 驮 tuó
4218 妥 tuǒ
4219 妥当 tuǒ·dàng
4220 妥善 tuǒshàn
4221 妥协 tuǒxié
4222 拓宽 tuòkuān
4223 拓展 tuòzhǎn
4224 唾液 tuòyè
4225 挖掘 wājué
4226 挖苦 wāku
4227 瓦 wǎ
4228 歪 wāi
4229 歪曲 wāiqū
4230 外表 wàibiǎo
4231 外公 wàigōng
4232 外行 wàiháng
4233 外号 wàihào
4234 外籍 wàijí
4235 外贸 wàimào
4236 外貌 wàimào
4237 外婆 wàipó
4238 外企 wàiqǐ
4239 外星人 wàixīngrén
4240 外形 wàixíng
4241 外援 wàiyuán
4242 丸 wán
4243 完备 wánbèi
4244 完毕 wánbì
4245 完蛋 wán∥dàn
4246 完好 wánhǎo
4247 玩耍 wánshuǎ
4248 玩意儿 wányìr
4249 顽固 wángù
4250 挽 wǎn
4251 挽回 wǎnhuí
4252 挽救 wǎnjiù
4253 晚间 wǎnjiān
4254 晚年 wǎnnián

4255	晚期	wǎnqī
4256	惋惜	wǎnxī
4257	万分	wànfēn
4258	万古长青	wàngǔ-chángqīng
4259	万能	wànnéng
4260	万万	wànwàn
4261	万无一失	wànwú-yìshī
4262	汪洋	wāngyáng
4263	亡羊补牢	wángyáng-bǔláo
4264	王国	wángguó
4265	王牌	wángpái
4266	网点	wǎngdiǎn
4267	网民	wǎngmín
4268	往常	wǎngcháng
4269	往返	wǎngfǎn
4270	往日	wǎngrì
4271	往事	wǎngshì
4272	妄想	wàngxiǎng
4273	忘不了	wàng bu liǎo
4274	忘掉	wàng∥diào
4275	旺	wàng
4276	旺季	wàngjì
4277	旺盛	wàngshèng
4278	望	wàng
4279	望远镜	wàngyuǎnjìng
4280	危及	wēijí
4281	危急	wēijí
4282	威风	wēifēng
4283	威力	wēilì
4284	威慑	wēishè
4285	威信	wēixìn
4286	微不足道	wēibùzúdào
4287	微观	wēiguān
4288	微妙	wēimiào
4289	微弱	wēiruò
4290	微型	wēixíng
4291	为人	wéirén
4292	违背	wéibèi
4293	违约	wéi∥yuē
4294	违章	wéi∥zhāng
4295	围墙	wéiqiáng
4296	唯	wéi
4297	唯独	wéidú
4298	伪造	wěizào
4299	伪装	wěizhuāng
4300	尾气	wěiqì
4301	尾声	wěishēng
4302	纬度	wěidù
4303	委屈	wěiqu
4304	委婉	wěiwǎn
4305	委员	wěiyuán
4306	委员会	wěiyuánhuì
4307	萎缩	wěisuō
4308	卫视	wèishì
4309	未	wèi
4310	未成年人	wèichéngniánrén
4311	未经	wèijīng
4312	未免	wèimiǎn
4313	未知数	wèizhīshù
4314	位子	wèizi
4315	味精	wèijīng
4316	畏惧	wèijù
4317	畏缩	wèisuō
4318	胃口	wèikǒu
4319	喂养	wèiyǎng
4320	慰劳	wèiláo
4321	温度计	wēndùjì
4322	温泉	wēnquán
4323	温柔	wēnróu
4324	温室	wēnshì
4325	温习	wēnxí
4326	温馨	wēnxīn
4327	瘟疫	wēnyì
4328	文	wén
4329	文具	wénjù
4330	文科	wénkē
4331	文盲	wénmáng
4332	文凭	wénpíng
4333	文人	wénrén
4334	文物	wénwù
4335	文献	wénxiàn
4336	文雅	wényǎ
4337	闻名	wénmíng
4338	蚊帐	wénzhàng

4339 蚊子 wénzi
4340 吻 wěn
4341 吻合 wěnhé
4342 紊乱 wěnluàn
4343 稳固 wěngù
4344 稳健 wěnjiàn
4345 稳妥 wěntuǒ
4346 稳重 wěnzhòng
4347 问卷 wènjuàn
4348 问世 wènshì
4349 窝 wō
4350 卧 wò
4351 污秽 wūhuì
4352 巫婆 wūpó
4353 呜咽 wūyè
4354 屋顶 wūdǐng
4355 无比 wúbǐ
4356 无不 wúbù
4357 无偿 wúcháng
4358 无敌 wúdí
4359 无恶不作 wú'è-búzuò
4360 无非 wúfēi
4361 无辜 wúgū
4362 无故 wúgù
4363 无关紧要 wúguān-jǐnyào
4364 无话可说 wúhuà-kěshuō
4365 无济于事 wújìyúshì
4366 无家可归 wújiā-kěguī
4367 无精打采 wújīng-dǎcǎi
4368 无可奉告 wúkěfènggào
4369 无可厚非 wúkěhòufēi
4370 无可奈何 wúkěnàihé
4371 无理 wúlǐ
4372 无力 wúlì
4373 无论如何 wúlùn-rúhé
4374 无能 wúnéng
4375 无能为力 wúnéngwéilì
4376 无情 wúqíng
4377 无情无义 wúqíng-wúyì
4378 无穷 wúqióng
4379 无私 wúsī
4380 无所事事 wúsuǒshìshì
4381 无所作为 wúsuǒzuòwéi
4382 无条件 wútiáojiàn
4383 无微不至 wúwēi-búzhì
4384 无线 wúxiàn
4385 无线电 wúxiàndiàn
4386 无形 wúxíng
4387 无形中 wúxíngzhōng
4388 无须 wúxū
4389 无意 wúyì
4390 无忧无虑 wúyōu-wúlǜ
4391 无缘 wúyuán
4392 无知 wúzhī
4393 无足轻重 wúzú-qīngzhòng
4394 五花八门 wǔhuā-bāmén
4395 五星级 wǔxīngjí
4396 武力 wǔlì
4397 武装 wǔzhuāng
4398 侮辱 wǔrǔ
4399 捂 wǔ
4400 舞厅 wǔtīng
4401 勿 wù
4402 务必 wùbì
4403 务实 wùshí
4404 物流 wùliú
4405 物体 wùtǐ
4406 物证 wùzhèng
4407 物资 wùzī
4408 误差 wùchā
4409 误导 wùdǎo
4410 误区 wùqū
4411 雾 wù
4412 吸纳 xīnà
4413 吸取 xīqǔ
4414 昔日 xīrì
4415 息息相关 xīxī-xiāngguān
4416 稀 xī
4417 稀罕 xīhan
4418 稀奇 xīqí
4419 稀少 xīshǎo
4420 锡 xī
4421 熙熙攘攘 xīxī-rǎngrǎng
4422 熄火 xī//huǒ

4423	膝盖	xīgài
4424	嬉笑	xīxiào
4425	习俗	xísú
4426	席	xí
4427	席位	xíwèi
4428	袭击	xíjī
4429	媳妇	xífu
4430	洗涤剂	xǐdíjì
4431	洗礼	xǐlǐ
4432	喜出望外	xǐchūwàngwài
4433	喜好	xǐhào
4434	喜酒	xǐjiǔ
4435	喜怒哀乐	xǐ-nù-āi-lè
4436	喜庆	xǐqìng
4437	喜事	xǐshì
4438	喜糖	xǐtáng
4439	喜洋洋	xǐyángyáng
4440	喜悦	xǐyuè
4441	细腻	xìnì
4442	细微	xìwēi
4443	细心	xìxīn
4444	虾	xiā
4445	瞎	xiā
4446	侠义	xiáyì
4447	峡谷	xiágǔ
4448	狭隘	xiá'ài
4449	狭小	xiáxiǎo
4450	狭窄	xiázhǎi
4451	下场	xiàchǎng
4452	下跌	xiàdiē
4453	下岗	xià//gǎng
4454	下功夫	xià gōngfu
4455	下海	xià//hǎi
4456	下级	xiàjí
4457	下决心	xià juéxīn
4458	下令	xià//lìng
4459	下落	xiàluò
4460	下期	xià qī
4461	下棋	xià//qí
4462	下山	xià//shān
4463	下手	xià//shǒu
4464	下属	xiàshǔ
4465	下台	xià//tái
4466	下调	xiàtiáo
4467	下乡	xià//xiāng
4468	下旬	xiàxún
4469	下一代	xià yí dài
4470	下意识	xiàyì·shí
4471	下游	xiàyóu
4472	下坠	xiàzhuì
4473	吓唬	xiàhu
4474	吓人	xià//rén
4475	夏令营	xiàlìngyíng
4476	仙鹤	xiānhè
4477	仙女	xiānnǚ
4478	先例	xiānlì
4479	先天	xiāntiān
4480	纤维	xiānwéi
4481	掀	xiān
4482	掀起	xiānqǐ
4483	鲜活	xiānhuó
4484	鲜美	xiānměi
4485	鲜血	xiānxuè
4486	弦	xián
4487	衔接	xiánjiē
4488	嫌弃	xiánqì
4489	嫌疑	xiányí
4490	显而易见	xiǎn'éryìjiàn
4491	显赫	xiǎnhè
4492	显示器	xiǎnshìqì
4493	显现	xiǎnxiàn
4494	显眼	xiǎnyǎn
4495	现成	xiànchéng
4496	现任	xiànrèn
4497	现行	xiànxíng
4498	限	xiàn
4499	限定	xiàndìng
4500	限度	xiàndù
4501	限于	xiànyú
4502	线条	xiàntiáo
4503	宪法	xiànfǎ
4504	陷	xiàn
4505	陷阱	xiànjǐng
4506	馅儿	xiànr

4507	羡慕	xiànmù
4508	献血	xiànxiě
4509	腺	xiàn
4510	乡亲	xiāngqīn
4511	乡下	xiāngxia
4512	相伴	xiāngbàn
4513	相比之下	xiāngbǐ zhī xià
4514	相差	xiāngchà
4515	相传	xiāngchuán
4516	相当于	xiāngdāngyú
4517	相对	xiāngduì
4518	相对而言	xiāngduì-éryán
4519	相辅相成	xiāngfǔ-xiāngchéng
4520	相继	xiāngjì
4521	相连	xiānglián
4522	相识	xiāngshí
4523	相提并论	xiāngtí-bìnglùn
4524	相通	xiāngtōng
4525	相依为命	xiāngyī-wéimìng
4526	相遇	xiāngyù
4527	相约	xiāngyuē
4528	香料	xiāngliào
4529	香水	xiāngshuǐ
4530	香味	xiāngwèi
4531	香烟	xiāngyān
4532	香油	xiāngyóu
4533	镶	xiāng
4534	镶嵌	xiāngqiàn
4535	详尽	xiángjìn
4536	祥和	xiánghé
4537	享	xiǎng
4538	享有	xiǎngyǒu
4539	响亮	xiǎngliàng
4540	响起	xiǎngqǐ
4541	响应	xiǎngyìng
4542	想方设法	xiǎngfāng-shèfǎ
4543	向来	xiànglái
4544	向往	xiàngwǎng
4545	向着	xiàngzhe
4546	项链	xiàngliàn
4547	像（名）	xiàng
4548	像样	xiàng//yàng
4549	橡胶	xiàngjiāo
4550	橡皮	xiàngpí
4551	削	xiāo
4552	消	xiāo
4553	消沉	xiāochén
4554	消遣	xiāoqiǎn
4555	萧条	xiāotiáo
4556	销	xiāo
4557	销毁	xiāohuǐ
4558	销量	xiāoliàng
4559	潇洒	xiāosǎ
4560	小丑	xiǎochǒu
4561	小贩	xiǎofàn
4562	小看	xiǎokàn
4563	小康	xiǎokāng
4564	小路	xiǎolù
4565	小品	xiǎopǐn
4566	小气	xiǎoqi
4567	小区	xiǎoqū
4568	小曲	xiǎoqǔ
4569	小人	xiǎorén
4570	小提琴	xiǎotíqín
4571	小溪	xiǎoxī
4572	小心翼翼	xiǎoxīn-yìyì
4573	小卒	xiǎozú
4574	孝敬	xiàojìng
4575	孝顺	xiào·shùn
4576	肖像	xiàoxiàng
4577	效仿	xiàofǎng
4578	效力	xiàolì
4579	效益	xiàoyì
4580	效应	xiàoyìng
4581	协定	xiédìng
4582	协同	xiétóng
4583	协作	xiézuò
4584	邪	xié
4585	邪恶	xié’è
4586	挟持	xiéchí
4587	携带	xiédài
4588	携手	xiéshǒu
4589	写照	xiězhào
4590	泄	xiè

4591	泄漏	xièlòu
4592	泄露	xièlòu
4593	泄密	xiè//mì
4594	泄气	xiè//qì
4595	泻	xiè
4596	卸	xiè
4597	心爱	xīn'ài
4598	心安理得	xīn'ān-lǐdé
4599	心病	xīnbìng
4600	心肠	xīncháng
4601	心得	xīndé
4602	心慌	xīn//huāng
4603	心急如焚	xīnjí-rúfén
4604	心里话	xīnlǐhuà
4605	心灵手巧	xīnlíng-shǒuqiǎo
4606	心目	xīnmù
4607	心声	xīnshēng
4608	心事	xīnshì
4609	心思	xīnsi
4610	心酸	xīn//suān
4611	心想事成	xīnxiǎng-shìchéng
4612	心胸	xīnxiōng
4613	心血	xīnxuè
4614	心眼儿	xīnyǎnr
4615	心意	xīnyì
4616	芯片	xīnpiàn
4617	辛勤	xīnqín
4618	辛酸	xīnsuān
4619	欣慰	xīnwèi
4620	欣喜	xīnxǐ
4621	欣欣向荣	xīnxīn-xiàngróng
4622	新潮	xīncháo
4623	新陈代谢	xīnchén-dàixiè
4624	新房	xīnfáng
4625	新款	xīnkuǎn
4626	新奇	xīnqí
4627	新生	xīnshēng
4628	新式	xīnshì
4629	新手	xīnshǒu
4630	新颖	xīnyǐng
4631	信贷	xìndài
4632	信件	xìnjiàn
4633	信赖	xìnlài
4634	信誉	xìnyù
4635	兴奋剂	xīngfènjì
4636	兴建	xīngjiàn
4637	兴起	xīngqǐ
4638	星座	xīngzuò
4639	猩猩	xīngxing
4640	腥	xīng
4641	刑法	xíngfǎ
4642	行使	xíngshǐ
4643	行政	xíngzhèng
4644	行走	xíngzǒu
4645	形形色色	xíngxíngsèsè
4646	形影不离	xíngyǐng-bùlí
4647	醒来	xǐnglai
4648	醒目	xǐngmù
4649	醒悟	xǐngwù
4650	兴高采烈	xìnggāo-cǎiliè
4651	兴致	xìngzhì
4652	幸存	xìngcún
4653	幸好	xìnghǎo
4654	幸亏	xìngkuī
4655	幸免	xìngmiǎn
4656	性价比	xìngjiàbǐ
4657	性命	xìngmìng
4658	性情	xìngqíng
4659	姓氏	xìngshì
4660	凶残	xiōngcán
4661	凶恶	xiōng'è
4662	凶狠	xiōnghěn
4663	凶猛	xiōngměng
4664	汹涌	xiōngyǒng
4665	胸膛	xiōngtáng
4666	胸有成竹	xiōngyǒuchéngzhú
4667	雄厚	xiónghòu
4668	休克	xiūkè
4669	休眠	xiūmián
4670	休想	xiūxiǎng
4671	休养	xiūyǎng
4672	修补	xiūbǔ
4673	修长	xiūcháng
4674	修订	xiūdìng

4675 修路 xiū//lù
4676 修正 xiūzhèng
4677 羞愧 xiūkuì
4678 秀丽 xiùlì
4679 秀美 xiùměi
4680 袖手旁观 xiùshǒu-pángguān
4681 绣 xiù
4682 锈 xiù
4683 嗅觉 xiùjué
4684 须 xū
4685 虚 xū
4686 虚构 xūgòu
4687 虚幻 xūhuàn
4688 虚假 xūjiǎ
4689 虚拟 xūnǐ
4690 虚弱 xūruò
4691 虚伪 xūwěi
4692 需 xū
4693 徐徐 xúxú
4694 许 xǔ
4695 许可证 xǔkězhèng
4696 旭日 xùrì
4697 序 xù
4698 序幕 xùmù
4699 叙述 xùshù
4700 酗酒 xùjiǔ
4701 续 xù
4702 絮叨 xùdao
4703 宣称 xuānchēng
4704 宣读 xuāndú
4705 宣告 xuāngào
4706 宣誓 xuān//shì
4707 宣泄 xuānxiè
4708 宣言 xuānyán
4709 宣扬 xuānyáng
4710 喧哗 xuānhuá
4711 喧闹 xuānnào
4712 玄 xuán
4713 玄机 xuánjī
4714 悬挂 xuánguà
4715 悬念 xuánniàn
4716 悬殊 xuánshū
4717 悬崖 xuányá
4718 旋律 xuánlǜ
4719 旋涡 xuánwō
4720 选民 xuǎnmín
4721 选项 xuǎnxiàng
4722 选用 xuǎnyòng
4723 炫耀 xuànyào
4724 削弱 xuēruò
4725 靴子 xuēzi
4726 穴位 xuéwèi
4727 学历 xuélì
4728 学士 xuéshì
4729 学说 xuéshuō
4730 学堂 xuétáng
4731 学业 xuéyè
4732 学艺 xuéyì
4733 学子 xuézǐ
4734 雪山 xuěshān
4735 雪上加霜 xuěshàng-jiāshuāng
4736 血脉 xuèmài
4737 血栓 xuèshuān
4738 血压 xuèyā
4739 血缘 xuèyuán
4740 勋章 xūnzhāng
4741 熏 xūn
4742 熏陶 xūntáo
4743 寻 xún
4744 寻常 xúncháng
4745 寻觅 xúnmì
4746 巡逻 xúnluó
4747 循序渐进 xúnxù-jiànjìn
4748 训 xùn
4749 驯 xùn
4750 逊色 xùnsè
4751 丫头 yātou
4752 压倒 yādǎo
4753 压缩 yāsuō
4754 压抑 yāyì
4755 压制 yāzhì
4756 押 yā
4757 鸦雀无声 yāquè-wúshēng
4758 牙齿 yáchǐ

4759 牙膏 yágāo
4760 芽 yá
4761 哑 yǎ
4762 咽喉 yānhóu
4763 烟囱 yāncōng
4764 烟火 yānhuǒ
4765 淹 yān
4766 延 yán
4767 延缓 yánhuǎn
4768 延误 yánwù
4769 严谨 yánjǐn
4770 严禁 yánjìn
4771 严峻 yánjùn
4772 严密 yánmì
4773 言辞 yáncí
4774 言论 yánlùn
4775 言行 yánxíng
4776 岩石 yánshí
4777 炎热 yánrè
4778 炎症 yánzhèng
4779 沿岸 yán'àn
4780 沿途 yántú
4781 沿线 yánxiàn
4782 研讨 yántǎo
4783 阎王 Yánwang
4784 衍生 yǎnshēng
4785 掩盖 yǎngài
4786 掩护 yǎnhù
4787 掩饰 yǎnshì
4788 眼红 yǎnhóng
4789 眼界 yǎnjiè
4790 眼色 yǎnsè
4791 眼神 yǎnshén
4792 眼下 yǎnxià
4793 演变 yǎnbiàn
4794 演播室 yǎnbōshì
4795 演技 yǎnjì
4796 演练 yǎnliàn
4797 演示 yǎnshì
4798 演说 yǎnshuō
4799 演习 yǎnxí
4800 演戏 yǎn∥xì
4801 演艺圈 yǎnyìquān
4802 演绎 yǎnyì
4803 厌烦 yànfán
4804 厌倦 yànjuàn
4805 咽 yàn
4806 艳丽 yànlì
4807 验 yàn
4808 验收 yànshōu
4809 验证 yànzhèng
4810 焰火 yànhuǒ
4811 燕子 yànzi
4812 秧歌 yāngge
4813 扬 yáng
4814 阳性 yángxìng
4815 杨树 yángshù
4816 洋溢 yángyì
4817 养活 yǎnghuo
4818 养老金 yǎnglǎojīn
4819 养老院 yǎnglǎoyuàn
4820 养生 yǎngshēng
4821 养殖 yǎngzhí
4822 氧 yǎng
4823 痒 yǎng
4824 样本 yàngběn
4825 样品 yàngpǐn
4826 妖怪 yāoguài
4827 邀 yāo
4828 窑 yáo
4829 谣言 yáoyán
4830 摇摆 yáobǎi
4831 摇滚 yáogǔn
4832 摇晃 yáo·huàng
4833 摇篮 yáolán
4834 摇摇欲坠 yáoyáo-yùzhuì
4835 遥控 yáokòng
4836 遥远 yáoyuǎn
4837 药材 yàocái
4838 药方 yàofāng
4839 要不 yàobù
4840 要不是 yàobúshì
4841 要点 yàodiǎn
4842 要害 yàohài

4843 要紧 yàojǐn
4844 要领 yàolǐng
4845 要命 yào//mìng
4846 要强 yàoqiáng
4847 钥匙 yàoshi
4848 耀眼 yàoyǎn
4849 椰子 yēzi
4850 也就是说 yějiùshìshuō
4851 野餐 yěcān
4852 野炊 yěchuī
4853 野蛮 yěmán
4854 野兽 yěshòu
4855 野外 yěwài
4856 野心 yěxīn
4857 野营 yěyíng
4858 业（服务业） yè (fúwùyè)
4859 业绩 yèjì
4860 夜班 yèbān
4861 夜市 yèshì
4862 夜晚 yèwǎn
4863 夜校 yèxiào
4864 夜以继日 yèyǐjìrì
4865 夜总会 yèzǒnghuì
4866 液晶 yèjīng
4867 液体 yètǐ
4868 一把手 yībǎshǒu
4869 一线 yīxiàn
4870 一一 yīyī
4871 伊斯兰教 Yīsīlánjiào
4872 衣食住行 yī-shí-zhù-xíng
4873 医务 yīwù
4874 依 yī
4875 依托 yītuō
4876 依依不舍 yīyī-bùshě
4877 一不小心 yí bù xiǎoxīn
4878 一刹那 yíchànà
4879 一大早 yídàzǎo
4880 一动不动 yídòng-búdòng
4881 一度 yídù
4882 一概 yígài
4883 一概而论 yígài'érlùn
4884 一个劲儿 yígejìnr
4885 一晃 yíhuàng
4886 一技之长 yíjìzhīcháng
4887 一面 yímiàn
4888 一目了然 yímù-liǎorán
4889 一事无成 yíshì-wúchéng
4890 一瞬间 yíshùnjiān
4891 一味 yíwèi
4892 一系列 yíxìliè
4893 一阵 yízhèn
4894 仪表 yíbiǎo
4895 怡然自得 yírán-zìdé
4896 姨 yí
4897 移交 yíjiāo
4898 移植 yízhí
4899 遗留 yíliú
4900 遗弃 yíqì
4901 遗体 yítǐ
4902 遗忘 yíwàng
4903 遗物 yíwù
4904 遗愿 yíyuàn
4905 遗址 yízhǐ
4906 遗嘱 yízhǔ
4907 疑点 yídiǎn
4908 疑惑 yíhuò
4909 疑虑 yílǜ
4910 以 yǐ
4911 以免 yǐmiǎn
4912 以身作则 yǐshēn-zuòzé
4913 以至于 yǐzhìyú
4914 以致 yǐzhì
4915 矣 yǐ
4916 倚 yǐ
4917 一长一短 yì cháng yì duǎn
4918 一成不变 yìchéng-búbiàn
4919 一筹莫展 yìchóu-mòzhǎn
4920 一帆风顺 yìfān-fēngshùn
4921 一干二净 yìgān-èrjìng
4922 一鼓作气 yìgǔ-zuòqì
4923 一锅粥 yìguōzhōu
4924 一回事 yìhuíshì
4925 一家人 yìjiārén
4926 一经 yìjīng

4927	一举	yìjǔ
4928	一举一动	yìjǔ-yídòng
4929	一卡通	yìkǎtōng
4930	一揽子	yìlǎnzi
4931	一连	yìlián
4932	一连串	yìliánchuàn
4933	一毛不拔	yìmáo-bùbá
4934	一年到头	yìnián-dàotóu
4935	一旁	yìpáng
4936	一如既往	yìrú-jìwǎng
4937	一声不吭	yìshēng-bùkēng
4938	一手	yìshǒu
4939	一塌糊涂	yìtāhútú
4940	一体	yìtǐ
4941	一天到晚	yìtiān-dàowǎn
4942	一头	yìtóu
4943	一无所有	yìwúsuǒyǒu
4944	一无所知	yìwúsuǒzhī
4945	一心	yìxīn
4946	一心一意	yìxīn-yíyì
4947	一言不发	yìyán-bùfā
4948	一言一行	yìyán-yìxíng
4949	一眼	yìyǎn
4950	一应俱全	yìyīng-jùquán
4951	一早	yìzǎo
4952	义工	yìgōng
4953	议	yì
4954	议程	yìchéng
4955	议会	yìhuì
4956	议员	yìyuán
4957	屹立	yìlì
4958	亦	yì
4959	异口同声	yìkǒu-tóngshēng
4960	异想天开	yìxiǎng-tiānkāi
4961	异性	yìxìng
4962	异议	yìyì
4963	抑扬顿挫	yìyáng-dùncuò
4964	抑郁	yìyù
4965	抑郁症	yìyùzhèng
4966	抑制	yìzhì
4967	译	yì
4968	易拉罐	yìlāguàn
4969	疫苗	yìmiáo
4970	益处	yìchù
4971	意料	yìliào
4972	意料之外	yìliào zhī wài
4973	意图	yìtú
4974	意向	yìxiàng
4975	溢	yì
4976	毅力	yìlì
4977	毅然	yìrán
4978	因人而异	yīnrén'éryì
4979	阴暗	yīn'àn
4980	阴性	yīnxìng
4981	音响	yīnxiǎng
4982	殷勤	yīnqín
4983	银幕	yínmù
4984	引发	yǐnfā
4985	引经据典	yǐnjīng-jùdiǎn
4986	引领	yǐnlǐng
4987	引擎	yǐnqíng
4988	引人入胜	yǐnrén-rùshèng
4989	引人注目	yǐnrén-zhùmù
4990	引入	yǐnrù
4991	引用	yǐnyòng
4992	引诱	yǐnyòu
4993	饮水	yǐn shuǐ
4994	饮用水	yǐnyòngshuǐ
4995	隐蔽	yǐnbì
4996	隐患	yǐnhuàn
4997	隐瞒	yǐnmán
4998	隐情	yǐnqíng
4999	隐身	yǐnshēn
5000	隐形	yǐnxíng
5001	隐性	yǐnxìng
5002	隐约	yǐnyuē
5003	瘾	yǐn
5004	印刷术	yìnshuāshù
5005	印章	yìnzhāng
5006	印证	yìnzhèng
5007	应有尽有	yīngyǒu-jìnyǒu
5008	英镑	yīngbàng
5009	英俊	yīngjùn
5010	婴儿	yīng'ér

5011	鹰	yīng
5012	迎	yíng
5013	迎合	yínghé
5014	荧光	yíngguāng
5015	盈利	yínglì
5016	营救	yíngjiù
5017	营造	yíngzào
5018	赢家	yíngjiā
5019	影像	yǐngxiàng
5020	应酬	yìngchou
5021	应付	yìngfu
5022	应聘	yìngpìn
5023	应邀	yìngyāo
5024	映	yìng
5025	硬币	yìngbì
5026	硬朗	yìnglang
5027	硬盘	yìngpán
5028	拥护	yōnghù
5029	拥挤	yōngjǐ
5030	庸俗	yōngsú
5031	永不	yǒng bù
5032	永恒	yǒnghéng
5033	永久	yǒngjiǔ
5034	勇往直前	yǒngwǎng-zhíqián
5035	勇于	yǒngyú
5036	涌	yǒng
5037	涌入	yǒngrù
5038	涌现	yǒngxiàn
5039	踊跃	yǒngyuè
5040	用餐	yòng//cān
5041	用功	yònggōng
5042	用力	yòng//lì
5043	用人	yòng//rén
5044	用意	yòngyì
5045	优	yōu
5046	优化	yōuhuà
5047	优雅	yōuyǎ
5048	优异	yōuyì
5049	优越	yōuyuè
5050	忧愁	yōuchóu
5051	忧虑	yōulǜ
5052	忧郁	yōuyù
5053	悠久	yōujiǔ
5054	悠闲	yōuxián
5055	尤为	yóuwéi
5056	由此看来	yóucǐ-kànlái
5057	由此可见	yóucǐ-kějiàn
5058	由来	yóulái
5059	由衷	yóuzhōng
5060	邮编	yóubiān
5061	邮政	yóuzhèng
5062	犹如	yóurú
5063	犹豫不决	yóuyù-bùjué
5064	油画	yóuhuà
5065	游船	yóuchuán
5066	游览	yóulǎn
5067	友情	yǒuqíng
5068	友人	yǒurén
5069	友善	yǒushàn
5070	有待	yǒudài
5071	有的放矢	yǒudì-fàngshǐ
5072	有机	yǒujī
5073	有口无心	yǒukǒu-wúxīn
5074	有两下子	yǒu liǎngxiàzi
5075	有声有色	yǒushēng-yǒusè
5076	有所	yǒusuǒ
5077	有所不同	yǒusuǒ bù tóng
5078	有望	yǒuwàng
5079	有效期	yǒuxiàoqī
5080	有幸	yǒuxìng
5081	有序	yǒuxù
5082	有益	yǒuyì
5083	有意	yǒuyì
5084	有朝一日	yǒuzhāo-yírì
5085	有助于	yǒuzhùyú
5086	幼稚	yòuzhì
5087	诱饵	yòu'ěr
5088	诱发	yòufā
5089	诱惑	yòuhuò
5090	诱人	yòurén
5091	余	yú
5092	余地	yúdì
5093	余额	yú'é
5094	渔船	yúchuán

5095 渔民 yúmín
5096 逾期 yú//qī
5097 愚蠢 yúchǔn
5098 愚公移山 yúgōng-yíshān
5099 舆论 yúlùn
5100 与此同时 yǔcǐ-tóngshí
5101 与否 yǔ fǒu
5102 与其 yǔqí
5103 与日俱增 yǔrì-jùzēng
5104 与时俱进 yǔshí-jùjìn
5105 与众不同 yǔzhòng-bùtóng
5106 予以 yǔyǐ
5107 宇宙 yǔzhòu
5108 语气 yǔqì
5109 浴室 yùshì
5110 预定 yùdìng
5111 预感 yùgǎn
5112 预告 yùgào
5113 预见 yùjiàn
5114 预料 yùliào
5115 预赛 yùsài
5116 预示 yùshì
5117 预售 yùshòu
5118 预算 yùsuàn
5119 预先 yùxiān
5120 预言 yùyán
5121 预兆 yùzhào
5122 欲望 yùwàng
5123 遇难 yù//nàn
5124 遇上 yùshang
5125 遇险 yù//xiǎn
5126 寓言 yùyán
5127 寓意 yùyì
5128 愈合 yùhé
5129 愈来愈 yù lái yù
5130 愈演愈烈 yùyǎn-yùliè
5131 冤 yuān
5132 冤枉 yuānwang
5133 渊源 yuānyuán
5134 元老 yuánlǎo
5135 元首 yuánshǒu
5136 元宵节 Yuánxiāo Jié
5137 原本 yuánběn
5138 原材料 yuáncáiliào
5139 原创 yuánchuàng
5140 原地 yuándì
5141 原型 yuánxíng
5142 原汁原味 yuánzhī-yuánwèi
5143 原装 yuánzhuāng
5144 圆形 yuánxíng
5145 缘分 yuán·fèn
5146 源泉 yuánquán
5147 源头 yuántóu
5148 源于 yuányú
5149 源源不断 yuányuán-búduàn
5150 远程 yuǎnchéng
5151 远见 yuǎnjiàn
5152 远近闻名 yuǎnjìn-wénmíng
5153 怨恨 yuànhèn
5154 怨气 yuànqì
5155 怨言 yuànyán
5156 院士 yuànshì
5157 曰 yuē
5158 约定俗成 yuēdìng-súchéng
5159 月初 yuèchū
5160 月票 yuèpiào
5161 乐器 yuèqì
5162 岳父 yuèfù
5163 岳母 yuèmǔ
5164 阅历 yuèlì
5165 悦耳 yuè'ěr
5166 越发 yuèfā
5167 越过 yuè//guò
5168 晕倒 yūndǎo
5169 陨石 yǔnshí
5170 孕妇 yùnfù
5171 孕育 yùnyù
5172 运河 yùnhé
5173 运送 yùnsòng
5174 运营 yùnyíng
5175 运转 yùnzhuǎn
5176 酝酿 yùnniàng
5177 韵味 yùnwèi
5178 蕴藏 yùncáng

5179	蕴涵	yùnhán
5180	杂技	zájì
5181	杂交	zájiāo
5182	杂乱无章	záluàn-wúzhāng
5183	砸	zá
5184	栽	zāi
5185	栽培	zāipéi
5186	宰	zǎi
5187	再度	zàidù
5188	再现	zàixiàn
5189	在线	zàixiàn
5190	在意	zài//yì
5191	在职	zàizhí
5192	载体	zàitǐ
5193	攒	zǎn
5194	暂	zàn
5195	赞不绝口	zànbùjuékǒu
5196	赞美	zànměi
5197	赞叹	zàntàn
5198	赞叹不已	zàntàn-bùyǐ
5199	赞同	zàntóng
5200	赞许	zànxǔ
5201	赞扬	zànyáng
5202	葬	zàng
5203	葬礼	zànglǐ
5204	遭殃	zāo//yāng
5205	凿	záo
5206	早年	zǎonián
5207	早日	zǎorì
5208	枣	zǎo
5209	造福	zàofú
5210	造假	zàojiǎ
5211	造价	zàojià
5212	造就	zàojiù
5213	造纸术	zàozhǐshù
5214	噪声	zàoshēng
5215	噪音	zàoyīn
5216	则（连）	zé
5217	则（量）	zé
5218	责备	zébèi
5219	责怪	zéguài
5220	贼	zéi
5221	增收	zēngshōu
5222	增添	zēngtiān
5223	扎根	zhā//gēn
5224	渣子	zhāzi
5225	闸	zhá
5226	炸	zhá
5227	眨眼	zhǎ//yǎn
5228	诈骗	zhàpiàn
5229	榨	zhà
5230	窄	zhǎi
5231	债务	zhàiwù
5232	占卜	zhānbǔ
5233	沾	zhān
5234	沾光	zhān//guāng
5235	粘	zhān
5236	瞻仰	zhānyǎng
5237	斩	zhǎn
5238	斩草除根	zhǎncǎo-chúgēn
5239	盏	zhǎn
5240	展出	zhǎnchū
5241	展览会	zhǎnlǎnhuì
5242	展望	zhǎnwàng
5243	崭新	zhǎnxīn
5244	占用	zhànyòng
5245	站立	zhànlì
5246	绽放	zhànfàng
5247	蘸	zhàn
5248	张灯结彩	zhāngdēng-jiécǎi
5249	张贴	zhāngtiē
5250	张扬	zhāngyáng
5251	长辈	zhǎngbèi
5252	长相	zhǎngxiàng
5253	掌管	zhǎngguǎn
5254	帐篷	zhàngpeng
5255	帐子	zhàngzi
5256	账单	zhàngdān
5257	账号	zhànghào
5258	胀	zhàng
5259	招标	zhāo//biāo
5260	招待	zhāodài
5261	招待会	zhāodàihuì
5262	招揽	zhāolǎn

5263	招募	zhāomù
5264	招牌	zhāopai
5265	招收	zhāoshōu
5266	招数	zhāoshù
5267	朝气蓬勃	zhāoqì-péngbó
5268	朝三暮四	zhāosān-mùsì
5269	朝夕相处	zhāoxī-xiāngchǔ
5270	着迷	zháo//mí
5271	沼泽	zhǎozé
5272	召集	zhàojí
5273	兆头	zhàotou
5274	照办	zhào//bàn
5275	照常	zhàocháng
5276	照例	zhàolì
5277	照料	zhàoliào
5278	照明	zhàomíng
5279	罩	zhào
5280	肇事	zhàoshì
5281	折腾	zhēteng
5282	遮	zhē
5283	遮盖	zhēgài
5284	折叠	zhédié
5285	折合	zhéhé
5286	折扣	zhékòu
5287	折磨	zhé·mó
5288	折射	zhéshè
5289	这会儿	zhèhuìr
5290	这样一来	zhèyàng-yìlái
5291	针锋相对	zhēnfēng-xiāngduì
5292	针灸	zhēnjiǔ
5293	侦察	zhēnchá
5294	珍藏	zhēncáng
5295	珍视	zhēnshì
5296	珍重	zhēnzhòng
5297	真假	zhēnjiǎ
5298	真空	zhēnkōng
5299	真情	zhēnqíng
5300	真是的	zhēnshide
5301	真心	zhēnxīn
5302	真挚	zhēnzhì
5303	诊所	zhěnsuǒ
5304	枕头	zhěntou
5305	阵容	zhènróng
5306	阵营	zhènyíng
5307	振奋	zhènfèn
5308	振兴	zhènxīng
5309	振作	zhènzuò
5310	震	zhèn
5311	震动	zhèndòng
5312	震撼	zhènhàn
5313	镇定	zhèndìng
5314	争吵	zhēngchǎo
5315	争端	zhēngduān
5316	争分夺秒	zhēngfēn-duómiǎo
5317	争光	zhēng//guāng
5318	争气	zhēng//qì
5319	争先恐后	zhēngxiān-kǒnghòu
5320	争执	zhēngzhí
5321	征	zhēng
5322	征集	zhēngjí
5323	征收	zhēngshōu
5324	挣扎	zhēngzhá
5325	症结	zhēngjié
5326	睁	zhēng
5327	蒸	zhēng
5328	拯救	zhěngjiù
5329	整合	zhěnghé
5330	整洁	zhěngjié
5331	整数	zhěngshù
5332	正面	zhèngmiàn
5333	正能量	zhèngnéngliàng
5334	正视	zhèngshì
5335	正直	zhèngzhí
5336	正宗	zhèngzōng
5337	证人	zhèng·rén
5338	郑重	zhèngzhòng
5339	之（代）	zhī
5340	之（助）	zhī
5341	之所以	zhīsuǒyǐ
5342	支票	zhīpiào
5343	支柱	zhīzhù
5344	汁	zhī
5345	芝麻	zhīma
5346	芝士	zhīshì

5347 知己 zhījǐ
5348 知觉 zhījué
5349 知识分子 zhīshi fènzǐ
5350 知足 zhīzú
5351 肢体 zhītǐ
5352 脂肪 zhīfáng
5353 执法 zhífǎ
5354 执意 zhíyì
5355 执照 zhízhào
5356 执着 zhízhuó
5357 直奔 zhíbèn
5358 直达 zhídá
5359 直观 zhíguān
5360 直径 zhíjìng
5361 直觉 zhíjué
5362 直视 zhíshì
5363 直至 zhízhì
5364 值钱 zhíqián
5365 职权 zhíquán
5366 职业病 zhíyèbìng
5367 职员 zhíyuán
5368 止步 zhǐ∥bù
5369 止咳 zhǐ ké
5370 止血 zhǐxuè
5371 旨在 zhǐzài
5372 指点 zhǐdiǎn
5373 指教 zhǐjiào
5374 指令 zhǐlìng
5375 指南 zhǐnán
5376 指南针 zhǐnánzhēn
5377 指手画脚 zhǐshǒu-huàjiǎo
5378 指望 zhǐ·wàng
5379 指向 zhǐxiàng
5380 指引 zhǐyǐn
5381 至此 zhìcǐ
5382 至关重要 zhìguān-zhòngyào
5383 志气 zhì·qì
5384 制 zhì
5385 制裁 zhìcái
5386 制服 zhìfú
5387 制品 zhìpǐn
5388 制止 zhìzhǐ
5389 质地 zhìdì
5390 质朴 zhìpǔ
5391 质问 zhìwèn
5392 质疑 zhìyí
5393 治学 zhìxué
5394 治愈 zhìyù
5395 致 zhì
5396 致辞 zhì∥cí
5397 致富 zhìfù
5398 致敬 zhìjìng
5399 致力于 zhìlì yú
5400 致命 zhìmìng
5401 致使 zhìshǐ
5402 秩序 zhìxù
5403 窒息 zhìxī
5404 智商 zhìshāng
5405 滞后 zhìhòu
5406 滞留 zhìliú
5407 置 zhì
5408 中国画 zhōngguóhuà
5409 中立 zhōnglì
5410 中途 zhōngtú
5411 中型 zhōngxíng
5412 中性 zhōngxìng
5413 中旬 zhōngxún
5414 中庸 zhōngyōng
5415 中止 zhōngzhǐ
5416 忠诚 zhōngchéng
5417 忠实 zhōngshí
5418 忠于 zhōngyú
5419 忠贞 zhōngzhēn
5420 终结 zhōngjié
5421 终究 zhōngjiū
5422 终生 zhōngshēng
5423 衷心 zhōngxīn
5424 肿瘤 zhǒngliú
5425 种族 zhǒngzú
5426 仲裁 zhòngcái
5427 众人 zhòngrén
5428 众所周知 zhòngsuǒzhōuzhī
5429 众志成城 zhòngzhì-chéngchéng
5430 重创 zhòngchuāng

5431	重量级	zhòngliàngjí
5432	重任	zhòngrèn
5433	重伤	zhòngshāng
5434	重心	zhòngxīn
5435	重型	zhòngxíng
5436	重中之重	zhòngzhōngzhīzhòng
5437	周边	zhōubiān
5438	周到	zhōudào
5439	周密	zhōumì
5440	周旋	zhōuxuán
5441	昼夜	zhòuyè
5442	皱	zhòu
5443	骤然	zhòurán
5444	朱红	zhūhóng
5445	株	zhū
5446	诸多	zhūduō
5447	诸如此类	zhūrú-cǐlèi
5448	竹竿	zhúgān
5449	逐年	zhúnián
5450	主	zhǔ
5451	主编	zhǔbiān
5452	主妇	zhǔfù
5453	主力	zhǔlì
5454	主权	zhǔquán
5455	主人公	zhǔréngōng
5456	主食	zhǔshí
5457	主题歌	zhǔtígē
5458	主演	zhǔyǎn
5459	主页	zhǔyè
5460	主义	zhǔyì
5461	主宰	zhǔzǎi
5462	拄	zhǔ
5463	嘱咐	zhǔ·fù
5464	瞩目	zhǔmù
5465	助威	zhù∥wēi
5466	住处	zhùchù
5467	住户	zhùhù
5468	住宿	zhùsù
5469	住址	zhùzhǐ
5470	贮藏	zhùcáng
5471	注	zhù
5472	注定	zhùdìng
5473	注入	zhùrù
5474	铸造	zhùzào
5475	筑	zhù
5476	爪子	zhuǎzi
5477	拽	zhuài
5478	专长	zhuāncháng
5479	专程	zhuānchéng
5480	专柜	zhuānguì
5481	专栏	zhuānlán
5482	专卖店	zhuānmàidiàn
5483	专人	zhuānrén
5484	专职	zhuānzhí
5485	专制	zhuānzhì
5486	专注	zhuānzhù
5487	专著	zhuānzhù
5488	砖	zhuān
5489	转播	zhuǎnbō
5490	转达	zhuǎndá
5491	转机	zhuǎnjī
5492	转交	zhuǎnjiāo
5493	转型	zhuǎnxíng
5494	转学	zhuǎn∥xué
5495	转眼	zhuǎnyǎn
5496	转载	zhuǎnzǎi
5497	转折	zhuǎnzhé
5498	转折点	zhuǎnzhédiǎn
5499	传	zhuàn
5500	传记	zhuànjì
5501	转悠	zhuànyou
5502	撰写	zhuànxiě
5503	庄稼	zhuāngjia
5504	庄严	zhuāngyán
5505	庄园	zhuāngyuán
5506	桩	zhuāng
5507	装扮	zhuāngbàn
5508	壮	zhuàng
5509	壮大	zhuàngdà
5510	壮胆	zhuàng∥dǎn
5511	壮丽	zhuànglì
5512	壮实	zhuàngshi
5513	状元	zhuàngyuan
5514	撞击	zhuàngjī

5515	幢	zhuàng
5516	追悼会	zhuīdàohuì
5517	追赶	zhuīgǎn
5518	追溯	zhuīsù
5519	追随	zhuīsuí
5520	追尾	zhuī//wěi
5521	追问	zhuīwèn
5522	追逐	zhuīzhú
5523	追踪	zhuīzōng
5524	坠	zhuì
5525	准许	zhǔnxǔ
5526	准则	zhǔnzé
5527	拙劣	zhuōliè
5528	捉迷藏	zhuōmícáng
5529	灼热	zhuórè
5530	卓越	zhuóyuè
5531	酌情	zhuóqíng
5532	着力	zhuólì
5533	着落	zhuóluò
5534	着实	zhuóshí
5535	着手	zhuóshǒu
5536	着想	zhuóxiǎng
5537	着眼	zhuóyǎn
5538	着眼于	zhuóyǎn yú
5539	着重	zhuózhòng
5540	姿势	zīshì
5541	姿态	zītài
5542	兹	zī
5543	资本主义	zīběn zhǔyì
5544	资历	zīlì
5545	资深	zīshēn
5546	资讯	zīxùn
5547	滋润	zīrùn
5548	滋味	zīwèi
5549	子弟	zǐdì
5550	子孙	zǐsūn
5551	自卑	zìbēi
5552	自称	zìchēng
5553	自发	zìfā
5554	自费	zìfèi
5555	自负	zìfù
5556	自理	zìlǐ
5557	自力更生	zìlì-gēngshēng
5558	自立	zìlì
5559	自强不息	zìqiáng-bùxī
5560	自然而然	zìrán'érrán
5561	自然界	zìránjiè
5562	自如	zìrú
5563	自始至终	zìshǐ-zhìzhōng
5564	自私	zìsī
5565	自私自利	zìsī-zìlì
5566	自卫	zìwèi
5567	自相矛盾	zìxiāng-máodùn
5568	自信心	zìxìnxīn
5569	自行	zìxíng
5570	自以为是	zìyǐwéishì
5571	自由自在	zìyóu-zìzài
5572	自责	zìzé
5573	自助	zìzhù
5574	自尊	zìzūn
5575	自尊心	zìzūnxīn
5576	字迹	zìjì
5577	字幕	zìmù
5578	字体	zìtǐ
5579	字眼	zìyǎn
5580	宗	zōng
5581	宗旨	zōngzhǐ
5582	综上所述	zōngshàng-suǒshù
5583	总的来说	zǒngde lái shuō
5584	总额	zǒng'é
5585	总而言之	zǒng'éryánzhī
5586	总计	zǒngjì
5587	纵观	zòngguān
5588	纵横交错	zònghéng-jiāocuò
5589	纵然	zòngrán
5590	纵容	zòngróng
5591	纵深	zòngshēn
5592	粽子	zòngzi
5593	走过场	zǒu guòchǎng
5594	走后门	zǒu hòumén
5595	走近	zǒujìn
5596	走廊	zǒuláng
5597	走投无路	zǒutóu-wúlù
5598	走弯路	zǒu wānlù

5599 奏效 zòu∥xiào
5600 揍 zòu
5601 租赁 zūlìn
5602 足迹 zújì
5603 足智多谋 zúzhì-duōmóu
5604 阻挡 zǔdǎng
5605 阻拦 zǔlán
5606 阻力 zǔlì
5607 阻挠 zǔnáo
5608 组建 zǔjiàn
5609 组装 zǔzhuāng
5610 祖传 zǔchuán
5611 祖籍 zǔjí
5612 祖先 zǔxiān
5613 祖宗 zǔzong
5614 钻空子 zuān kòngzi
5615 钻研 zuānyán
5616 钻石 zuànshí
5617 嘴唇 zuǐchún
5618 罪犯 zuìfàn
5619 罪魁祸首 zuìkuí-huòshǒu
5620 尊贵 zūnguì
5621 尊严 zūnyán
5622 遵循 zūnxún
5623 遵照 zūnzhào
5624 琢磨 zuómo
5625 左顾右盼 zuǒgù-yòupàn
5626 佐料 zuǒliào
5627 作弊 zuò∥bì
5628 作对 zuò∥duì
5629 作风 zuòfēng
5630 作客 zuò∥kè
5631 作物 zuòwù
5632 坐落 zuòluò
5633 座谈 zuòtán
5634 座右铭 zuòyòumíng
5635 做生意 zuò shēngyi
5636 做证 zuò∥zhèng

附　录　A
（规范性）
语法等级大纲

A.1　一级语法点

A.1.1　词类

A.1.1.1　名词

【一 01】**方位名词：上、下、里、外、前、后、左、右、东、南、西、北；上边、下边、里边、外边、前边、后边、左边、右边、东边、南边、西边、北边**

桌子上　树下　房间里　门外　楼前　门后

桌子上边　书包里边　饭店的前边　图书馆的北边　东边的车站　南边的房子

书在桌子上。

手机在书包里。

房间里没有人。

他去东边的车站。

A.1.1.2　动词

【一 02】**能愿动词：会、能**

我不会说中文。

明天你能来吗？

【一 03】**能愿动词：想、要**

我想学中文。

他要去书店。

A.1.1.3　代词

【一 04】**疑问代词：多、多少、几、哪、哪儿、哪里、哪些、什么、谁、怎么**

他多大？

你们班有多少个学生？

现在几点？

你喜欢哪个电影？

你们去哪儿？

车站在哪里？

你们班有哪些国家的学生？

你买什么？

谁是老师？

你怎么去医院？

【一 05】人称代词：我、你、您、他、她、我们、你们、他们、她们

你好，我要两个本子。

您好！

他想喝水。

她很高。

我们去书店，你们去哪儿？

他们是学生。

她们是我的同学。

【一 06】指示代词：这、那、这儿、那儿、这里、那里、这些、那些、别的、有的

这是谁的手机？

她喜欢那个书包。

这儿很好。

我去那儿学习。

你坐这里，弟弟坐那里。

这些书很新。

那些东西都很贵。

你还要别的东西吗？

有的同学在休息，有的同学在看书。

A.1.1.4 数词

【一 07】一、二 / 两、三、四、五、六、七、八、九、零；十、百；半

五　　十五　　一百一十五　　六　　二百六（十）　　二百零六

十二　　二十　　二百　　两百

两个人　　两本书

八点半　　半个小时

A.1.1.5 量词

【一 08】名量词：杯、本、个、家、间、口、块、页

两杯牛奶　　三本书　　四个学生　　五家商店　　六间房子　　三口人　　七块面包

A.1.1.6 副词

【一 09】程度副词：非常、很、太、真、最

我非常喜欢这本书。

那个本子很好看。

这里太冷了。

你的房间真干净！

我最喜欢打球。

【一10】**范围、协同副词：都[1]、一块儿、一起**

同学们都很认真。

我们常一块儿玩儿。

明天他们一起去图书馆。

【一11】**时间副词：马上、先、有时、在、正、正在**

医生马上来。

老师，我先说吧。

他有时晚上上课。

我在看电视呢。

你等一下儿，他正吃饭呢。

他们正在唱歌。

【一12】**频率、重复副词：常、常常、再[1]**

他常去饭店吃饭。

她常常不吃早饭。

今天的电影太好看了，我们明天再去看吧。

【一13】**关联副词：还[1]、也**

他要去上海，还要去北京。

他是学生，我也是学生。

【一14】**否定副词：别、不、没、没有**

你别进来。

今天不热。

他昨天没上课。

我今天没有吃早饭。

A.1.1.7 介词

A.1.1.7.1 引出时间、处所

【一15】**从[1]**

我们从星期一到星期五工作。

你从哪儿来？

【一16】**在**

哥哥在北京学中文。

他在手机上看电影。

A.1.1.7.2 引出对象

【一17】**跟[1]、和[1]**

他跟老师请假了。

我没和姐姐一起去中国。

【一 18】比

哥哥比弟弟高。

这个房间比那个房间大。

A.1.1.8 连词

【一 19】连接词或短语：跟[2]、还是、和[2]

爸爸跟妈妈都不在家。

你喝茶还是喝水？

我和弟弟都学习中文。

A.1.1.9 助词

【一 20】结构助词：的[1]、地

你的衣服很好看。

他高兴地说："我明天回家。"

【一 21】动态助词：了[1]

他买了一本书。/ 他没买书。

我写了两个汉字。/ 我没写汉字。

【一 22】语气助词：吧[1]、了[2]、吗、呢

我们走吧。

我累了。

她是医生吗？

他是哪国人呢？

我在看书呢。

A.1.2 短语

A.1.2.1 结构类型

【一 23】数量短语

一个　　两杯　　三本　　四包　　五块

A.1.3 句子成分

A.1.3.1 主语

【一 24】名词、代词或名词性短语作主语

衣服很好看。

他在看电视。

这个房间很干净。

A.1.3.2 谓语

【一25】动词或动词性短语、形容词或形容词性短语作谓语

他病了。

我们学中文。

今天不冷。

这个菜很好吃。

A.1.3.3 宾语

【一26】名词、代词或名词性短语作宾语

他吃面包。

妈妈来看我了。

她买了一个手机。

A.1.3.4 定语

【一27】名词性词语、形容词性词语、数量短语作定语

他在看中文书。

新书包很好看。

我喜欢干净的房间。

她看了两本书。

A.1.3.5 状语

【一28】副词、形容词作状语；表示时间、处所的词语作状语

他不吃包子。

这个房间非常干净。

你认真写！

他十点睡觉。

我们下午去吧。

她在网上买了两本书。

哥哥从北京回来了。

A.1.4 句子的类型

A.1.4.1 句型

A.1.4.1.1 单句

【一29】主谓句1：动词谓语句

我买一个面包。

他不去医院。

【一 30】**主谓句 2：形容词谓语句**

房间很干净。

这个学生最认真。

【一 31】**非主谓句**

下雨了。

车！

※ **复句**（见“A.1.4.4　复句”）

A.1.4.2　句类

【一 32】**陈述句**

妈妈做晚饭。

我不喜欢看电视。

【一 33】**疑问句**

（1）是非问句

他是老师吗？

那儿现在热吗？

（2）特指问句

谁跟你一起去书店？

你想买什么？

（3）选择问句

你爸爸是老师还是医生？

你们坐火车去还是坐飞机去？

（4）正反问句

你喝不喝牛奶？

你吃没吃早饭？

你吃早饭了没有？

今天冷不冷？

这个房间干净不干净？

【一 34】**祈使句**

请进！

别说了！

【一 35】**感叹句**

今天太热了！

这水果真好吃！

A.1.4.3 特殊句型

【一 36】“是”字句

（1）表示等同或类属

他是我的老师。

这是他的书。

（2）表示说明或特征

花是白的。

衣服是干净的。

（3）表示存在

车站东边是一个学校。

教学楼西边不是图书馆。

【一 37】“有”字句 1

（1）表示领有

我有很多书。

他没有哥哥。

一个星期有七天。

（2）表示存在

房间里有两张桌子。

房间里没有桌子。

【一 38】比较句 1

（1）A 比 B + 形容词

我朋友比我高。

这个手机比那个贵。

（2）A 没有 B + 形容词

昨天没有今天热。

这个书包没有那个好看。

A.1.4.4 复句

【一 39】并列复句

（1）不用关联词语

我喜欢看电视，弟弟喜欢打球。

他有一个哥哥，没有姐姐。

（2）用关联词语：一边……，一边……；……，也……

他一边走路，一边唱歌。

哥哥一边看电视，一边吃东西。

我喜欢唱歌，弟弟也喜欢唱歌。

这个房间很大，也很干净。

A.1.5 动作的态

【一 40】变化态：用语气助词“了[2]”表示

她病了。/ 她没病。

雨小了。/ 雨没小。

他吃早饭了。/ 他没吃早饭。

【一 41】完成态：用动态助词“了[1]”表示

他买了两个面包。/ 他没买面包。

我喝了很多水。/ 我没喝水。

【一 42】进行态

（1）……在 / 正在 + 动词

孩子在睡觉，你别说话。

外边正在下雨。

（2）……在 / 正 / 正在 + 动词……+ 呢

你等一下儿，他在打电话呢。

老师进来的时候，我正听歌呢。

同学们正在考试呢。

（3）……呢

我没看电视，看书呢。

甲：你在做什么？

乙：我洗衣服呢。

A.1.6 特殊表达法

A.1.6.1 数的表示法

【一 43】钱数表示法

九块三（毛）（9.30 元）

十五块六毛三（分）（15.63 元）

二十五块零八（分）（25.08 元）

一百五十（元）　　一百五十（块）（150 元）

一百零五（元）　　一百零五（块）（105 元）

A.1.6.2 时间表示法

【一 44】时间表示法

（1）年、月、日、星期表示法

2020 年 12 月 25 日

七月十号

星期一　星期二　星期三　星期四　星期五　星期六　星期日 / 星期天

（2）钟点表示法

两点（2:00）

两点二十五（分）(2:25)

三点零五（分）(3:05)

五点半（5:30）

差两分八点（7:58）

A.1.7 提问的方法

【一 45】用“吗”提问

他是老师吗?

这包子好吃吗?

【一 46】用“多、多少、几、哪、哪儿、哪里、哪些、什么、谁、怎么”提问

你哥哥多大?

车上有多少个人?

你家有几口人?

她是哪国人?

我们在哪儿见面?

你去哪里了?

你看了哪些书?

你星期天做什么?

谁要喝茶?

这个字怎么读?

【一 47】用“还是”提问

她妈妈是老师还是医生?

你喝水还是喝牛奶?

【一 48】用正反疑问形式提问

这本书贵不贵?

电影好看不好看?

你吃不吃包子?

他去没去图书馆?

他回家了没有?

你饿了没有?

A.2 二级语法点

A.2.1 词类

A.2.1.1 动词

【二 01】能愿动词

（1）可能

他可能出去了。

我今天不可能写完这么多作业。

（2）可以

老师，我可以进来吗？

这儿不可以停车。

【二 02】能愿动词：该、应该

你该吃药了。

你们应该去检查一下儿身体。

【二 03】能愿动词：愿意

她很愿意帮助同学。

我不愿意去外地工作。

【二 04】动词重叠：AA、A 一 A、A 了 A、ABAB

我能用用你的手机吗？

你想一想这个字的意思。

他看了看我，没说话。

请介绍介绍你的朋友。

A.2.1.2 代词

【二 05】疑问代词：多久、为什么、怎么样、怎样

你多久去一次超市？

你为什么不去上课？

爸爸的身体怎么样？

这个字怎样写？

【二 06】人称代词：别人、大家、它、它们、咱、咱们、自己

我想听听别人的意见。

大家一起唱歌吧。

那个书包很好看，我喜欢它的颜色。

我家有猫有狗，它们都是我的朋友。

咱一起走吧。

明天咱们去动物园，怎么样？

你一定要相信自己。

自己的事自己做。

【二 07】指示代词：那么、那样、这么、这样

你女朋友有她那么漂亮吗？

筷子不能那样拿。

他哥哥有你这么高。

这个汉字这样写。

A.2.1.3 形容词

【二 08】形容词重叠：AA、AABB

那个女孩儿高高的个子，大大的眼睛，非常漂亮。

这个房间干干净净的。

他们都高高兴兴地回家了。

A.2.1.4 数词

【二 09】千、万、亿

一千三百五十二　　三千五（百）　　三千零五十　　三千零五

两万一千四百六十五　　五万六（千）　　五万零六百　　五万零六

四亿五千万　　四亿五千六百七十二万

※ **序数词**（见【二 72】“序数表示法”）

A.2.1.5 量词

【二 10】名量词：层、封、件、条、位

两层楼　　一封信　　一件衣服　　一条河　　一位老师

【二 11】动量词：遍、次、场、回、下

看两遍　　去一次　　哭一场　　来两回　　打一下儿

【二 12】时量词：分钟、年、天、周

十分钟　　两年　　五天　　三周

A.2.1.6 副词

【二 13】程度副词：多、多么、好、更、十分、特别、挺、有（一）点儿

这孩子多可爱啊！

那些花多么漂亮啊！

这个教室好大啊！
他很高，他弟弟更高。
这包子十分好吃。
王老师的儿子特别可爱。
那儿挺安静的。
今天天气有（一）点儿热。

【二 14】**范围、协同副词：全、一共、只**
同学们全来了。
我们班一共有二十人。
卡里只有二百块钱。

【二 15】**时间副词：刚、刚刚、还[2]、忽然、一直、已经**
我刚从学校回到家。
白老师刚刚从国外回来。
外边还在下雨呢。
街上的灯忽然都亮了。
她一直在说话。
校长已经下班了。

【二 16】**频率、重复副词：重新、经常、老、老是、又**
这篇作文我要重新写一遍。
我经常看见他在图书馆学习。
这个汉字有点儿难，我老写错。
这个月北京老是下雨。
我们队又进了一个球。

【二 17】**关联副词：就[1]**
如果明天天气好，我就去爬山。
你有时间的话，我们就一起出去走走吧。

【二 18】**方式副词：故意**
说话的时候，他故意提高声音，这样大家都能听见。
我不是故意弄坏电脑的。

【二 19】**情态副词：必须、差不多、好像、一定、也许**
要取得好成绩，大家必须努力学习。
机票差不多要两千块钱。
今天好像要下雨。
你到北京后，一定要去看看王老师。
我今年也许会去中国学习中文。

【二 20】**语气副词：才[1]、都[2]、就[2]、正好**

我今天八点才起床。

她一百块钱才买了两本书。

都十二点了，我们该睡觉了。

班长七点半就到教室了。

他一遍就听懂了这个很长的句子。

今年我的生日正好是星期天。

A.2.1.7 介词

A.2.1.7.1 引出时间

【二 21】**当**

当他进来的时候，我们正在看电视。

当爸爸回来的时候，妈妈已经做好晚饭了。

A.2.1.7.2 引出方向、路径

【二 22】**往**

你往左走，就能看见洗手间。

你往前走一百米就到了。

【二 23】**向[1]**

你向西边看，看见西山了吗？

他向图书馆走去了。

【二 24】**从[2]**

你从这儿走，五分钟就到书店了。

这路公交车从我们学校门口过。

A.2.1.7.3 引出对象

【二 25】**对**

她对顾客非常热情。

这件事你对他说了吗？

【二 26】**给**

我晚上要给女朋友打电话。

她后天过生日，我们给她送什么礼物呢？

【二 27】**离**

这儿离车站有点儿远。

现在离放假有一个星期的时间。

A.2.1.7.4 引出目的、原因

【二 28】为[1]

为大家的健康干杯！

我们都为你的好成绩高兴。

A.2.1.8 连词

【二 29】连接词或短语：或、或者

星期天我想去看电影或听音乐会。

我下午去打球或者去爬山。

【二 30】连接分句或句子：不过、但、但是、而且、那、如果、虽然、只要

现在已经是冬天了，但北京还不太冷。

你不去，那我就一个人去。

（“不过、但是、而且、如果、虽然、只要”例句参见复句部分）

A.2.1.9 助词

【二 31】结构助词：得

他走得有点儿快。

她篮球打得很不错。

【二 32】动态助词：过

我去过一次中国。/ 我没去过中国。

他学过一点儿中文。/ 他没学过中文。

【二 33】动态助词：着

门关着。/ 门没关着。

电视开着呢。/ 电视没开着。

他穿着一件黑大衣。

孩子们在教室里高兴地唱着歌。

【二 34】语气助词：啊[1]、吧[2]、的[2]

今天真冷啊！

您是老师吧？

我是昨天来的。

【二 35】其他助词：的话、等

你要来的话，就给我打个电话，我去接你。

我去超市买了很多东西，有酒、水果、牛奶等。

A.2.1.10 叹词

【二 36】喂

喂，是王老师吗？

喂，您找哪位？

A.2.2 短语

A.2.2.1 结构类型

【二 37】基本结构类型

（1）联合短语

北京上海　　我和他　　又大又干净　　去不去

（2）偏正短语

新衣服　　学校的图书馆　　认真学习　　特别开心

（3）动宾短语

买东西　　吃水果　　学习中文　　进教室

（4）动补短语

听清楚　　走来　　说得很高兴　　听两遍

（5）主谓短语

我休息　　他出国　　教室很大　　学习认真

【二 38】其他结构类型 1

（1）“的”字短语

我的　　黑色的　　新的　　吃的　　他买的

（2）连谓短语

去买东西　　哭着说　　坐飞机去北京　　去图书馆借书

A.2.2.2 功能类型

【二 39】名词性短语

新书　　我的衣服　　中文水平　　一条河　　两本　　这件

【二 40】动词性短语

买水果　　写完　　拿出来　　常常休息　　可以去

【二 41】形容词性短语

很舒服　　非常高兴　　大一点儿　　又漂亮又可爱

A.2.2.3 固定短语

A.2.2.3.1 其他

【二 42】不一会儿

今天的作业我不一会儿就做完了。

我们走到车站，不一会儿，公交车就来了。

【二 43】什么的

考试前多做点儿练习什么的。

我去超市买了一些水果、面包什么的。

【二 44】越来越

天气越来越热了。

我越来越喜欢学习中文。

A.2.3 固定格式

【二 45】还是……吧

打车太贵了，你还是坐地铁吧。

外边下雨了，我们还是在房间看电视吧。

【二 46】又……又……

这个饭馆的菜又好吃又便宜。

这球鞋又贵又不好看。

【二 47】(在)……以前 / 以后 / 前 / 后

在来中国以前，我只学过一点儿中文。

吃完午饭以后，我常常会睡一会儿。

你运动前应该活动一下儿身体。

我明天下课后就去你那儿。

A.2.4 句子成分

A.2.4.1 谓语

【二 48】名词、代词、数词或数量短语、名词性短语作谓语

今天晴天。

明天星期五。

这儿怎么样？

他四十，女儿十六。

这本中文书二十五块。

我北京人，今年二十五岁。

她高个子，黄头发，很漂亮。

A.2.4.2 补语

【二 49】结果补语 1：动词 + 错 / 懂 / 干净 / 好 / 会 / 清楚 / 完

写错　看懂　洗干净　做好　学会　听清楚　吃完

你写错了两个汉字。

这个句子我没看懂。

衣服我洗干净了。

这道题你学会了没有？

这道题我没学会。

你听清楚老师的话了吗？

老师的话我听清楚了。

【二 50】趋向补语 1

简单趋向补语的趋向意义用法

（1）动词 + 来 / 去

你看，他向这边走来了。

甲：这件礼物怎么给他？

乙：你给他带去吧。

我明天带一个相机来。

他昨天带来了一个相机。

甲：你的词典呢？

乙：不好意思，我没拿来。

（2）动词 + 上 / 下 / 进 / 出 / 起 / 过 / 回 / 开

你爬上十九楼了没有？

我没爬上十九楼，到十楼就不行了。

爸爸从车上拿下电脑，放回房间。

妈妈走上二楼，从包里拿出一封信。

车开进学校了，我们快过去吧。

你打开包给我看看。

【二 51】状态补语 1：动词 + 得 + 形容词性词语

她跑得很快。

我们玩儿得很高兴。

【二 52】数量补语 1：动词 + 动量补语

我去过一次。

我们休息一下儿。

【二 53】**数量补语 2：形容词 + 数量补语**

我比弟弟大两岁。

昨天很热，今天凉快一点儿。

她的中文比我流利一些。

A.2.5 句子的类型

A.2.5.1 句型

【二 54】**主谓句 3：名词谓语句**

明天阴天。

他中国人。

现在八点二十分。

A.2.5.2 特殊句型

【二 55】**"有"字句 2**

（1）表示评价、达到

他有一米八高。

他有三十多岁。

（2）表示比较（见【二 58】"比较句 2-（4）"）

【二 56】**存现句 1：表示存在**

（1）处所 + 有 + 数量短语 + 名词（见【一 37】"'有'字句 1-（2）"）

（2）处所 + 动词 + 着（+ 数量短语）+ 名词

桌子上放着一本词典。

教室前边站着一位老师。

桌子上放着书、笔和本子。

【二 57】**连动句 1：表示前后动作先后发生**

他开门出去了。

我们吃完饭去图书馆吧。

【二 58】**比较句 2**

（1）A 比 B + 形容词 + 数量补语

姐姐比我大两岁。

房间外边比里边凉快一些。

（2）A 比 B + 更 / 还 + 形容词

他的手机比我的更贵。

今天比昨天还凉快。

（3）A 不如 B（+ 形容词）

我的中文成绩不如班长。

火车不如飞机快。

（4）A 有 B（+ 这么 / 那么）+ 形容词

你哥哥有你高吗？

她家的院子有篮球场那么大。

【二 59】比较句 3

（1）A 跟 B 一样 / 相同

我的爱好跟姐姐一样。

他的想法跟我相同。

哥哥的手机跟我的不一样。

我跟她一样，都是这个学校的学生。

（2）A 跟 B 一样 + 形容词

姐姐跟妹妹一样可爱。

哥哥和弟弟不一样高。

【二 60】“是……的”句 1：强调时间、地点、方式、动作者

我是昨天到北京的。

他是在网上买的手机。

我们是坐飞机来的。

这件事是老师告诉我的。

【二 61】双宾语句

（1）主语 + 动词 + 宾语 1 + 宾语 2

我给妹妹一本书。

爸爸送我一辆汽车。

（2）主语 + 动词 + 给 + 宾语 1 + 宾语 2

朋友借给我一千块钱。

姐姐送给我一个手机。

A.2.5.3 复句

【二 62】承接复句

（1）不用关联词语

吃了晚饭，我们出去走走。

他回房间拿了衣服，去教室上课了。

（2）用关联词语：先……，再 / 然后……

你先去超市买东西，再回家。

我先去吃午饭，然后回房间休息。

【二 63】递进复句

（1）不用关联词语

那个地方我去过了，去过两次了。

他弟弟会说中文，说得很流利。

（2）用关联词语：……，更 / 还……；不但……，而且……

昨天很冷，今天更冷了。

班长学习很好，还经常帮助同学。

她不但会说中文，而且说得很好。

【二 64】选择复句

（1）不用关联词语

这次旅行你坐火车，坐飞机？

我们星期六去，星期天去？

（2）用关联词语：（是）……，还是……

你是坐火车来的，还是坐飞机来的？

周末你们想去打排球，还是想去打篮球？

【二 65】转折复句

（1）不用关联词语

这件衣服样子不错，有点儿贵。

这次去饭店，我们花钱不多，吃得很不错。

（2）用关联词语：虽然……，但是 / 可是……；……，不过……

那个公园虽然不大，但是非常漂亮。

虽然明天可能下雨，可是我还是想去那儿看看。

这个房间不太大，不过住着很舒服。

【二 66】假设复句

（1）不用关联词语

明天下雨，我们在家休息。

明天不下雨，我们出去玩儿。

（2）用关联词语：如果……，就……；……的话，就……

如果你下午有时间，我们就一起去超市吧。

明天天气不好的话，我就不去公园了。

【二 67】条件复句：只要……，就……

只要你认真学习，就一定能取得好成绩。

只要你通过这次考试，我就送你一件礼物。

【二 68】因果复句

（1）不用关联词语

我今天太忙了，午饭都没吃。

那个学生病了，没来上课。

（2）用关联词语：因为……，所以……

因为很累，所以我今天不想做饭了。

因为明天有考试，所以我想早一点儿睡觉。

【二 69】紧缩复句：一……就……

他一起床就去洗脸。

我一喝酒就脸红。

A.2.6 动作的态

【二 70】持续态：动词 + 着

（1）表示状态的持续

灯一直亮着。/ 灯没亮着。

电脑开着。/ 电脑没开着。

（2）表示动作的持续

外边下着雪呢。/ 外边没下雪。

他们说着、笑着，不一会儿就到学校了。

【二 71】经历态：用动态助词“过”表示

他学过中文。/ 他没学过中文。

我吃过饺子。/ 我没吃过饺子。

A.2.7 特殊表达法

【二 72】序数表示法

第一　　第三　　第七　　二楼　　三层

13 号楼　　205 房间　　302 路公交车

【二 73】概数表示法 1

（1）数词 + 多 + 量词

三十多本　　五十多斤

（2）数词 + 量词 + 多

三块多　　四米多　　七斤多

A.2.8 强调的方法

【二 74】用“就”表示强调

教学楼就在前边。

你看，这就是我们上课的教室。

※ **“是……的”表示强调**（见【二 60】“‘是……的’句 1”和【四 42】“‘是……的’句 2”）

A.2.9 提问的方法

【二 75】用“好吗、可以吗、行吗、怎么样”提问

我们明天八点出发，好吗？

你明天早点儿来，可以吗？
你的词典借我用用，行吗？
我们今天吃面条儿，怎么样？

【二 76】**用“什么时候、什么样、为什么、怎么样、怎样”提问**
你们什么时候见面？
你喜欢什么样的朋友？
你为什么没去上课？
明天天气怎么样？
你明天怎样去学校？

【二 77】**用“呢”构成的省略式疑问句“代词 / 名词 + 呢？”提问**
我去医院，你呢？
书在桌子上，笔呢？

【二 78】**用“是不是”提问**
你要去体育馆打球，是不是？
是不是你拿了我的笔？
你是不是有很多中国朋友？

【二 79】**用“吧”提问**
您是经理吧？
你以前学过中文吧？

A.2.10 口语格式

【二 80】**该……了**
十一点了，该睡觉了。
明天有听写，我该复习生词了。

【二 81】**要 / 快要 / 就要……了**
要下雨了。
我们快要放假了。
他们明天就要考试了。

A.3 三级语法点

A.3.1 语素

A.3.1.1 前缀

【三 01】**第 –、老 –、小 –**
第一　第三　老二　老王　小李　小王

A.3.1.2 后缀

【三 02】**－儿、－家、－们、－头、－子**

画儿　空儿　画家　作家　朋友们　老师们　石头　里头　瓶子　屋子

A.3.2 词类

A.3.2.1 动词

【三 03】**能愿动词：敢**

这儿有两米高，你敢跳下去吗？

我不敢在河里游泳。

【三 04】**能愿动词：需要**

她生病了，需要休息。

我们不需要买吃的，家里有很多。

【三 05】**动宾式离合词：帮忙、点头、放假、干杯、见面、结婚、看病、睡觉、洗澡、理发、说话**

他经常帮我的忙。

他点了一下儿头，表示同意。

我想放了假就去旅行。

来，我们一起干一杯。

来中国以后，我们只见过一次面。

结了婚以后，她就不工作了。

病人看完病就去取药了。

【三 06】**动补式离合词：打开、看见、离开、完成**

你的文件我打不开，你能再给我发一下儿吗？

黑板上的字很小，我们都看不见。

放心吧，孩子这么大，离得开妈妈了。

我们完不成这个任务。

A.3.2.2 代词

【三 07】**疑问代词的非疑问用法**

（1）任指用法

①疑问代词＋都

谁都喜欢她。

我吃什么都行。

你什么时候来都可以。

我哪儿都没去过。

你想怎么去都没问题。

②疑问代词 + 疑问代词

你们随便吃，想吃什么吃什么。

谁想参加比赛谁就报名参加。

他们几点来就几点开始。

你怎么做，我就怎么做。

他们各做各的，谁也不帮谁。

（2）不定指用法

我好像在哪儿见过你。

你们先吃点儿什么再去公园吧。

要是你一个人搬不动，就请谁来帮一下儿吧。

【三 08】**指示代词：各、各位、各种、每、任何**

我们班的同学来自世界各国。

各位朋友，下午好！

这儿有各种颜色的花。

我每个星期天都去爬山。

我们任何时候都要注意保护环境。

A.3.2.3 量词

【三 09】**名量词：把、行、架、群、束、双、台、张、支、只、种**

一把椅子　　两行汉字　　一架飞机　　一群学生　　两束花　　一双球鞋

两台电脑　　一张桌子　　一支笔　　三只鸡　　两种颜色

【三 10】**动量词：顿、口、眼**

批评一顿　　喝一口　　看一眼

【三 11】**量词重叠：AA**

家家　　件件　　条条　　次次　　回回　　顿顿　　天天　　年年

A.3.2.4 副词

【三 12】**程度副词：比较、更加、还[3]、相当**

我比较喜欢游泳。

她以前学习就很努力，现在更加努力了。

这个房间不干净，那个房间还干净一些。

这个公园的景色相当漂亮。

【三 13】**范围、协同副词：光、仅、仅仅、就[3]、至少**

他每天光玩儿不学习。

今天来上课的仅有五个学生。

这次旅行仅仅花了三千块。

我们班就他知道这个消息。
我就拿了一支笔。
教室里至少有五十个人。

【三 14】**时间副词：本来、才[2]、曾经、从来、赶紧、赶快、立刻、连忙、始终、已、早已**
会议本来在星期一举行，但是现在改时间了。
他才起床，让我们等一下儿。
你怎么才来就要走？
我曾经学过一年中文。
他从来不喝酒。
听到这个消息，他赶紧跑回家去了。
听到有人叫他的名字，他赶紧开门。
他很不舒服，我们要赶快送他去医院。
经理来电话，叫我立刻去她的办公室。
看到一位老人上车，我连忙站起来让他坐。
她在中国留学的时候，始终坚持每天说中文。
我们已做好下个月的工作计划。
他早已离开北京了。

【三 15】**频率、重复副词：通常、往往、总、总是**
李经理通常很早就到公司。
为了记住一个汉字，他往往要写很多遍。
我总弄不明白什么时候用“把”字句，常常一说就错。
他去机场总是提前两个小时出发。

【三 16】**关联副词：再[2]**
我们做完作业再玩儿游戏。
你洗了手再吃水果。

【三 17】**方式副词：互相、尽量、亲自、相互**
大家要互相帮助。
志愿者要尽量自己克服困难。
校长亲自联系学生实习的公司。
我们要相互关心，相互照顾。

【三 18】**情态副词：大概、恐怕**
他病了，今天大概不会来上课了。
天这么阴，大概要下雨。
我头有点儿疼，恐怕是感冒了。
他出国恐怕已经有三年多了吧。

【三 19】**语气副词：白、并[1]、当然、到底、反正、根本、果然、简直、绝对、难道、其实、千万、确实、只好、终于**

老师不在办公室，我白去了。

这次考试并没有他们说的那么简单。

学生当然应该做作业。

他到底是老师还是学生？

我不知道是谁做的，反正不是我做的。

她根本不相信我。

天气预报说要下雨，你看果然下了。

这纸花太漂亮了，简直跟真花一样。

他绝对不会干这种事，我相信他。

别人都能学会，难道我就学不会吗？

大家以为他回国了，其实他去南方旅行了。

你明天千万要早点儿回来。

这次情况确实非常紧急。

我生病了，只好跟老师请假。

他努力复习了一个月，终于顺利地通过了所有的考试。

A.3.2.5 介词

A.3.2.5.1 引出时间、处所

【三 20】**由[1]**

这路公交车由北京机场出发。

我们由南门进入公园。

【三 21】**自从**

自从修了公路，这儿的交通就方便多了。

自从来到中国，他就喜欢上了中国菜。

A.3.2.5.2 引出方向、路径

【三 22】**朝**

大门朝南开。

他朝左边看了一下儿。

他朝我大喊："小心！"

A.3.2.5.3 引出对象

【三 23】**为[2]**

妈妈每天为我们做饭。

他为我买了一束花。

【三 24】**向[2]**

我们要向班长学习。

如果不能来上课，你要向老师请假。

A.3.2.5.4 引出目的、原因

【三 25】**由于[1]、因为**

由于各种原因，大家没有接受他的意见。

他因为这件事一直不跟我说话。

【三 26】**为了**

妈妈为了健康坚持每天跑步。

他为了新工作不断学习新知识。

A.3.2.5.5 引出施事、受事

【三 27】**把、被、叫、让**

我看见你把手机放在书包里了。

裙子被我弄脏了。

手机叫我弄坏了。

我的车让朋友借走了。

A.3.2.5.6 表示排除

【三 28】**除了**

除了英文，他还会说中文。

除了他，我们都是留学生。

A.3.2.5.7 引出凭借、依据

【三 29】**按、按照**

房租按天或者按月计算。

他们按照地图找到了全部东西，顺利完成了任务。

A.3.2.6 连词

【三 30】**连接分句或句子：并且、不光、不仅、另外、要是、因此、由于[2]、只有**

这星期我很忙，要上课，要准备考试，另外，还要参加一些学校活动。

这次晚会他们准备了很多吃的、喝的，另外，还准备了不少礼物。

（“并且、不光、不仅、要是、因此、由于、只有”例句参见复句部分）

A.3.2.7 拟声词

【三 31】**哈哈**

我还没进门就听到同学们哈哈的声音了。

听了他的话，我们都哈哈地笑了起来。

A.3.3 短语

A.3.3.1 结构类型

【三 32】**其他结构类型 2**

（1）介宾短语

在房间　从前边　往左　把他　按照规定

（2）方位短语

教室里　桌子上边　学校的东边　起床后　睡觉以前

（3）兼语短语

请他进来　叫他上车　通知他开会　建议大家休息

（4）同位短语

我的朋友小张　他妈妈李老师　游泳这种运动

【三 33】**数量重叠：数词 + 量词 + 数词 + 量词**

图书馆里放着一排一排的书架。

老师让学生两个两个地进教室。

妈妈一遍一遍地告诉我要注意安全。

日子一天一天过去了。

A.3.3.2 固定短语

A.3.3.2.1 四字格

【三 34】**不 A 不 B**

不大不小　不长不短　不冷不热　不多不少　不早不晚

A.3.3.2.2 其他

【三 35】**看起来**

这些苹果看起来很好吃。

她工作了一天，看起来有点儿累。

【三 36】**看上去**

这件衣服看上去很不错。

那沙发看上去非常结实。

【三 37】**有的是**

咱们图书馆有的是书，你可以多看看。

这儿水果有的是，你多拿一点儿。

A.3.4 固定格式

【三 38】**除了……（以外），……还 / 也 / 都……**

除了上课，我还要参加各种活动。

除了我，我姐姐和弟弟也会说中文。

除了北京以外，中国的其他城市我都没去过。

【三 39】**从……起**

从现在起，你要努力学习了。

从今天起，我就用这台新电脑了。

【三 40】**对……来说**

对日本留学生来说，汉字不太难。

对专家来说，这个问题很容易解决。

【三 41】**一……也 / 都 + 不 / 没……**

他一句中文也不会说。

我上午一口水也没喝，现在渴极了。

他一个汉字都不认识。

这个公园我一次都没去过。

【三 42】**越……越……**

中文越学越有意思。

衣服的牌子越有名，价钱越贵。

A.3.5 句子成分

A.3.5.1 主语

【三 43】**动词或动词性短语、形容词或形容词性短语作主语**

哭对身体有好处。

早一点儿来比较合适。

紧张有什么用？

太冷了不好，太热了也不好。

A.3.5.2 宾语

【三 44】**动词或动词性短语、形容词或形容词性短语和主谓短语作宾语**

我打算去上海。

她喜欢安静。

我感到不舒服。

老师希望大家都能取得好成绩。

A.3.5.3 定语

【三 45】动词或动词性短语、主谓短语作定语

你看见那个跳舞的女孩儿了吗？

观看演出的观众请从右边的门进去。

小白讲的故事很有意思。

A.3.5.4 补语

【三 46】结果补语 2：动词 + 到 / 住 / 走

他终于买到火车票了。

我把球传给他，可是他没接住。

那本书他取走了吗？

【三 47】趋向补语 2

复合趋向补语的趋向意义用法：动词 + 出来 / 出去 / 过来 / 过去 / 回来 / 回去 / 进来 / 进去 / 起来 / 上来 / 上去 / 下来 / 下去

他从书包里拿了一本书出来。

他从书包里拿出一本书来。

他从书包里拿出来一本书。

他慢慢地走出教室去了。

汽车开过来了，咱们准备上车。

他在桥那边，我们走过去吧。

我昨天买回来了一些水果。

这儿离学校很近，我们走回去吧。

外边的桌子你搬进来了没有？

桌子我还没搬进来。

这些书不能放在外边，应该拿进去。

你站起来。

你的电脑拿上来了没有？

他突然跑上二楼去了。

他从二楼走下来了。

行李你帮我拿下去吧。

【三 48】可能补语 1：动词 + 得 / 不 + 动词 / 形容词；动词 + 得 / 不 + 了

老师的话我都听得懂。

这件衣服太脏了，洗不干净了。

明天的比赛你参加得了吗？

我病了，明天上不了课。

【三 49】**程度补语 1：形容词 / 心理动词 + 得很 / 极了 / 死了**

我累得很。

外面冷极了。

这个游戏孩子们喜欢极了。

他们今天忙死了。

【三 50】**数量补语 3（动词 + 动量补语）：宾语和动量补语共现**

我找了他两次。

我来过中国一次。

我去过两次上海。

他读了三遍课文。

【三 51】**数量补语 4（动词 + 时量补语）：表示动作持续的时间**

我学中文学了两年。

我学了两年中文。

我等他等了半个多小时。

我等了他半个多小时。

他游泳游了四十分钟。

他游了四十分钟的泳。

【三 52】**数量补语 5（动词 + 时量补语）：表示动作结束后到某个时间点的间隔时间**

他们来中国两个月了。

哥哥去北京一个星期了。

我父母结婚二十年了。

A.3.6 句子的类型

A.3.6.1 句型

【三 53】**主谓句 4：主谓谓语句**

奶奶身体非常好。

这件衣服颜色很好看。

那本书我没看过。

这电影我看了三遍了。

A.3.6.2 特殊句型

【三 54】**“把”字句 1：表处置**

（1）主语 + 把 + 宾语 + 动词 + 在 / 到 + 处所

老师把书放在桌子上了。

我把朋友送到车站了。

（2）主语＋把＋宾语 1＋动词（＋给）＋宾语 2

爸爸把新买的手机送妹妹了。

他们把作业交给老师了。

（3）主语＋把＋宾语＋动词＋结果补语 / 趋向补语 / 状态补语

你把书架上的书放整齐。

他把洗好的衣服拿回来了。

孩子们把手洗得干干净净的。

【三 55】**被动句 1：主语 + 被 / 叫 / 让 + 宾语 + 动词 + 其他成分**

那个手机早被我用坏了。

我的词典叫弟弟弄脏了。

他完全让这位姑娘迷住了。

【三 56】**连动句 2**

（1）前一动作是后一动作的方式

他笑着说："没事儿。"

我明天坐飞机去北京。

（2）后一动作是前一动作的目的

他去超市买水果。

我来中国学习中文。

【三 57】**兼语句 1**

表使令：主语 + 叫 / 派 / 请 / 让……+ 宾语 1 + 动词 + 宾语 2

经理叫他介绍一下儿中国市场情况。

公司派我来中国学习中文。

我请他去我家玩儿。

老师叫同学们回答问题。

【三 58】**比较句 4**

（1）A 比 B＋动词＋得＋形容词

我比他跑得快。

我说中文比妹妹说得流利。

（2）A 不比 B＋形容词

我姐姐不比我高。

这个笔记本不比那个大。

（3）A＋动词＋得＋比＋B＋形容词

我跑得比他快。

姐姐中文说得比我流利。

（4）A 比 B + 多 / 少 / 早 / 晚 + 动词 + 数量短语

我比他多吃了五个饺子。

他比我少买一个苹果。

我比姐姐早回来十分钟。

哥哥昨天比前天晚睡半个小时。

【三 59】**重动句：主语 + 动词 + 宾语 + 动词 + 补语**

他打篮球打得很好。

她游泳游得很快。

她走路走累了。

我看电视看了两个小时。

A.3.6.3 复句

A.3.6.3.1 并列复句

【三 60】**（也）……，也……**

篮球他喜欢，排球他也喜欢。

面条儿我也爱吃，米饭我也爱吃。

【三 61】**一会儿……，一会儿……**

最近天气有点儿奇怪，一会儿冷，一会儿热。

他们在晚会上一会儿唱歌，一会儿跳舞，玩儿得很开心。

【三 62】**一方面……，另一方面……**

我们一方面要看到他们的优点，另一方面也要指出他们的缺点。

他们在实习中一方面可以增加工作经验，另一方面可以学习新的知识。

【三 63】**又……，又……**

晚会上大家又唱歌，又跳舞，高兴极了。

这件衣服样子又好看，价格又便宜。

A.3.6.3.2 承接复句

【三 64】**首先……，然后……**

同学们首先读了一遍课文，然后认真地回答了黑板上的问题。

我们首先要找到科学的练习方法，然后坚持每天练习。

A.3.6.3.3 递进复句

【三 65】**……，并且……**

专家们对这个问题进行了讨论，并且提出了解决办法。

这种办法可以保存食物，并且能保存很久。

【三 66】**不仅 / 不光……，还 / 而且……**

那个地方我不仅去过，还去过好几次呢。

不光我会说中文，而且我姐姐也会说中文。

A.3.6.3.4 选择复句

【三 67】**不是……，就是……**

他不是在办公室，就是在实验室。

这些衣服都不合适，不是太大，就是太小。

A.3.6.3.5 转折复句

【三 68】**……X 是 X，就是 / 不过……**

这件衣服好看是好看，就是有点儿贵。

坐公交车方便是方便，不过人太多了。

A.3.6.3.6 假设复句

【三 69】**要是……，就……**

要是不开心，我就会大声唱歌。

要是你明天有时间，就跟我一起去长城吧。

A.3.6.3.7 条件复句

【三 70】**只有……，才……**

只有认真检查，我们才会发现问题、解决问题。

只有多听多说，你才能提高中文水平。

A.3.6.3.8 因果复句

【三 71】**（由于）……，所以 / 因此……**

由于身体不好，所以爸爸打算提前退休。

他工作很努力，因此取得了很大的成功。

A.3.6.3.9 目的复句

【三 72】**为了……，……**

为了保持健康，他每天坚持运动。

为了学好中文，我每天都要看中国电视剧。

A.3.6.3.10 紧缩复句

【三 73】**……了……（就）……**

他下了课就去图书馆。

他喝了酒就会脸红。

A.3.7　特殊表达法

【三 74】概数表示法 2

（1）用“大概、大约、几”表示概数

这个手机大概两千块。

我的中文老师大约三十岁。

我上网买了几本书。

（2）相邻数词连用表示概数

三四（个）　十五六（岁）　七八十（个人）　五六百（块钱）

（3）用“左右、前后”表示概数

三十岁左右　八点左右　春节前后　五一前后

A.3.8　强调的方法

【三 75】用“一点儿也不……”表示强调

中文一点儿也不简单。

这双球鞋穿着一点儿也不舒服。

【三 76】用反问句表示强调

反问句 1：不是……吗？ / 难道……吗？

今天不是星期天吗？

难道你没去过长城吗？

【三 77】用“是”强调

你说得对，这位经理是很负责。

我同意，那电影是很有意思。

A.3.9　提问的方法

【三 78】用疑问语调表示疑问

今天是星期六？

你打算去旅行？

A.3.10　口语格式

【三 79】都……了

都十一点了，你别看电视了。

都三天了，他怎么还没回来？

【三 80】X 就 X（点儿）吧

慢就慢吧，他能完成任务就很不错了。

忙就忙点儿吧，我们过几天就能休息了。

【三 81】X 什么（啊）

玩儿什么，我们赶快工作吧。

舒服什么啊，办公室空调坏了。

A.4 四级语法点

A.4.1 词类

A.4.1.1 动词

【四 01】能愿动词：得

今天下课我得早点儿回家。

时间不早了，我得回家了。

你再忙也得好好吃饭啊！

A.4.1.2 代词

【四 02】人称代词：人家

人家也是为你好啊。

人家现在有困难，咱们应该帮他。

你看人家经常锻炼，身体多好。

A.4.1.3 量词

【四 03】名量词：打、袋、根、卷、棵、批

一打啤酒　　一袋米　　一根头发　　一卷纸　　一棵树　　一批学生

【四 04】借用量词

（1）名量词：碗、脸、手、屋子、桌子

一碗汤　　一脸水　　一手油　　一屋子人　　一桌子书

（2）动量词：刀、针

切两刀　　打一针

A.4.1.4 副词

【四 05】程度副词：格外、极、极其

老师今天格外开心。

这些字极小，我都看不清楚。

校长是一个极其负责的人。

【四 06】范围、协同副词：共

共有三十人出席会议。

这本书共十五课。

【四 07】**时间副词：按时、即将、急忙、渐渐、尽快**

你要按时吃药。

同学们即将毕业。

快上课了，他急忙跑进教室。

春天来了，天气渐渐暖和了。

你尽快给他回个电话。

【四 08】**频率、重复副词：一再、再三**

他一再表示自己不会出席这次会议。

我再三解释，他还是不相信。

【四 09】**关联副词：却**

我来了，他却没来。

同学们都出去活动了，他却坐在教室里面不动。

【四 10】**否定副词：未必**

这个消息未必可靠，咱们再等等吧。

别等了，他未必会来。

【四 11】**情态副词：几乎、似乎**

他的话我几乎都没听懂。

她似乎对自己的表现很不满意。

【四 12】**语气副词：的确、反而、还[4]、竟然、究竟**

这的确是我的错。

风不但没停，反而越来越大。

他还真有办法，问题马上就解决了。

这道题很简单，同学们竟然都做错了。

明天的晚会你究竟去不去？

A.4.1.5　介词

A.4.1.5.1　引出时间、处所

【四 13】**自**

自 1978 年以来，中国发生了很大的变化。

我们的航班准时自北京出发。

A.4.1.5.2　引出对象

【四 14】**对于**

对于任何一种语言来说，文字的出现都是十分重要的。

对于美术和音乐，她很有研究。

对于这个问题，我们还得认真讨论。

【四 15】关于

我读了几本关于环境保护的书。

关于明天的考试，学校做了具体的规定。

这是一部关于战争的电影。

【四 16】替

你别替我担心了，我自己处理。

取得这么好的成绩，大家都替你感到高兴。

A.4.1.5.3　引出凭借、依据

【四 17】根据

学校根据学生的中文水平分班。

根据大家的意见，我们修改了计划。

【四 18】作为

他作为教师代表参加了这次会议。

作为学生，你应该按时完成作业。

A.4.1.6　连词

【四 19】连接词或短语：并[2]、以及

他们同意并支持我们的建议。

小王、小李以及另外三名同学都通过了考试。

【四 20】连接分句或句子：此外、而[1]、而是、既然、可见、甚至、假如、总之

我们要认真听讲，此外还要积极完成作业。

为什么北方下雪越来越少，而南方下雪越来越多？

听说重要，读写也很重要，总之，这四项能力都很重要。

（“而是、既然、可见、甚至、假如”例句参见复句部分）

A.4.1.7　助词

【四 21】其他助词：似的

她俩好像从来没见过似的。

这里的景色像画儿似的。

他的中文说得跟中国人似的。

A.4.1.8　叹词

【四 22】啊[2]

啊，你怎么在这里？

啊，我明白了。

啊！太美了！

A.4.2　短语

A.4.2.1　固定短语

A.4.2.1.1　四字格

【四 23】大 A 大 B

你这大吃大喝的毛病对身体不好，一定要改改。

她心情不好，为一点儿小事就大吵大闹。

【四 24】一 A 一 B

这是别人的东西，我们一针一线都不能拿。

他一五一十地把情况汇报给了老师。

A.4.2.1.2　其他

【四 25】看来

看来他是个好人。

看来明天不会再下雨了。

看来这次考试他能通过。

【四 26】来得及 / 来不及

你别着急，时间来得及。

现在刚六点半，你马上去还来得及。

来不及了，我们快走吧。

时间还早，不会来不及的。

【四 27】说不定

下雨了，说不定他今天不来了。

这件事说不定就是他干的。

今年能不能去中国现在还说不定。

【四 28】一般来说

一般来说，选手参加了比赛是不能退出的。

一般来说，这么重要的场合他是不会迟到的。

一般来说，跟青年人相比，老年人的经验更丰富。

A.4.3 固定格式

【四 29】**一 + 量词 + 比 + 一 + 量词**

这些球鞋一双比一双好看。

他的演出一次比一次精彩。

天气一天比一天暖和。

【四 30】**（自）……以来**

自去年以来，我一直生活在北京。

上大学以来，他一直坚持学习中文。

自有了孩子以来，她每天都很忙。

【四 31】**由……组成**

我们班由两位老师和二十位学生组成。

这篇文章由三个部分组成。

这张试卷是由十道选择题和一道写作题组成的。

【四 32】**在……方面**

在这方面，我没有什么经验。

在历史方面，他知道得很多。

在修理电脑方面，她是个专家。

【四 33】**在……上 / 下 / 中**

在这件事情上，最好多听听父母的意见。

在他的影响下，我喜欢上了中文。

在这篇课文中，我们一共学了三十个生词。

A.4.4 句子成分

A.4.4.1 主语

【四 34】**主谓短语作主语**

他不去也可以。

身体健康很重要。

我参加中文水平考试是为了获得奖学金去中国留学。

【四 35】**受事主语**

饭都吃光了。

作业我做完了。

这本书我已经看过三遍了。

A.4.4.2 定语

【四 36】多项定语

我有一条漂亮的红围巾。

我那两件白色长衬衫放在哪里了？

那位戴着眼镜的白头发高个子老人就是我们的校长。

A.4.4.3 补语

【四 37】趋向补语 3

表示结果意义（引申用法）：动词 + 上 / 出 / 起 / 下

请同学们离开教室时关上窗户。

他向父母说出了自己的愿望。

他终于想起了当时的情况。

他们建立起了亲密的朋友关系。

请留下你的地址和手机号。

A.4.5 句子的类型

A.4.5.1 特殊句型

【四 38】“把”字句 2：表处置

（1）主语 + 把 + 宾语 + 动词（+ 一 / 了）+ 动词

同学们再把试卷检查检查。

你把地扫扫，我把桌子擦一擦。

他把冬天的衣服晒了晒，收在箱子里。

（2）主语 + 把 + 宾语（+ 给）+ 动词 + 了 / 着

他把学过的生词都忘了。

他拿不了了，你帮他把这些东西给拿着。

你别忘了把护照带着。

（3）主语 + 把 + 宾语 + 动词 + 动量补语 / 时量补语

老师把他批评了一顿。

他把文章读了好几遍。

他把这个问题认真地考虑了好几天。

【四 39】被动句 2：主语 + 被 + 动词 + 其他成分

王老师被请去开会了。

教室的灯早就被关上了。

那张画儿被买走了。

【四 40】**存现句 2**

（1）表示出现：处所词 + 动词 + 趋向补语 / 结果补语 + 动态助词（了）+ 数量短语 + 人 / 物

前边开来一辆车。

我家昨天来了几位客人，带了不少礼物。

对面走来一位老人。

教室里走出来一位老师。

（2）表示消失：处所词 + 动词 + 结果补语 + 动态助词（了）+ 数量短语 + 人 / 物

我们班里转走了一个学生。

阳台上吹跑了一条裙子。

院子里搬走了两家人。

公司调走了几名员工。

【四 41】**兼语句 2**

（1）表爱憎义：主语 + 表扬 / 批评 + 宾语 1 + 动词 + 宾语 2

老师表扬他帮助同学。

妈妈总是批评我不整理房间。

（2）表称谓或认定义：主语 + 叫 / 称（呼）/ 说 / 收 / 选 + 宾语 1 + 做 / 为 / 当 / 是 + 宾语 2

大家都称他为先生。

老师们都说她是好学生。

王教授收我做研究生。

同学们都选他当班长。

【四 42】**“是……的”句 2：强调说话人的看法或态度**

这个问题是可以解决的。

这道题是很简单的。

那样的事情是绝对不会发生的。

A.4.5.2 复句

A.4.5.2.1 并列复句

【四 43】**不是……，而是……**

我不是不想去，而是没时间。

这不是我的书，而是他的。

这件事错的不是我，而是他。

【四 44】**既……，又 / 也……**

这件新衣服既好看，又暖和。

他既会学习，又会玩儿。

他既是我们的老师，也是我们的朋友。

A.4.5.2.2　承接复句

【四 45】**首先……，其次……**

首先我们要读一遍课文，其次我们要根据课文做一个练习。

我们球队问题很多，首先是队员不够团结，其次是训练时间很短。

评价一个学生，首先看品质，其次看成绩。

【四 46】**……，于是……**

风停了，下起雨来，于是人们纷纷打起了雨伞。

他不喜欢这个工作，于是离开了这家公司。

离开会的时间还早，于是我们去逛了逛书店。

A.4.5.2.3　递进复句

【四 47】**……，甚至……**

他什么都不会，甚至连最简单的汉字也写不了。

她病得很严重，甚至要做手术。

妈妈真的很生气，甚至晚饭都没有吃。

A.4.5.2.4　选择复句

【四 48】**或者……，或者……**

这件事或者赶快停止，或者重新开始。

暑假或者去上海，或者去杭州，反正得出去旅行。

咱们三个人，或者你去，或者我去，或者他去，谁去都可以。

A.4.5.2.5　转折复句

【四 49】**……，然而……**

我知道中文很有用，然而中文也太难了。

他说他不喜欢这部电影，然而我觉得很有意思。

A.4.5.2.6　假设复句

【四 50】**……，否则……**

我要认真复习，否则考试会不及格的。

记得带卡，否则进不了办公室。

上课前一定要预习好生词和课文，否则就听不懂老师讲的。

【四 51】**假如……，（就）……**

假如有困难，你一定要告诉我。

假如能通过这个考试，我就可以拿到学校的奖学金了。

【四 52】**万一……，(就)……**

万一我没来，你就自己先去吧。

一定要把你们的护照带上，万一需要，没带就麻烦了。

A.4.5.2.7 条件复句

【四 53】**不管……，都/也……**

不管明天是否下雨，我都要去看他。

不管有多难，我也会坚持学下去。

【四 54】**无论……，都/也……**

无论学习多么紧张，我都坚持每天锻炼一个小时。

无论他怎么说，也没有人相信他。

A.4.5.2.8 因果复句

【四 55】**既然……，就……**

既然这事你已经决定了，我就不说什么了。

既然外面下雨了，我们就明天再去吧。

【四 56】**……，可见……**

他的中文水平很高，可见他在留学期间学习是多么努力。

他在我困难的时候一直帮助我，可见他是我多么好的朋友。

A.4.5.2.9 让步复句

【四 57】**哪怕……，也/还……**

哪怕明天下雨，足球比赛也要继续进行。

哪怕再难，我也要坚持学下去。

哪怕机会不大，我还是要去试一试。

A.4.5.2.10 目的复句

【四 58】**……，好……**

老师布置了听写作业，好帮助学生练习汉字。

我们应该不断地引导他，好让他对自己有信心。

她每天都给家里打电话，好让父母放心。

A.4.5.2.11 紧缩复句

【四 59】**无标记**

你有事你先走。

你不怕我怕。

你想去你去。

【四 60】**不……也……**

今天晚上我不睡觉也要把这篇作文写完。

他不吃饭也要帮我修电脑。

他不休息也要玩儿手机游戏。

A.4.6　特殊表达法

A.4.6.1　数的表示法

【四 61】**概数表示法 3：数词 + 来 + 量词**

十来本　　五十来斤　　一百来辆

【四 62】**小数、分数、百分数、倍数的表示法**

零点三　　三分之二　　百分之五十　　五倍

这一百个汉字，我认识三分之二。

这支笔的价格比原来降低了百分之五十。

三班男生人数是女生人数的三倍。

A.4.7　强调的方法

【四 63】**用反问句表示强调**

反问句 2：由疑问代词构成的反问句

他这么有名，谁不知道啊？

他去哪儿，我怎么会知道呢？

作业这么多，我哪儿有时间出去玩儿？

【四 64】**用双重否定表示强调**

没有孩子不喜欢玩儿。

这么重要的活动我不可能不参加。

老师不会不答应我们的请求。

我们家没有不喜欢唱歌的。

【四 65】**用"一 + 量词（+ 名词）+ 也（都）/ 也没（不）……"表示强调**

我一本中文书也没看过。

我累得一步路都走不动了。

上海我一次也没去过。

刚来中国时，他一句中文也听不懂。

【四 66】**用"连……也 / 都……"表示强调**

他连这个作家的名字也没听说过。

我连最简单的汉字都写不出来。

A.4.8 口语格式

【四 67】**不 X 白不 X**

今天班长请客，咱们不吃白不吃。

这个电影是免费的，我们为什么不去看电影？不看白不看。

【四 68】**动词 + 一 X 是一 X**

虽然日子过得很难，但也不能过一天是一天。

事情实在太多了，能做一件是一件吧。

做一道题是一道题，你一定能做完。

【四 69】**（没）有什么（好）X 的**

这才刚刚开始，没有什么好激动的。

你还是别担心了，有什么好害怕的。

有什么好难过的，这是我们早就想到的结果。

【四 70】**X 是 X，Y 是 Y**

一是一，二是二，这要分清楚。

他是他，我是我，意见不同很正常。

昨天是昨天，今天是今天，你得交作业。

【四 71】**X 也得 X，不 X 也得 X**

这件事很重要，你做也得做，不做也得做。

你吃也得吃，不吃也得吃，不能浪费粮食。

都病成这样了，医院你去也得去，不去也得去。

【四 72】**X 就是了**

你别浪费时间了，直接说就是了。

你不要生气，以后别跟他说话就是了。

【四 73】**还 X 呢**

还名牌儿呢，我听都没听过。

还有名的专家呢，这水平还没我高。

还著名诗人呢，这诗写的我都看不懂。

【四 74】**你 X 你的吧**

你吃你的吧，别给我留。

没有什么事，你休息你的吧！

你忙你的吧，我跟孩子玩儿一会儿。

【四 75】**让 / 叫你 X 你就 X**

让你做你就做，别多问了。

叫你吃你就吃，其他的你别管。

让你安静你就安静，别那么多话。

【四 76】**说什么 / 怎么（着）也得 X**

他生病了，我说什么也得去看看他。

这么重要的活动，你怎么也得来一下儿。

没时间了，说什么也得走了。

A.5 五级语法点

A.5.1 词类

A.5.1.1 代词

【五 01】**指示代词：彼此、如此**

朋友之间应该彼此信任。

我们是多年的好朋友，不分彼此。

十年后，两座城市的发展状况如此不同。

他如此认真地锻炼是为了有个健康的身体。

A.5.1.2 量词

【五 02】**名量词：册、朵、幅、届、颗、匹、扇**

一册书　一朵花　一幅画儿　一届学生　一颗糖　一匹布　一扇窗户

A.5.1.3 副词

【五 03】**程度副词：过于、可[1]、稍、稍微、尤其**

这件事发生得过于突然了。

他女朋友可漂亮了！

这幅画儿再挂得稍高一点儿。

稍微坚持一下儿，马上就结束了。

她喜欢运动，尤其是游泳。

【五 04】**范围副词：大都**

参加划船比赛的大都是女生。

我们班的学生大都很爱学习。

小孩儿大都喜欢吃甜的。

【五 05】**时间副词：不时、将、将要、仍旧、时常、时刻、依旧、一向**

我不时想起过去的事情。

明年我们将去国外考察。

电视剧将要开始了。

二十年过去了，他仍旧没结婚。

长大以后，我时常怀念我的故乡。
在国外，我时刻想念着国内的亲人。
十年过去了，他依旧住在那里。
他一向不爱说话。

【五 06】**频率、重复副词：偶尔、再次**
他不常请假，只是偶尔迟到一次。
我们决不让类似的事情再次发生。

【五 07】**方式副词：偷偷**
我偷偷送给他一件礼物。
她偷偷地从窗户向外看。

【五 08】**语气副词：毕竟、不免、差（一）点儿、倒是、干脆、就[4]、居然、可[2]、明明、总算**
不要怪他，他毕竟还小。
第一次参加考试，不免有些紧张。
我今天上学差点儿迟到。
这种做法倒是怪新鲜的，从来没见过。
这个人不讲道理，我们干脆不和他合作了。
别劝我，我就要去。
没想到，这件事居然是她干的。
我可记不住这么多生词。
明明是你做的，为什么要说是别人做的？
这本书总算学完了。

A.5.1.4 介词

A.5.1.4.1 引出时间、处所

【五 09】**随着**
随着时间的推进，我慢慢理解了他的做法。
随着冬天的到来，房间越来越冷。

A.5.1.4.2 引出施事、受事

【五 10】**将**
父母将他送到中国留学。
禁止将书带出阅览室。

【五 11】**由[2]**
这道题由你来回答吧。
这件事情由班长负责。

A.5.1.4.3 引出凭借、依据

【五 12】**凭**

凭他的水平，通过这次考试没有问题。

凭经验进行判断往往是不准确的。

【五 13】**依据**

要依据事实办事。

警察依据线索抓住了坏人。

【五 14】**依照**

他想依照自己喜欢的方式去生活。

依照学校的规定，学生要按时上课，不能迟到。

A.5.1.5 连词

【五 15】**连接分句或句子：从而、加上、完了、一旦**

他努力学习，从而实现了当翻译的理想。

今天天气不太好，加上你还有很多作业，我们还是别去公园了吧。

你快点儿写作业，完了我们去公园玩儿。

你要想好了，一旦选择了就不能放弃。

A.5.1.6 助词

【五 16】**其他助词：也好**

让他亲自在现场试一试也好。

你来也好，不来也好，随便吧。

多学一门语言也好，将来可以凭此找份工作。

A.5.2 短语

A.5.2.1 固定短语

A.5.2.1.1 四字格

【五 17】**A 来 A 去**

想来想去，还是小王最合适。

大家讨论来讨论去，最后还是没解决。

她是一名导游，经常在世界各地飞来飞去。

【五 18】**A 着 A 着**

她说着说着就哭起来了。

我躺在床上看电视，看着看着就睡着了。

【五 19】**没 A 没 B**

一上午没吃没喝，我要饿死了。

这孩子说话没大没小的，一点儿礼貌都没有。

【五 20】**说 A 就 A**

为什么人生需要有一次说走就走的旅行？

说干就干，只有干才能找到办法。

【五 21】**有 A 有 B**

下课了，同学们有说有笑地走出了教室。

这里的农村有山有水，空气好，农民们过上了好日子。

节日的公园里有男有女，有老有少，十分热闹。

A.5.2.1.2 其他

【五 22】**不得了**

你又考了第一名，真是不得了！

不得了了，房间里进水了。

完了完了，不得了了，电脑坏了。

【五 23】**不敢当**

这样的奖励我真是不敢当。

不敢当，我只是做了我应该做的事情。

您千万别这样说，我实在是不敢当。

【五 24】**得了**

麻烦别人还不如你自己去得了。

得了吧，他不可能帮助别人的。

你可得了吧，谁能这么想呢？

【五 25】**用不着**

你有话可以直接说，用不着害怕。

用不着听他的，他什么都不懂。

孩子们都工作了，您用不着担心了。

A.5.3 固定格式

【五 26】**从……来看**

从这个角度来看，很多问题都可以解决。

从他的考试成绩来看，他平时根本没有认真学习。

从以往的经验来看，这件事基本上没有问题。

【五 27】**到……为止**

到目前为止，他还没有出过什么错。

我的报告到此为止，谢谢！

到昨天为止，这个项目已经完成了一半。

【五 28】**够……的**

眼前这几件事就够他忙的了。

他可真够聪明的，竟然抓住了这个机会。

这本书够难的，他肯定看不懂。

【五 29】**拿……来说**

拿成绩来说，他绝对是第一。

拿这件事来说，你没有做错什么。

拿这次考试来说，只要平时努力就能通过。

【五 30】**A 的 A，B 的 B**

衣服大的大，小的小，没有一件合适的。

家里老的老，少的少，我们得帮帮她。

这里的建筑高的高，低的低，不太整齐。

【五 31】**在……看来**

在我看来，这次中文考试实在是太难了。

在很多人看来，这件事没有那么简单。

在老师看来，每一个学生都有自己的优点。

A.5.4 句子成分

A.5.4.1 宾语

【五 32】**宾语的语义类型 1**

（1）施事宾语

家里来了一位客人。

门口站着一个人。

台上坐着很多领导。

（2）受事宾语

你们要认真对待这个考试。

我们要去超市采购一批食品。

A.5.4.2 状语

【五 33】**多项状语**

他昨天在教室里认真地写完了作业。

她为了通过考试昨天在家复习了一整天。

我前天在路上意外地碰见了多年没见的老朋友。

我们下午在教室里都非常认真地对昨天的报告进行了讨论。

A.5.4.3 补语

【五 34】**趋向补语 4**

表示时间意义（引申用法）

（1）表示动作行为的开始：动词 + 上 / 起来

这孩子又玩儿上游戏了。

他大声地哭起来了。

这项工作上个月就干起来了。

（2）表示动作行为的持续：动词 + 下去 / 下来

别紧张，你说下去。

你这样坚持下去一定能成功。

你的中文说得不错，我建议你继续学下去。

在这三年里，我把每天锻炼一个小时的习惯保持下来了。

【五 35】**可能补语 2：动词 + 得 / 不得**

这种药吃得还是吃不得，得听医生的。

这些东西你可拿不得，很危险的。

这种没有原则的话可说不得。

【五 36】**程度补语 2**

（1）形容词 / 心理动词 + 得 + 不得了 / 慌 / 厉害

爸爸答应去公园，儿子开心得不得了。

我只是累得慌，休息休息就好了。

听说要打针，她害怕得厉害。

（2）动词 / 形容词 + 坏 / 透 + 了

这么晚了孩子还没回家，张老师担心坏了。

这件事已经伤透了她的心，大家不要再提起。

第一次被别人拒绝，我心情坏透了。

【五 37】**状态补语 2：动词 / 形容词 + 得 + 短语**

（1）动词 / 形容词 + 得 + 动词短语

他难过得吃不下饭。

她气得说不出话来。

她伤心得哭了起来。

（2）动词 / 形容词 + 得 + 主谓短语

我早上没吃饭，饿得肚子疼。

房间里热得人头痛。

孩子得了冠军，父母乐得嘴都合不上了。

（3）动词 / 形容词 + 得 + 固定短语

第一次看到雪，我激动得又哭又笑。

女儿半夜还没回来，妈妈在房间里急得走来走去。

明天就是儿子的婚礼，父母高兴得跑前跑后。

A.5.5 句子的类型

A.5.5.1 特殊句型

【五 38】“有”字句 3

（1）表示存在、具有：主语 + 有 + 着 + 宾语

两个国家之间有着长期的友好关系。

他们之间有着很深的误会。

（2）表示附着：主语 + 动词 + 有 + 宾语

书上写有他的名字。

这双筷子上刻有漂亮的图案。

发票上列有商品的名称。

【五 39】“把”字句 3：表处置

（1）主语 + 把 + 宾语 + 状语 + 动词

他总是把东西到处乱扔。

下雨了，她赶紧把外面的东西往回收。

（2）主语 + 把 + 宾语 + 一 + 动词

她把东西一放，转身就走了。

老师把门一关，开始上课了。

（3）主语 + 把 + 宾语 + 动词 + 了

你怎么把这件事忘了？

双方把合同签了。

（4）主语 + 把 + 宾语 1 + 动词 + 宾语 2

他把身上的钱交学费了。

我父母把存款买了房。

【五 40】被动句 3：意念被动句

蛋糕吃光了。

衣服穿破了。

车票卖完了。

【五 41】连动句 3：前后两个动词性词语具有因果、转折、条件关系

李老师生病住院了。

这本书她借了没看。

她有办法解决问题。

【五 42】**兼语句 3**

表致使：主语 + 叫 / 令 / 使 / 让 + 人称代词 + 动词短语

他的话叫大家笑出了眼泪。

这件事令她吃不下饭。

他的做法使大家再也不敢相信他了。

明天的考试让我睡不着觉。

【五 43】**比较句 5**

（1）跟……相比

跟上次考试相比，这次没有那么难。

跟别人相比，我的想法太简单了。

跟语法知识相比，我觉得语音知识更难。

（2）A＋形容词＋B＋数量补语

她高我五厘米。

他早我十分钟。

姐姐大我十岁。

A.5.5.2 复句

A.5.5.2.1 选择复句

【五 44】**或是……，或是……**

这件事或是哥哥做的，或是弟弟做的。

你或是参加这次考试，或是明年再学一遍这门课。

A.5.5.2.2 转折复句

【五 45】**尽管……，但是 / 可是……**

尽管这次考试很难，但是很多人都通过了。

尽管外面在下雨，可是他一定要去超市买东西。

尽管他不接受我的意见，可是我有意见还是要向他提。

A.5.5.2.3 假设复句

【五 46】**一旦……，就……**

一旦考试不及格，我就要延期毕业了。

一旦地铁建成，堵车的情况就可大大缓解。

中文一旦学起来，就再也放不下了。

【五 47】**要是……，（就）……，否则……**

要是他不去，我也不去了，否则我一个人去太危险了。

要是明天下雨，我们就不去爬山了，否则会冻感冒的。

要是你不带包，我就带一个，否则买的东西没地方放。

A.5.5.2.4 条件复句

【五 48】**除非……，才……**

除非你答应我，我才和你一起去。

除非你努力学习，才有可能考上大学。

除非心情好，他才会答应我们的要求。

【五 49】**除非……，否则 / 不然……**

除非坐飞机去，否则肯定来不及了。

除非你仔细检查，不然太容易出错了。

A.5.5.2.5 因果复句

【五 50】**……，因而……**

他生病了，因而没来上课。

她按时完成了任务，因而受到公司的奖励。

这次考试太难了，因而很多学生都没有通过。

A.5.5.2.6 让步复句

【五 51】**即使……，也……**

即使天气不好，爬长城的人也不会少。

他即使生病了，也坚持工作。

我即使睡得再晚，早上六点也准醒。

A.5.5.2.7 目的复句

【五 52】**……，为的是……**

我把车停在外面，为的是走的时候方便。

她给你发这个信息，为的是提醒你注意安全。

老师这节课什么也没讲，为的是让我们有时间多练习口语。

【五 53】**……，以便……**

我们要早一点儿出门，以便乘坐第一班公交车。

她每天步行上班，以便锻炼身体。

把手机号留下吧，以便跟你联系。

A.5.5.2.8 紧缩复句

【五 54】**没有……就没有……**

没有你的帮助就没有我的成功。

没有水就没有生命的存在。

没有平时的努力就没有今天的成绩。

【五 55】**再……也……**

这件事再难也要坚持下去。

雨下得再大我也要去上班。

这篇课文再长也要读完。

A.5.5.2.9 多重复句

【五 56】**二重复句 1：单句 + 复句；复句 + 单句**

我决定去中国留学，即使中文再难我也要去学。

因为生病所以我没去上课，没想到的是老师一下课就来看我了。

她一直不愿意说出真相，虽然我不知道她的真实想法，但我尊重她的选择。

A.5.6 强调的方法

【五 57】**用"再也不 / 没"表示强调**

从今天开始，我再也不会出这种错了。

他再也没跟我联系过。

我再也没见过她。

【五 58】**用副词"可"表示强调**

你可来了，急死我了！

你可得注意身体呀，天天睡眠不足可不行！

你可不能让大家失望！

【五 59】**用"怎么都 / 也 + 不 / 没"表示强调**

她怎么都没想到自己会失败。

他怎么也不会猜到谁要来看望他。

他的话我怎么都听不懂。

昨天晚上我怎么也睡不着。

A.5.7 口语格式

【五 60】**X 也不是，Y 也不是**

他这样开玩笑，气得我哭也不是，笑也不是。

一看来了这么多人，他紧张得坐也不是，站也不是。

走也不是，留也不是，真不知道怎么办好。

【五 61】**X 也 X 不得，Y 也 Y 不得**

他腰疼起来的时候站也站不得，坐也坐不得。

孩子大了，骂也骂不得，打也打不得。

这件事愁得他吃也吃不得，睡也睡不得。

【五 62】X 是它，Y 也是它

好是它，坏也是它，你没有别的选择。

成功是它，失败也是它，这个选择我绝对不后悔。

等一个小时是它，等两个小时也是它，只能坐这一班车回家了。

【五 63】X 着也是 X 着

明天我去超市逛逛，反正闲着也是闲着。

那些衣服她不喜欢了，放着也是放着，不如送人吧。

反正等着也是等着，我们不如休息休息吧。

【五 64】X 归 X，Y 归 Y

想归想，做归做，结果完全不一样。

吵归吵，闹归闹，大家还是好朋友。

朋友归朋友，生意归生意，不能免费。

【五 65】不管怎样说

不管怎样说，你这么做就是不对的。

不管怎样说，这事总算办成了。

【五 66】看你 X 的 / 瞧他 X 的

看你说的，我哪有那么能干？

甲：他说他这次准考第一。

乙：瞧他吹的。

【五 67】真有你 / 他 / 她的

真有你的！电脑你也会修？

这么难的事情他都有办法，真有他的！

【五 68】X 什么 X

看什么看，再看就迟到了！

吃什么吃，再吃就胖死了！

【五 69】什么 X 不 X（的）

什么钱不钱的，你这话说的太客气了。

什么麻烦不麻烦，我们之间不用这么客气。

什么合适不合适的，衣服能穿就行。

A.5.8 句群

【五 70】用代词复指

（1）用人称代词复指

这个小伙子是我们学校的英国留学生。他来中国之前，在英国学过一点儿中文，他觉得中文很有意思。去年公司派他来中国学习中文，现在还想让他留在中国工作。

网络对我们的生活越来越重要。它随时告诉我们每天世界各地发生的新闻，很多人不出门就能通过它买东西、跟朋友交流，它让生活变得越来越方便。

（2）用指示代词复指

中国的南方人喜欢喝一种酒。这种酒是用米做的，味道甜甜的，大人小孩儿都能喝。这也是北方人去南方旅行之后喜欢买的东西之一。

我的家乡在中国的南方。那是一个小城市，景色很漂亮，很适合旅游。我在那儿出生、长大，一直到十六岁才离开。那也是我最喜欢的城市。

（3）各种代词相间使用

《现代汉语词典》一书是中国语言研究人员多年的成果，2016 年 9 月出版了第 7 版。这不仅是全世界华人学习现代汉语最重要的词典之一，同时也被称为世界上许多国家和地区的人们研究和学习中文的“标准”。至今，《现代汉语词典》除了中国版以外，还拥有多个国外版。它的出版，对促进国内外学术交流和合作起到了积极的作用。

【五 71】**带省略成分**

（1）省略主语

（我）决定出国留学，我不得不和父母告别，想到以后再也没有人保护我、关心我，（我）心里有些担心。离开家乡的那一天，亲人们都来机场送我，（我）带着他们的祝福和希望，我登上了前往北京的航班，开始了我的留学生活。

（2）省略宾语

世界上任何事物都永远在运动、变化、发展，语言也是。语言的变化，包括语音、词汇和语法，短时间内不容易发现（这些变化），日子长了就表现出来了。

A.6 六级语法点

A.6.1 语素

A.6.1.1 类前缀

【六 01】**超－、多－、反－、无－、亚－、准－**

超自然　多角度　反作用　无烟　亚健康　准妈妈

A.6.1.2 类后缀

【六 02】**－化、－式、－型、－性**

现代化　美式　小型　普遍性

A.6.2 词类

A.6.2.1 代词

【六 03】**指示代词：本、此**

本市　本人　此事　此处

A.6.2.2 量词

【六 04】**名量词：餐、串、滴、副、股、集、枝**

一餐饭　一串葡萄　一滴水　一副球拍　一股力量　一集电视剧　一枝花

【六 05】**动量词：番、声、趟**

讨论一番　说一声　跑两趟

A.6.2.3 副词

【六 06】**程度副词：特、异常**

他特高兴，因为他的设计获奖了。

今天天气异常寒冷。

【六 07】**范围、协同副词：尽、净、一齐、一同**

刚上班，分配给我的尽是些基础工作。

这里净是垃圾，都没地方站。

大家一齐动手，清理路上的垃圾。

这是我们一同努力的结果。

【六 08】**时间副词：时时、一时、早晚**

老师时时关注着我们的学习。

我好像在哪儿见过他，可一时又想不起来了。

他早晚会知道事情的真相。

【六 09】**关联副词：便**

他一下课便回家了。

他一毕业便决定回国。

【六 10】**方式副词：不禁、赶忙、亲眼、特地、特意**

我不禁回忆起第一次跟她见面的场景。

要迟到了，他赶忙出门，早饭都没吃。

这件事是我亲眼所见，不会有假。

我都准备好了，你不用特地跑来帮我。

大卫今天第一天上班，特意穿了双新皮鞋。

【六 11】**情态副词：仿佛**

奶奶仿佛孩子似的开心地笑了。

他工作起来仿佛不知道什么是累。

【六 12】**语气副词：才^{3}、刚好、偏、恰好**

我才不要父母的钱呢，我要自己赚钱。

我要出门找他的时候他刚好回来了。
北方的冬天极其寒冷，可他圣诞节偏要去那儿旅行。
哥哥非常粗心，弟弟却恰好相反。

A.6.2.4 介词

A.6.2.4.1 引出时间、处所

【六 13】**于**
他出生于 1995 年。
大熊猫主要生活于中国西南地区。

A.6.2.4.2 引出方向、路径

【六 14】**沿（着）**
他喜欢沿着湖散步。
你沿这条路走，一会儿就到了。
我沿着他指的路，很快找到了他家。

A.6.2.4.3 引出对象

【六 15】**同[1]、与[1]**
同你一样，我也是学生。
你要与同学搞好关系。

【六 16】**至于**
旅行的时间已经定了，至于费用问题，还需要再讨论。
学校决定下个月举行运动会，至于具体时间，请待学校通知。
超市将于节日期间举行优惠活动，至于详细情况，可上网查查。

A.6.2.4.4 引出目的、原因

【六 17】**因**
因公司的业务需要，她要去中国出差。
昨天她因病请假。
他因出门太晚迟到了。

A.6.2.4.5 表示排除

【六 18】**除**
除他以外，所有人都来了。
除这件事以外，其他我都能答应你。
除这个箱子以外，没有其他行李了。

A.6.2.4.6 引出凭借、依据

【六 19】**据**

据专家介绍，这个信息并不准确。

据统计，大多数家庭有一到两个子女。

据说，他还没决定放弃。

A.6.2.5 连词

【六 20】**连接词或短语：而[2]、同[2]、与[2]**

她善良而乐观。

我同他都是新员工。

成与不成，都看你的啦！

【六 21】**连接分句或句子：不料、可[3]、若**

我今天本想去操场踢足球，不料外面下起雨来。

我们约定一起去长城玩儿，可他忘记了。

若这个时间你不方便，我们就换一个。

A.6.2.6 助词

【六 22】**结构助词：所**

据我所知，这件事不是真的。

你所做的每件事我都支持。

这部电影正是我所感兴趣的。

【六 23】**语气助词：罢了、啦、嘛**

别生气，我只是开个玩笑罢了。

我终于把这个问题搞明白啦！

什么事，你快说嘛！

A.6.3 短语

A.6.3.1 结构类型

【六 24】**数词 + 形容词 + 量词**

一大杯茶　　一长串葡萄　　一小份米饭

A.6.3.2 固定短语

A.6.3.2.1 四字格

【六 25】**或 A 或 B**

每位市民都为这座城市的发展做出过或大或小的贡献。

各个企业都有一套或高或低的质量监测管理标准。

【六 26】**无 A 无 B**

妈妈无时无刻不在想念着国外留学的孩子。

这孩子再不管管就无法无天了。

【六 27】**A 这 A 那**

他总是很耐心地听她说这说那。

他这个人真是麻烦，总是嫌这嫌那的。

【六 28】**左 A 右 B**

他左躲右闪，终于把球踢进了球门。

第一次出门，他兴奋得左瞧右看，眼睛都不够用了。

他左思右想，觉得这件事不能这样就完了。

A.6.3.2.2 其他

【六 29】**不怎么**

这件衣服不怎么好看，换一件吧。

他不怎么在乎这些小事。

他今天好像不怎么舒服。

【六 30】**不怎么样**

她跳舞跳得不怎么样。

甲：这件衣服怎么样？

乙：不怎么样。

【六 31】**好（不）容易**

我好不容易给你争取来这个机会，你怎么能不抓住呢？

你好容易走到这一步，怎么能说放弃就放弃呢？

我好不容易说服他来参加比赛，你不能让他走。

【六 32】**那倒（也）是**

现在看来，那倒是个很好的办法。

实在没办法，那倒也是个办法。

甲：如果能找到失败的原因，那倒是件值得高兴的事。

乙：那倒也是。

【六 33】**就是说 / 这就是说**

就是说，他是一个不诚实的人。

这就是说，责任不在你，你千万不要怪自己。

【六 34】**算了**

这件事就这样算了吧。

他不去算了，不要为难他了。

甲：不行，我得好好问问他。

乙：算了，你说不过他的。

A.6.4 固定格式

【六 35】**A 一 + 量词，B 一 + 量词**

他摔得很严重，身上青一块，紫一块。

大家你一句，我一句，搞得他反而没了主意。

他俩说着话，突然你一下儿、我一下儿地打起来了。

【六 36】**东一 A，西一 A**

天黑还下雨，他东一脚，西一脚地赶回来了。

他说话东一句，西一句，完全没有重点。

他做事情总是东一下儿，西一下儿，既无计划更无耐心。

【六 37】**为了……而……**

为了这么一件小事而生气，不值得。

他为了这次比赛而努力了很久。

这是为了讨论改善环境问题而召开的会议。

A.6.5 句子成分

A.6.5.1 宾语

【六 38】**宾语的语义类型 2**

（1）处所宾语

听见铃声，他马上就进教室了。

他把东西都放桌子上了。

（2）结果宾语

在中国农村，盖房子是一件大事。

新学期的学生太多了，学校正在校园里建食堂。

A.6.5.2 补语

【六 39】**趋向补语 5**

表示状态意义（引申用法）：动词 / 形容词 + 下来 / 下去 / 起来 / 过来 / 过去

老师一进教室，同学们很快安静了下来。

他对工作的兴趣渐渐淡了下去。

我们先把礼物藏起来。

经过医生的抢救，他终于醒过来了。

小云刚才突然昏过去了。

A.6.6 句子的类型

A.6.6.1 特殊句型

【六 40】“把”字句 4：表致使

（1）主语（非生物体）+ 把 + 宾语 + 动词 + 其他成分

这双鞋把脚磨破了。

外面的声音把我吵醒了。

（2）主语 + 把 + 宾语（施事）+ 动词 + 其他成分

他把大伙儿笑得肚子疼。

他把爸爸气得一夜没睡。

孩子把妈妈感动得流下了眼泪。

【六 41】被动句 4：主语 + 被 / 叫 / 让 + 宾语 + 给 + 动词 + 其他成分

杯子被她不小心给摔碎了。

自行车叫小偷儿给偷走了。

这件事差点儿让我给忘了。

A.6.6.2 复句

A.6.6.2.1 并列复句

【六 42】时而……，时而……

这儿的天气变来变去，时而晴天，时而下雨。

生活就是这样，时而让人失望，时而让人充满信心。

她的情绪很不稳定，时而积极，时而消极。

【六 43】一时……一时……

年纪太大了，身体一时好一时坏。

这家公司的产量一时上升一时下降。

他的情绪有波动，一时高兴一时悲伤。

A.6.6.2.2 承接复句

【六 44】……便……

我一走出校门，抬头便看见了她。

她放下电话，衣服没换便往医院赶。

一回到家，他便看到了桌子上的饭菜。

A.6.6.2.3 递进复句

【六 45】不但不 / 不但没有……，反而……

他不但不帮我，反而还给我添麻烦。

夏天过去了，天气不但没有凉快，反而更热了。

他不但没有鼓励我，反而还批评了我一顿。

【六 46】**不是……，还 / 还是……**

不是读完了就可以了，还应该写一篇作文。

这事不是你想做就能做的，还是要听听老板的意见。

【六 47】**连……也 / 都……，……更……**

连大人也做不到，孩子更做不到。

连老人也喜欢看，孩子们更是喜欢得不得了。

A.6.6.2.4　选择复句

【六 48】**要么……，要么……**

你要么跟他一组，要么自己一个人一组，尽快决定吧。

面对困难，我们要么被它吓倒，要么战胜它。

教室里的同学们要么在写作业，要么在小声讨论。

A.6.6.2.5　转折复句

【六 49】**虽……，但 / 可 / 却 / 也……**

他年纪虽小，但经验不少。

我虽没得到奖励，可仍然对自己充满信心。

他虽失败了，却仍然微笑面对。

她虽病了，也坚持来上课。

A.6.6.2.6　假设复句

【六 50】**……，要不然 / 不然……**

大家要认真对待考试，要不然会影响毕业的。

我得赶快出发了，要不然就迟到了。

这个活动你一定要参加，不然你会后悔的。

A.6.6.2.7　条件复句

【六 51】**凡是……，都……**

凡是听到高兴的事，他都和朋友分享。

凡是跟他合作，都能顺利完成任务。

凡是对的，我们都应该坚持。

A.6.6.2.8　让步复句

【六 52】**就算 / 就是……也……**

就算成绩最好的同学也无法回答这个问题。

就是你想马上瘦下来也不能每天不吃饭。

就算他错了你也不能说他，他还小呢。

A.6.6.2.9 紧缩复句

【六 53】**不……不……**

你们两个人可真是不打不成交。
这里的房价不问不知道，一问吓一跳。
她今天一直在练习，不达标准不休息。

A.6.6.2.10 多重复句

【六 54】**二重复句 2：复句 + 复句**

成功的基础是奋斗，奋斗的收获是成功，所以，只有不断努力的人才有机会走上成功的高峰。
这个国王既不关心他的军队，也不喜欢去看戏，也不喜欢乘着马车去游玩儿，——除非是要展示一下儿自己的新衣服。
承认错误，才能正确看待出现在自己身上的问题；同时，只有虚心接受别人的批评，解决了自己的问题，才能取得下一步的成功。

A.6.7 强调的方法

【六 55】**用“非……不可”表示强调**

不管天气怎么样，我们非去不可。
还有这么长准备时间呢，你非要现在写完不可吗？
他正生着气呢，你非现在说不可吗？

A.6.8 口语格式

【六 56】**X 到 Y 头上来了**

他都欺负到你头上来了，你也不在乎吗？
人家都求到我们头上来了，还是帮帮他们吧。
这种好事怎么轮到我头上来了？

【六 57】**X 就 X 吧**

等等就等等吧，没有别的办法了。
少点儿就少点儿吧，总比没有强。
晚点儿就晚点儿吧，来得及就行。

【六 58】**X 是 X**

去是去了，就是不知道结果怎么样。
好是好，但不知道老师会不会同意我们这样做。
这件衣服漂亮是漂亮，但也太贵了。

【六 59】**不 X 不……，一 X……**

不看不知道，一看吓一跳，这里变化太大了！
这题目看起来简单，不做不知道，一做真不会！

【六 60】**好你个 X**

好你个小偷儿，敢偷我的东西，我送你去警察局！

好你个大骗子，还好我聪明，没上你的当！

好你个老王，一点儿忙都不帮我！

【六 61】**动词 + 什么（就）是什么**

行啊！你说什么是什么，都听你的。

哪有这么容易的，你想什么就是什么？

【六 62】**早（也）不 X，晚（也）不 X**

早不来，晚不来，恰好要出门的时候他来了。

早也不走，晚也不走，需要他的时候他却走了。

【六 63】**看 / 瞧把 + 宾语（施事）+ X 得**

真是小孩子呀，看把他乐得。

瞧把他得意得，都不知道自己是谁了。

瞧把他吓得，都不知道说什么了。

【六 64】**放着 X 不 Y**

你可别放着好日子不过，在这儿找麻烦。

他放着好好的学不上，非要跑去外面打工。

【六 65】**X 来 X 去，都是 / 就是……**

不管我们怎么争来争去，都是没有用的。

说来说去，就是没有统一的意见。

【六 66】**X 了就 X 了，（没）有……**

坏了就坏了，有什么大不了的？

输了就输了，没有什么好难过的。

【六 67】**这 / 那也不 X，那 / 这也不 Y**

这也不吃，那也不喝，结果就是身体越来越差。

那也不合适，这也不对，我真的不明白她到底想怎样。

A.7 七—九级语法点

A.7.1 词类

A.7.1.1 动词

【七—九 001】**能愿动词：需**

父亲的身体需休养一段时间。

我们仍需耐心等待。

A.7.1.2 代词

【七—九 002】**疑问代词：何**

我们何时出发？

不管你有何疑问，都可以到办公室找我。

【七—九 003】**指示代词：该、另、兹**

该企业　　另一回事　　兹日

A.7.1.3 量词

【七—九 004】**名量词**

（1）栋、粒、枚、则、盏

四栋楼　　三粒药　　五枚硬币　　一则新闻　　一盏灯

（2）复合量词：人次

接待三千人次

A.7.1.4 副词

A.7.1.4.1 程度副词

【七—九 005】**极为**

齐白石是极为杰出的画家。

能源汽车的发展前景极为广阔。

【七—九 006】**尽**

坐在尽前头的是我女朋友。

尽北边有一个空位，您可以考虑这个位置。

【七—九 007】**蛮**

她的分数蛮高的，大学肯定能考上。

昨天刚下完雪，今天蛮冷的。

【七—九 008】**颇**

我对这部电影的印象颇深。

他对导游这份工作颇有兴趣。

【七—九 009】**稍稍**

听了他的话，我稍稍松了一口气。

上海的夏天又闷又热，稍稍一动就会出汗。

【七—九 010】**尤为**

葡萄中的维生素含量尤为丰厚。

他对自己的要求尤为严格。

【七—九 011】**越发**

听到这个消息，同学们越发有热情了。

随着年龄的增长，他越发不喜欢出去旅行了。

A.7.1.4.2　范围、协同副词

【七—九 012】**凡**

凡事自己努力去做就好。

凡年龄满十八岁的公民都有选举与被选举的权利。

【七—九 013】**皆**

这已是人人皆知的事实。

这个比赛十六到十九岁的男性青少年皆可报名参加。

【七—九 014】**统统**

我们不得不承认这些材料统统没有价值。

时间、地点、人物、事件，她统统不记得。

【七—九 015】**唯独**

全班同学都在认真听讲，唯独他在睡觉。

他什么都不在乎，唯独受不了家人的不理解。

A.7.1.4.3　时间副词

【七—九 016】**即**

对待教育问题，不宜忽视，要严肃对待，有错即改。

西北人张口即来的这种民歌，是高原上一道美丽的风景。

【七—九 017】**历来**

王老师历来重视培养学生的动手能力。

流行歌曲历来是社会文化不可以缺少的一部分。

【七—九 018】**尚**

这个调查到现在为止尚无进展。

这个问题想研究明白，尚需努力。

【七—九 019】**向来**

他这个人向来吃软不吃硬，你不能硬来。

他向来第一个到学校，从未迟到过。

A.7.1.4.4　频率、重复副词

【七—九 020】**频频**

他频频与朋友们以及他的竞争者们打招呼。

气氛十分热烈，大家频频举杯，说笑不停，非常高兴。

【七—九 021】**再度**

这个班再度被评为“优秀班集体”。

两位好友三十年后再度相遇。

A.7.1.4.5 关联副词

【七—九 022】**亦**

此人并不存在，将来亦不会出现，永远不会。

若能从失败中获得教训，失败亦是成功。

A.7.1.4.6 否定副词

【七—九 023】**未**

他至今还未和我联系。

虽然他四十未到，但已经是很成熟的经理了。

【七—九 024】**勿**

希望各位勿忘十年后的约定。

我在国外一切都很好，勿念。

A.7.1.4.7 方式副词

【七—九 025】**不由得**

看着父亲粗糙的手，我不由得流下了眼泪。

看着毕业照，我不由得开始回忆起往事。

【七—九 026】**顺便**

去老师办公室的时候，他顺便把我的作业也交了。

我到了上海，顺便去看望了小学老师。

【七—九 027】**一连**

这场大雨一连下了十多天，也就把工人们困在这里十多天。

他上了床，在一连三天三夜没睡好以后终于能舒舒服服地睡上一觉了。

A.7.1.4.8 情态副词

【七—九 028】**按说**

按说现在是蔬菜供应淡季，可是这里的蔬菜种类还是不少。

按说这个时候应该下雪了，可今年一场雪还没下。

A.7.1.4.9 语气副词

【七—九 029】**必定**

若是有个太太照顾着他，他的生活必定不会那么乱七八糟了。

倘若他们想要人为地挽救这一文明，必定会失败。

【七一九 030】**不妨**

据说这个药效果很好，你不妨试一试。

关于这个问题，咱们不妨听一听别人的建议。

【七一九 031】**何必**

我只是和你开玩笑，何必当真呢？

咱们是老同学，何必这么客气。

【七一九 032】**莫非**

她今天没来学校，莫非出了什么事？

你平时不认真学习，莫非要等到期末考试了才开始紧张吗？

【七一九 033】**白白**

她忘了关水龙头，白白浪费了很多水。

这次投资失败了，让公司白白损失了很多钱。

【七一九 034】**反倒**

明明是你的错，怎么反倒怪我了？

他越是在困难的时候反倒越能坚持。

【七一九 035】**分明**

我分明看他走过来了，怎么一下子就不见了呢？

让我三天就完成，你分明是在为难我。

【七一九 036】**怪不得**

怪不得她没去爬山，原来昨天下雨了。

这姑娘漂亮，人品也好，怪不得有很多男孩儿喜欢她。

【七一九 037】**好在**

好在你现在也在北京，你们可以互相照顾。

好在他病得不重，应该马上就能上班了。

【七一九 038】**乃**

《红楼梦》乃古代小说的杰出代表。

失败乃成功之母。

【七一九 039】**难怪**

这道题非常难，难怪她一时答不出来。

他是个东北人，难怪他不怕冷。

【七一九 040】**偏偏**

周围这么多漂亮的女生，你怎么偏偏喜欢她？

我们已经穿好衣服准备要走了，可孩子偏偏又醒了。

【七—九 041】**索性**

衣服已经被雨淋湿了，我索性就合上了伞，直接在雨中散步了。

现在已经很晚了，我索性直接在外面吃完饭再回家好了。

【七—九 042】**万万**

万万不能开着煤气出门。

触犯法律的事情是万万干不得的。

【七—九 043】**未免**

这道题未免也太难了吧。

你这样说她，未免也太过分了。

【七—九 044】**无非**

他这么做，无非是为了早点儿回家。

她想要的无非是一份稳定的工作。

【七—九 045】**幸好**

他来的时候，幸好我在家，不然他又该生气了。

幸好你提醒了我，要不我就忘了。

【七—九 046】**幸亏**

幸亏你回来得早，不然我就不知道怎么办才好了。

我们幸亏走了这条路，才没碰到堵车。

【七—九 047】**终究**

他终究是个孩子，你得耐心一点儿。

你们对工作这么不负责任，终究会出问题的。

A.7.1.5 介词

A.7.1.5.1 引出方向、路径

【七—九 048】**顺着**

雨水顺着我的头发滴了下来。

我们就顺着这条路走，走到哪儿算哪儿。

A.7.1.5.2 引出对象

【七—九 049】**当着**

当着我的面，你有什么想说的就都说出来吧。

我当着大家的面把礼物拆开了。

【七—九 050】**就** [5]

他已就这个问题做了检讨。

我想就如何找到自己满意的工作这个问题来谈一谈。

A.7.1.5.3 引出凭借、依据

【七—九 051】**趁**

趁你还年轻，一定要多尝试。

趁火车还没开，你现在还能下车。

【七—九 052】**基于**

这两种不同的人生态度是基于对人生不同的理解。

你的结论都基于假设，所以不可信。

【七—九 053】**依**

依你看，这件事该怎么解决?

这件事就依你的方案做吧。

A.7.1.6 连词

【七—九 054】**连接词或短语：及**

工人、农民及士兵都参加了此次会议。

现急需煤炭、石油、电力及其他能源。

【七—九 055】**连接分句或句子：继而、要不是**

他本来不同意的，可继而一想，又觉得是一个好机会。

人民币升值将会影响到中国的出口，继而影响中国的经济增长。

要不是老师帮我，我也不能写好这篇文章。

要不是他推迟回国，也不会赶不上面试。

A.7.1.7 助词

A.7.1.7.1 结构助词

【七—九 056】**之**

我们可以将北京描绘为一本梦之书。

由于做了好事，做出了贡献，因此他得到所爱之人的欣赏。

A.7.1.7.2 语气助词

【七—九 057】**而已**

这算什么，只是一堆纸而已。

我不过是出于好奇，随便问问而已。

【七—九 058】**矣**

人生得一知己足矣。

他的想法可谓多矣。

A.7.2 短语

A.7.2.1 结构类型

【七—九 059】**数词 + 量词 + 抽象事物**

他有一身本领，颇有才华。

这里虽然听不见什么争吵声，但并不是一团和气。

A.7.2.2 固定短语

A.7.2.2.1 四字格

【七—九 060】**爱 A 不 A**

他瞧不起她，对她总是一副爱理不理的样子。

这是我的想法，你爱听不听。

【七—九 061】**半 A 半 B**

他说话半真半假，你不要完全相信他。

突然听到明天放假的消息，我一直半信半疑。

【七—九 062】**东 A 西 B**

她买东西就喜欢东挑西选。

为了买到一张火车票，我东奔西跑，累得一身汗。

【七—九 063】**非 A 非 B**

这场悲剧的制造者非你非我，另有他人。

我们非敌非友，只是那天见过一面而已。

【七—九 064】**忽 A 忽 B**

叔叔书房的门关着，里边的说话声忽高忽低。

他十分紧张，心跳得忽快忽慢。

【七—九 065】**连 A 带 B**

几个小孩儿吓得连哭带叫。

信是男朋友写的，她高兴得连蹦带跳。

【七—九 066】**时 A 时 B**

小鸟发出的声音时长时短。

他的成绩时好时坏，老师也拿他没办法。

【七—九 067】**自 A 自 B**

一路上老板自说自话唠叨了半天。

想到你对我们工作的破坏，我应该让你自作自受才对。

A.7.2.2.2　其他

【七—九 068】**巴不得**

他一口气跑了半个多小时，巴不得一步就到家。

我恨这个行业，巴不得早点儿离开。

【七—九 069】**别提了**

晚饭还没开始吃他就已经醉了，后来就更别提了。

别提了，我根本都不认识那个人，他硬拉着我不让我走。

【七—九 070】**除此之外**

他是个老师，除此之外，我不知道别的。

我只带了一个书包，除此之外什么都没带。

【七—九 071】**归根到底**

人生归根到底是一个人的旅行。

归根到底，成长是一种幸福。

【七—九 072】**可不是**

甲：什么？我们家出事了？

乙：可不是，警察都已经来了。

甲：小孩子长得真快啊！

乙：可不是，已经要上小学了。

【七—九 073】**没说的**

我愿意做这件事，那是没说的，只是我不知道还能做多长时间。

新来的领导我都见过了，真是没说的！

【七—九 074】**无论如何**

无论如何，他没有别的选择。

听到这里，他无论如何也不答应。

【七—九 075】**由此可见**

很多中国孩子从小学习书法，由此可见书法在中国教育中的重要地位。

他幻想着将来住在爷爷家里以后要干些什么事，一遍遍说个没完，由此可见，他对母亲并没有什么舍不得。

【七—九 076】**与此同时**

太阳落山了，几乎与此同时下起了大雨。

几个月之后，他的眼睛开始不停地流眼泪，与此同时他的视力也变得越来越差。

【七—九 077】**这样一来**

这些小鸟总是在唱歌，这样一来，我家门前可热闹了。

他听了医生的话，每天都去外面散步，这样一来，他的病很快就好了。

【七一九 078】**综上所述**

综上所述，如果希望交流顺利地进行，需要大家共同努力。

综上所述，随着科技的发展，人们越来越依赖手机。

【七一九 079】**总的来说 / 总而言之**

总的来说，他的身体状态还算不错。

她的专业能力很不错，工作态度总的来说也很端正，是个很好的合作伙伴。

总而言之，最重要的应该是过程，而不是结果。

总而言之一句话，我不喜欢他。

A.7.3 固定格式

【七一九 080】**不知……好**

这件事很复杂，不知如何解决才好。

看他紧张得手心都是汗，我也不知说什么好。

【七一九 081】**所谓……就是……**

房内没有一样值钱的东西，所谓家具就是这几把椅子。

他所谓的好家庭就是住在一栋大房子里，妻子穿着漂亮的衣服。

【七一九 082】**无非 / 不过 / 只不过 / 只是……而已 / 罢了**

不要相信他，这无非是他的借口罢了。

我这么说没有其他意思，不过是想鼓励他而已。

她会做这道题，只不过假装不会而已。

大家都说爱情很快就会过去，剩下的只是习惯罢了。

【七一九 083】**以……为……**

我们不能以自己为中心，要考虑别人的感受。

她以和平为主题，创作了一部小说。

【七一九 084】**因……而……**

我经常看到他因一件小事而快乐的场景。

她胆子很大，不会因一些奇怪的声音而害怕。

A.7.4 句子成分

A.7.4.1 宾语

【七一九 085】**宾语的语义类型 3**

（1）方式宾语

为了方便取出来，他把钱存了个活期。

为了节省时间，这封信还是寄航空吧。

（2）工具宾语

他坚持每天写毛笔。

他吃大碗，我吃小碗。

（3）材料宾语

新手养菊花，该如何浇水？

他在脸上盖一张报纸睡着了。

（4）目的宾语

为了拍这部电影，他到处去拉赞助。

他在我们公司主要跑项目。

A.7.4.2 补语

【七—九 086】程度补语 3

（1）形容词 / 动词 + 得 + 不行

终于要去旅游了，儿子兴奋得不行。

上学时我对体育课也是讨厌得不行。

（2）形容词 / 动词 + 得 + 要命 / 要死

他人不大，但是脾气大得要命。

我最近太忙了，每天累得要死。

【七—九 087】状态补语 3：“个”引导的补语

那个小女孩儿哭个不停，说是找不到妈妈了。

他在我们面前说个没完。

A.7.5 句子的类型

A.7.5.1 特殊句型

【七—九 088】“把”字句 5：表致使

（主语 +）把 + 宾语（施事）+ 动词 + 了

去年她把丈夫死了，后来父母也去世了。

钱没挣着，却把老公跑了。

【七—九 089】被动句 5

（1）被……所……

这是我第一次感到自己被一个人所吸引。

没想到，他竟然会被一个小学生所欺骗。

（2）为……所……

他这种行为，为人类社会所不容。

领导的这种行为往往不为人所信任。

【七—九 090】**比较句 6**

（1）比起……（来）

比起其他人，我的想法太简单了。

比起唱歌来，他更喜欢跳舞。

（2）A + 形容词 + 于 + B

人的自我实现过程重于结果。

在施工现场，工人们的安全高于一切，大于一切。

（3）A + 比 + 名词 + 还 + 名词

他简直比强盗还强盗！

在上流社会里，他装得比绅士还绅士。

A.7.5.2 复句

A.7.5.2.1 并列复句

【七—九 091】**一面……，一面……**

他一面听老师讲课，一面认真记笔记。

他一面做作业，一面看电视，做事一点儿都不用心。

A.7.5.2.2 承接复句

【七—九 092】**……，此后……**

我们三年前见过一面，此后再也没有见过。

她二十岁结了婚，此后丈夫生病，她照顾了四年。

【七—九 093】**起初……，……才……**

他起初没明白，后来才理解了游戏的规则。

我们起初不想参加的，只是不好意思拒绝，才去了那里。

A.7.5.2.3 递进复句

【七—九 094】**别说……，连……也 / 都……；连……也 / 都……，别说……；别说……，即使……也……；即使……也……，别说……**

别说是大学生了，连小学生都比他写得好。

我现在穷得连饭也吃不起了，别说买新衣服了。

别说爸爸，即使是老师，也说不出这种植物的名字。

即使是稍微有钱的家庭，也禁不住她这么花钱，别说普通家庭了。

【七—九 095】**……，何况……**

我不道歉，何况根本不是我的错！

这道菜做起来很花时间的，何况今天顾客那么多。

【七—九 096】**……，进而……**

只有在这样的国家里，教师才能充分发展，进而保护他自己和公共利益。

遇到困难不要回避，挺起身来向它挑战，进而战胜它。

【七—九 097】**……，况且……**

北京这么大，况且你又是第一次来，怎么能一下子就找到我家呢?

那时天已经黑了，况且人又坐在车上，肯定看不清楚。

【七—九 098】**连……，更不用说……**

连他都不会，更不用说我了。

我连上次的考试都没通过，更不用说这次的了。

他连这几个字都不会写，更不用说写篇作文了。

【七—九 099】**……，乃至……**

他的脸色、眼神，乃至一举一动，都被别人看得清清楚楚。

他熟悉北京，也熟悉巴黎，乃至全世界。

【七—九 100】**……，且……**

他办事严谨而认真，且十分负责，获得了领导的信任。

这一条街又脏又乱，总是很潮湿，且一年四季总不免有种古怪气味。

【七—九 101】**……，甚至于……**

她不能忍受这种想法，甚至于一秒钟也受不了。

这个小姑娘始终都是那副模样，甚至于一点儿也没长高。

A.7.5.2.4 选择复句

【七—九 102】**或……，或……**

他把信藏在某个秘密的地方了，或一块石头下面，或一棵树后面。

阿姨每次来我家都带着一群朋友，或二三人，或三四人，大家说说笑笑。

【七—九 103】**宁可 / 宁愿……，也……**

他宁可饿着肚子去上课，也不愿意吃垃圾食品。

他宁愿自己承担，也不肯把责任推给别人。

【七—九 104】**与其……，不如……**

与其去爬山，还不如在家看电视。

与其在这里浪费时间，我们不如认真复习。

【七—九 105】**与其……，宁可 / 宁愿……**

与其在这里洗半天的衣服，我宁可去买新的。

与其跟他一组，我宁愿一个人做这个项目。

A.7.5.2.5 转折复句

【七—九 106】**……，而……（则）……**

绝大多数的人用感觉来思考，而我却用思考来感觉。

北方人过春节往往吃饺子，而南方人的习俗则是吃汤圆。

【七一九 107】**……，……倒 / 反倒……**

我好心劝他，他倒怪我，真是好笑！

听护士这么一说，他反倒放松了下来。

A.7.5.2.6　**假设复句**

【七一九 108】**倘若 / 若……，……**

倘若这几个问题你都能解决，你一定会获得成功。

若不小心，是不是又会发生纠纷？

【七一九 109】**倘若 / 假设 / 假使 / 若……，就 / 那（么）……**

倘若一点儿音乐知识都没有，就会遇到困难。

假设这是我们未来的家园，那这个世界就不会再有饥饿的儿童。

假使一切能重新开始，那么我绝不会选择这一条路。

【七一九 110】**幸亏……，要不然 / 不然 / 要不 / 否则……**

幸亏你提醒了我，要不然我就忘了。

幸亏有你帮忙，不然我真不知道怎么办才好。

A.7.5.2.7　**条件复句**

【七一九 111】**别管……，都……**

别管台下坐的是谁，你都要充满信心。

这样的话一出口，别管是谁，都得挨骂。

【七一九 112】**任……，也……**

任他们怎么推，也推不动。

任他是什么高职位的人，也管不了我。

A.7.5.2.8　**因果复句**

【七一九 113】**（因）……，故……**

因不是体面的事情，故不敢说出来。

他已经适应了国外的生活，故不打算再回国。

【七一九 114】**鉴于……，……**

鉴于他的表现良好，学校决定允许他回来上课。

鉴于他在处理这种问题上毫无经验，公司决定派我来帮助他。

【七一九 115】**（由于）……，以致……**

他睡过头了，以致错过了第一节课。

他由于学习不认真，以致考了最后一名。

【七一九 116】**……，以至于……**

事情发展得太快，以至于大家都难以反应。

这篇课文他读了很多遍，以至于全文都背得出来。

【七一九 117】**之所以……，是因为 / 是由于……**

这部电影之所以好看，是因为内容很有趣。

妈妈之所以生气了，是由于他不肯承认自己的错误。

A.7.5.2.9　让步复句

【七一九 118】**固然……，也……**

那固然是我们的习惯，也还需要有另外的理由。

他的话固然给我安慰，也使我难过。

【七一九 119】**……固然……，但是 / 可是 / 不过……**

一个人的成功，聪明固然重要，但是努力更重要。

网络固然给我们带来了便利，可是也给我们带来了麻烦。

这种方法固然有用，不过也不能解决根本问题。

【七一九 120】**即便……，也……**

即便你成绩好，也不能骄傲。

他眼神中充满的即便不是感动，至少也是同情。

【七一九 121】**虽说……，但是 / 可是 / 不过……**

虽说他年纪小，但是也不能过于任性。

虽说中文很难，可是它很有趣。

虽说这是件小事，不过我们应该重视起来。

【七一九 122】**纵然……，也……**

我们的意见纵然不一致，也应当互相理解。

这事纵然不好，也是他们之间的事，就让他们自己处理吧。

A.7.5.2.10　目的复句

【七一九 123】**……，以……**

政府用他们的名字命名这条街，以纪念在战争中牺牲的战士。

老师采用新的教学方法上课，以调动学生的积极性。

【七一九 124】**……，以免 / 免得……**

出门在外看好你的东西，以免丢失。

你把这个写下来，免得过后忘记。

A.7.5.2.11 解说复句

【七—九 125】**……，也就是说……**

这是我的决定，也就是说不关你的事。

他说这是他新买的书，也就是说他不想借给我们看。

A.7.5.2.12 紧缩复句

【七—九 126】**(要 +) 动词 + 就 + 动词 + 个 + 补语**

要玩儿就玩儿个痛快，别总想工作。

喝就喝个够，今天不醉不回家。

【七—九 127】**动词 (+ 宾语 1) + 就 + 动词 (+ 宾语 1)，别……**

走就走，别用这个威胁我！

说几句就说几句，别太在意。

A.7.5.2.13 多重复句

【七—九 128】**三重或三重以上的复句**

他对中文感兴趣，而且对中国文化也十分好奇，所以决定去中国留学，但遭到了父母的反对。

大家不要只看外面的风景，也不要只顾看手机，要看好自己的物品，以免产生不必要的损失。

只要多练习，你的中文水平就会有进步，成绩也会提高，自然也会得到奖学金。

A.7.6 强调的方法

【七—九 129】**反问句 3：何必 / 何苦……呢?**

这么简单的事我又何必一件事分两次做呢?

我对谁都没有讲，何苦事先就让他们伤心呢?

A.7.7 口语格式

【七—九 130】**(不过 / 但 / 可是) 话又说回来，……**

话又说回来，不能因为生病就失去希望。

但话又说回来，我们为什么不能把事情处理得对我们更有利呢?

【七—九 131】**X (也) 不是，不 X 也不是**

走不是，不走也不是，弄得我们不知道怎么办才好。

笑也不是，不笑也不是，真让人尴尬。

【七—九 132】**X 也好 / 也罢，Y 也好 / 也罢**

去也好，不去也好，反正不是什么大不了的事。

快乐也好，伤心也好，这个故事就要结束了。

你也罢，我也罢，都帮不了什么忙。

喜欢也罢，愤怒也罢，终究都是一种情绪。

【七—九 133】**X 了又 Y，Y 了又 X**

他装了又拆，拆了又装，修理了一整天。

小朋友写了又擦，擦了又写，正在认真地练习写汉字。

【七—九 134】**X 也 X 不……，Y 也 Y 不……**

妈妈还处于担心的状态中，吃也吃不下，睡也睡不着。

父母与孩子的关系就是这样，赶也赶不走，留也留不住。

【七—九 135】**别提（有）多 X 了**

刚才买的那件衣服，别提多好看了。

听到爸爸的声音，她别提有多兴奋了。

【七—九 136】**不知 X 的**

不知怎么的，我的眼泪止不住地往下流。

不知谁说的，他才是凶手。

【七—九 137】**话（说）是这么说，不过 / 可 / 可是……**

话是这么说，不过她还是不习惯。

说是这么说，可对方要是真这么干，那我们也做不了什么。

【七—九 138】**看 / 瞧你那（X）样**

看你那伤心样，还以为你这回真的好不到哪里去了。

瞧你那样，还挺得意。

【七—九 139】**看在 X 的面子上**

我是看在她的面子上才答应的。

三位客人看在老人的面子上又坐下了。

【七—九 140】**哪有 X 这么 Y 的 / 有 X 这样 Y 的吗**

哪有你这么过分的？好处全让你给占了。

哪有你这么直接的？给他留点儿面子呀。

有他这样做人的吗？总是在背后说人家坏话。

【七—九 141】**什么 X 的 Y 的**

什么你的我的，都是大家的。

什么好的坏的，我们买的都是一样的。

【七—九 142】**说到 / 想到哪儿去了**

你看你，说到哪儿去了，我说的是买蛋糕的问题。

你想到哪儿去了！我肯定不会跟别人说的。

【七—九 143】**无所谓 X 不 X**

无所谓好看不好看，我满意就行。

无所谓贵不贵，质量好就可以。

【七—九 144】**要 X 有 / 没 X，要 Y 有 / 没 Y**

她要成绩有成绩，要形象有形象。

他要学历没学历，要胆子没胆子。

A.7.8 句群

A.7.8.1 按形式分类

【七—九 145】**带关联词语**

除了记忆能力差之外，我还有其他的缺点，这些缺点在很大程度上使我变得无知。因为我脑子慢、糊涂，周围环境稍有变化就会看不清楚。因此，即使是十分容易解开的谜，我也从不要求自己去解。

您花上几天时间，到处寻找，也可能没有一点儿收获。假如一个上午能找到两三片化石，那么这个上午就可以说是终生难忘的时刻了。然而，上个月我们竟然有过三次“终生难忘的时刻”。

【七—九 146】**不带关联词语**

风，更猛了。雪，更大了。我们每前进一步，更艰难了。

盼望着，东风来了，春天的脚步近了。一切事物都像刚出生的孩子，柔柔的，嫩嫩的。草绿了，花开了，河面上的冰雪也开始融化了。

A.7.8.2 按意义分类

【七—九 147】**联合关系：并列句群、承接句群、递进句群、选择句群、解说句群、总括句群**

在一起一年多了。时间虽然不长，但是哥哥再也没有胃疼得起不来了，那是因为我每天早上硬拉他起来吃早饭。我呢，更是体会到了被人悉心照料的感觉。从此我们的生活就多了一份彼此间的牵挂。（承接句群）

运动场聚集了很多人。来长跑的有大学的音乐系教授、中文系教授，有跳高运动员、跳远运动员、游泳运动员、长跑运动员，有那个写了一部小说的作家，还有各个大学的大学生。总而言之吧，那时候小小的农场真可谓人才聚集，全省的本事人基本上都到这里来了。（总括句群）

【七—九 148】**偏正关系：条件句群、因果句群、目的句群、转折句群、假设句群、让步句群**

他们俩正是这样有思想的一对青年。在当时新思想的影响下，他们走上了革命之路。不少人热情地歌颂了他们的反抗和爱情，但是鲁迅先生以敏锐的目光看到了这种反抗和爱情中所包含的悲剧因素。（转折句群）

单位楼下的路口，新开了两家卖早餐的店，早餐的主要顾客，是在附近写字楼上班的人。虽然卖着同样的早餐，味道差不多，价格也一样，而且每天早上每家店前都排满了顾客，但月底一计算，东边胖大姐的利润却是西边瘦大姐的两倍多。仔细观察一番才发现，原来差别竟出在经营策略上——瘦大姐坚持自己十几年卖早餐的传统方式，每收一个顾客的钱，就卷一个饼，然后收下一个顾客的钱，再卷一个饼。而胖大姐则截然不同，她事先把做好的饼摆整齐，自己只管收钱和找钱，前面并排放着五双筷子，让交完钱的顾客自己动手卷菜。(因果句群)

图书在版编目（CIP）数据

国际中文教育中文水平等级标准 / 教育部中外语言交流合作中心著 .— 北京：北京语言大学出版社，2021.4（2023.7 重印）

ISBN 978-7-5619-5719-6

Ⅰ.①国… Ⅱ.①教… Ⅲ.①汉语－对外汉语教学－课程标准 Ⅳ.① H195.3

中国版本图书馆 CIP 数据核字（2020）第 165048 号

责任编辑 付彦白　　装帧设计 张 静
责任印制 邝 天　　排版制作 北京创艺涵文化发展有限公司

出版发行 北京语言大学出版社
社　　址 北京市海淀区学院路 15 号，100083
网　　址 www.blcup.com
电子信箱 service@blcup.com
电　　话 编 辑 部 8610-82303647/3592/3724
　　　　 北语书店 8610-82303653
　　　　 网购咨询 8610-82303908
国内发行 8610-82303650/3591/3648
海外发行 8610-82303365/3080/3668
印　　刷 天津嘉恒印务有限公司
版　　次 2021 年 4 月第 1 版
印　　次 2023 年 7 月第 7 次印刷
开　　本 880 毫米 ×1230 毫米 1/16
印　　张 16.25
字　　数 270 千字
定　　价 98.00 元

PRINTED IN CHINA